农村留守儿童的网络行为及网络素养教育研究

安涛 著

The

Left-Behind

Children

中国社会科学出版社

图书在版编目（CIP）数据

农村留守儿童的网络行为及网络素养教育研究／安涛著. —北京：中国
社会科学出版社，2024.4
ISBN 978 – 7 – 5227 – 3304 – 3

Ⅰ.①农… Ⅱ.①安… Ⅲ.①互联网络—影响—农村—儿童教育—
研究—中国 Ⅳ.①G61

中国国家版本馆 CIP 数据核字（2024）第 057788 号

出 版 人 赵剑英
责任编辑 高 歌
责任校对 王佳玉
责任印制 戴 宽

出 版 中国社会科学出版社
社 址 北京鼓楼西大街甲 158 号
邮 编 100720
网 址 http://www.csspw.cn
发 行 部 010 – 84083685
门 市 部 010 – 84029450
经 销 新华书店及其他书店

印刷装订 三河市华骏印务包装有限公司
版 次 2024 年 4 月第 1 版
印 次 2024 年 4 月第 1 次印刷

开 本 710×1000 1/16
印 张 17
插 页 2
字 数 255 千字
定 价 96.00 元

前　言

"幼吾幼，以及人之幼" ——《孟子·梁惠王上》

留守儿童已经不是一个群体的问题，而是中国未来的问题。随着我国二元经济体系的延续，大量青壮年农民务工人员涌入城市，却留下大量农村留守儿童驻守农村，可以说，农村留守儿童问题是我国社会经济高速发展的"后遗症"，农村留守儿童已成为我国社会发展之觞、时代之痛。而随着网络社会的崛起，网络媒介将人们牢牢地困在网中央。网络虽然成为人们通向新世界的阶梯，但对留守儿童而言，也是一把双刃剑，"毁掉一个孩子，只需一部手机"。网络对农村留守儿童成长的威胁不容忽视，我们亟须把握农村留守儿童的网络行为及网络素养现状，并对他们开展有效的网络素养教育。

农村留守儿童问题是一个复杂的社会问题，问题的解决需要多学科视野。本研究以传播学视角切入留守儿童网络使用，结合社会学、教育学等学科知识对其中存在问题加以剖析，并提出对策。

本研究以农村留守儿童为研究对象，在山东、河北、河南等省份开展网络行为及网络素养现状调查和网络素养教育研究。本研究分为三个阶段。第一阶段，开展大规模的调查问卷，通过量化研究把握留守儿童的网络行为与网络素养水平及影响因素。本研究采用非留守儿童与留守儿童相对比的方法凸显留守儿童的差异。第二阶段，在柳庄开展留守儿童的网络行为及网络素养的质性研究，基于查尔斯·扎斯特罗的社会生态系统理论模型，探究乡村文化变迁、家庭教育观念、学校信息技术教育和留守儿童个体因素对其网络行为及网络素养的影响。第三阶段，基于社会支持理论建构农村留守儿童网络素养教育体系，从政府、学校与家庭三个层面提出农村留守儿童网络素养教育策略，并联合三所农村学校开展网络素养教育综合实践活动，以期从教育层面提升留守儿童的网络素养。

　　网络文明是当今社会文明发展的新形态，学会"知网、懂网、用网"是每个留守儿童成长过程中的必修课。但是，农村留守儿童问题解决并非一朝一夕之功，需要全社会的共同关注。"少年智则国智，少年富则国富，少年强则国强。"儿童是祖国的未来，民族的希望，只有保障好儿童的健康成长，国家才能走向富强，民族才能走向复兴。

目　　录

第一章　绪论

党和国家极为重视互联网发展，党的二十大报告再次提及互联网文化建设战略，习近平总书记在报告中指出"加强全媒体传播体系建设，塑造主流舆论新格局。健全网络综合治理体系，推动形成良好网络生态"①。总书记在"第二届世界互联网大会"开幕式上呼吁，"各国应该推进互联网领域开放合作，丰富开放内涵，提高开放水平，搭建更多沟通合作平台，创造更多利益契合点、合作增长点、共赢新亮点，推动彼此在网络空间优势互补、共同发展，让更多国家和人民搭乘信息时代的快车、共享互联网发展成果"②。党和国家的互联网战略为我国社会公民的网络应用搭起了巨大空间和广阔舞台。

同时，农村留守儿童问题已成为影响我国社会发展的一大社会问题。党的十九大报告也要提出健全农村留守儿童关爱服务体系。我国农村留守儿童的数量庞大，情况复杂，留守儿童的教育与成长理应成为我们关注的焦点问题。而且，由于农村留守儿童未发育成熟的心理特征与家庭关爱的缺失，纷繁芜杂的网络信息和风格迥异的网络文化会对留守儿童的成长形成强烈冲击，极易诱发儿童的不良网络行为。因此，加强农村留守儿童网络素养教育、提升儿童网络素养是亟待解决的问题。

---

① 习近平：《高举中国特色社会主义伟大旗帜　为全面建设社会主义现代化国家而团结奋斗——在中国共产党第二十次全国代表大会上的报告》，人民出版社 2022 年版。

② 习近平：《在第二届世界互联网大会开幕式上的讲话》，《人民日报》2015 年 12 月 17 日第 2 版。

第一节 研究背景

一 农村留守儿童问题的凸显

随着我国城市化快速发展，大量青壮年农民务工人员涌入城市，而大批老人、儿童滞留农村地区，农村人口地区出现"空心化"的社会结构，并导致了"畸形化"的农村社会发展。如有评论者所言，"男人是乡村的脊梁，女人是乡村的乳汁。当男人和女人离开，留下了什么？留下没有了脊梁和乳汁的农村，留下一个受伤的、虚弱的农村"。农村留守儿童问题便是这种现象的"后遗症"。农村青壮年走出乡村，去城市寻找生计，但农村未成年的孩子却驻守着这片熟悉的乡土，成为"留守儿童"。

与非留守儿童相比，留守儿童缺少完整家庭的关爱与照料，面临身心成长发育和生活等方面诸多潜在影响和挑战，留守儿童遭受意外伤害、不法侵害、营养不良、家庭保护和教育缺失等情况时有发生，问题逐步彰显，日益引起社会的关注和重视。比如，2012 年 11 月，贵州毕节 5 名 10 岁左右的男童因在垃圾箱内生火取暖导致一氧化碳中毒而死亡；2015 年 6 月，毕节市 4 名留守儿童在自家服毒自杀。2018 年网络曝光的云南昭通"冰花男孩"头顶风霜上学的照片更是引发全社会的关注。

2013 年，全国妇联根据《2010 年第六次人口普查主要数据公报》推算全国有 6102.55 万留守儿童，占农村儿童 37.7%，占全国儿童 21.88%。2014 年中国青少年研究中心组织实施了"全国农村留守儿童状况调查"，指出了农村留守儿童成长中面临的九个突出问题：留守儿童的意外伤害凸显；留守儿童的学习成绩较差，学习兴趣不足；留守儿童社会支持较弱，心理健康问题比较突出；留守女童负面情绪相对明显；留守男童问题行为令人担忧；父母外出对小学中年级儿童影响更大；青春期叠加留守，使得"初二现象"（如叛逆、盲目、易受外界影响，同时又具有可塑性、追求独立等）更为显著；寄宿留守儿童对生活满意度相对较低；母亲外出的留守儿童整体状况欠佳。[①]"上学路上"公益促进中心从 2015 年开始每年发布《中国留守儿童心灵状况白皮书》，该公益中心从亲子沟通、学业学习、课外生活、情绪状态等方面对我国留守儿童进行了问卷调查，反映农村留守儿童的学习、生活与心灵状况，系统分析地区、性别、学习、生活等因素对留守儿童心灵状况的影响。[②]

《中国农村教育发展报告 2017》指出，2012—2016 年，农村留守儿童数总体呈减少趋势，截至 2016 年，全国农村共有义务教育阶段留守儿童 1726.29 万人，其中，小学 1190.07 万人，占小学在校生数的 12.01%，初中有 536.22 万人，占初中在校生数的 12.39%。留守儿童在健康、身高等方面差于非留守儿童，有较重的生活负担，与父母交流频率较低；但在生活习惯、德行养成、感恩心、学习幸福感等方面表现良好。

党中央、国务院高度重视农村留守儿童成长问题，为留守儿童成长创造有利条件。2011 年，国务院颁布了《中国儿童发展纲要（2011—2020 年）》（以下简称《纲要》），从身心健康、教育、法律保护和环境四个方面提出了儿童发展的主要目标和策略措施。《纲要》中指出要"健全农村留守儿童服务机制，加强对留守儿童心理、情感和行为的指导，提高留守儿童家长的监护意识和责任"。[③] 2016 年 2 月，国务院印发《关于加强农村留守儿童关爱保护工作的意见》（以下简称《意见》），这是我国政府第一次对形势严峻的农村留守儿童问题做出政策回应和制度安排。《意见》指出，农村留守儿童关爱保护工作的总体目标是家庭、政府、学校尽职尽责，社会力量积极参与的农村留守儿童关爱保护工作体系全面建立，强制报告、应急处置、评估帮扶、监护干预等农村留守儿童救助保护机制有效运行，侵害农村留守儿童权益的事件得到

[①] 中国青年网：《全国农村留守儿童状况调查研究报告》，2014 年 12 月 2 日，http://qnzz. youth. cn/qsnyj/ztyj/201412/t20141202_6150770. htm，2022 年 10 月 27 日。

[②] 北京"上学路上"公益促进中心：《中国留守儿童心灵状况白皮书》（一），浙江数媒出版社 2019 年版。

[③] 中华人民共和国国务院：《中国儿童发展纲要（2011—2020 年）》，2011 年 8 月 8 日，http://www. gov. cn/zwgk/2011-08/08/content_1920457. htm，2022 年 11 月 8 日。

有效遏制。①《意见》明确地指出了家庭、政府、学校、社会四种主体在农村留守儿童关爱工作中所承担的责任，并提出了各自的不同要求和具体规定，从而有助于构筑关爱农村留守儿童的"四道防线"。

政府部门与社会各界将留守儿童问题作为重要的工作问题。民政部、教育部等十部门颁发《关于进一步健全农村留守儿童和困境儿童关爱服务体系的意见》，指出要提升未成年人救助保护机构和儿童福利机构服务能力，加强基层儿童工作队伍建设，鼓励和引导社会力量广泛参与，强化工作保障等四项建议。② 近些年，加强农村留守儿童的关爱成为"两会"委员提案的热点。比如，在 2018 年的"两会"上，有全国人大代表提出加快构建专门针对农村留守儿童的学校、家庭、社会关爱服务体系，重视留守儿童父母监管责任，加强留守儿童工作站建设，强化学校帮扶、政府救济等建议。

因此，农村留守儿童已经引起社会、公众与政府的高度重视，留守儿童问题成为一个令人瞩目的社会问题，理应得到学术研究的观照。促进留守儿童成长是学术研究的时代使命，我们责无旁贷。

二 网络社会的崛起

随着网络技术的迅猛发展，网络已经广泛地渗透人类社会，它改变了人们的交流方式，催生了网络社会这种新型的社会形态，并孕育了网络时代精神。可以说，网络构成了人类第二生存空间，它与人的关系可以比作蜘蛛网与蜘蛛的关系，成为人的一种生存方式。"网络社会"应运而生，网络社会是在信息通信及网络技术发展和整合中创造出的一种新的社会，是人类生活和工作的"另类空间"③。

首先，网络社会承载着新技术范式。网络作为一种新技术，具有强

---

① 中华人民共和国中央人民政府：《国务院关于加强农村留守儿童关爱保护工作的意见》，2016 年 2 月 14 日，http://www.gov.cn/zhengce/content/2016-02/14/content_5041066.htm，2022 年 11 月 8 日。

② 民政部：《关于进一步健全农村留守儿童和困境儿童关爱服务体系的意见》，2019 年 5 月 27 日，http://www.mca.gov.cn/article/gk/wj/201905/20190500017508.shtml，2023 年 11 月 13 日。

③ 郑中玉、何明升：《"网络社会"的概念辨析》，《社会学研究》2004 年第 1 期。

大的交互性、开放性和动态连接性，并构造出一种出全新的技术范式。曼纽尔·卡斯特指出了信息技术范式有"信息是其原料""新技术效果无处不在""网络化逻辑""以弹性为基础""以特定的技术逐渐聚合为高度整合的系统"五个特征。① 荷兰学者梵·狄杰克对"网络"简洁而经典的定义也提到"节点"，认为"网络就是在至少三个元素、节点或单位之间的联结"②。可以说，网络拓展了人们的传播信息范围，加快了传播速度，极大地改变了人们的信息获取和传播方式。

借助网络，我们可以跨时空得获取信息，并能进行实时交流。网络传播特征可以用"快准全易"加以表述。"快"意味着信息传播速度快，能实现实时交流。"准"意味着能最大限度地保证信息可靠性。"全"是指信息全面、系统、完整。"易"则指的是人们可以随时随地、无时空限制地进行查询检索。相对于传统工业技术，网络具有强大的消解力量，它不仅消解传统媒体之间的边界，也消解人与人之间、群体之间甚至国家之间的边界。它是一种"所有人对所有人的传播"③。

其次，网络塑造了人类的新型社会形态——网络社会。齐美尔指出，"当人们之间的交往达到足够的频率和密度，以至于人们相互影响并组成群体或社会单位时，社会便产生和存在了"④。网络开辟了人类活动新空间，人们在网络空间中自由开展交往活动，并已经形成了大量的"网缘群体"，名副其实地成为"网络社会"。

约书亚·梅罗维茨提出了"新媒介—新场景—新行为"的关系模型，认为新的传播媒介的引进和广泛使用能重建大范围的场景，并需要适应新的社会场景的行为。⑤ 在网络社会中，人与人交往具有虚拟性与

---

①　[美] 曼纽尔·卡斯特：《网络社会的崛起》，夏铸九、王志弘等译，社会科学文献出版社 2000 年版，第 83—85 页。

②　J. Van Dijk, *The Network Society*：*Social Aspects of New Media*，London：Sage，1999，p. 28.

③　廖祥忠：《何为新媒体》，《现代传播》2008 年第 5 期。

④　袁亚愚、詹一之：《社会学——历史·理论·方法》，四川大学出版社 1989 年版，第 39 页。

⑤　[美] 约书亚·梅罗维茨：《消失的地域》，肖志军译，清华大学出版社 2002 年版，第 36 页。

不确定性。在网络世界里，人们通过数字信号进行交流，却不知道对方的真实面目。正如俗语说，"在网络上，你无法知道对方是不是一条狗""网络化身不是生物性、出身和社会环境的必然产物，而是一个具有很强操纵性的、完全非物质的智力创造"①。而且，网络世界中的交往具有不确定性，人的活动取决于彼此的爱好、情趣，并能形成类似于伊恩·罗伯逊（Ian Robertson）所说的"次属群体"，"它由许多人组成，他们在完全是暂时的、彼此不知姓名的和非个人的基础上发生相互作用。群体成员或是彼此之间素不相识"②。

最后，网络社会蕴含社会核心价值理念。社会价值理念的形成受到社会生产方式的影响。随着机器大工业的发展，社会逐渐形成了效率、标准化等价值理念。比如，托夫勒（Alvin Toffler）指出工业社会塑造了标准化、专业化、同步化、集中化、好大狂、集权化六个"工业化文明的法则"③。卡斯特认为，网络社会的崛起也催生了"信息主义精神"，它是一个共通的文化符码，能穿越参与网络的各种成员的心灵。④

孙伟平指出网络社会的核心价值理念体现在自由、开放、共享三方面。⑤ 首先，网络技术的技术特征本身内蕴着自由的精神。网络无限连接打破了传统社会科层化结构的控制，实现了社会结构的扁平化发展，并极大地促进信息传输的自由，有助于实现人的自由，真正实现了"秀才不出门，便知天下事"。其次，网络是一个开放的虚拟世界，不同地域的人们都可以成为网络中的一个节点并能实现网络交往，人们可以在网络上实现平等交流，地球真正成为一个鸡犬相闻的"地球村"和休戚与共的"命运共同体"。

---

① ［美］威廉·米切尔：《比特之城：空间·场所·信息高速公路》，范海燕、胡泳译，生活·读书·新知三联书店 1999 年版，第 13 页。

② ［美］伊恩·罗伯逊：《社会学》，黄育馥译，商务印书馆 1991 年版，第 108 页。

③ ［美］阿尔文·托夫勒：《第三次浪潮》，黄明坚译，中信出版社 2006 年版。

④ ［美］曼纽尔·卡斯特：《网络社会的崛起》，夏铸九、王志弘等译，社会科学文献出版社 2000 年版，第 244 页。

⑤ 孙伟平、赵宝军：《信息社会的核心价值理念与信息社会的建构》，《哲学研究》2016 年第 9 期。

最后，与土地与资本的"独有性"相比，信息能实现共享，并在共享中实现增值。萧伯纳形象地说明了信息共享的价值，你有一个苹果，我也有一个苹果，如果我们彼此交换，我们每个人仍然只有一个苹果。如果你有一种思想，我有一种思想，我们彼此交换，那么我们每个人就有了两种思想，甚至多于两种思想。信息共享能极大促进资源最优匹配和利用，实现"物物共享"的效果。

可以说，网络的广泛应用催生了网络社会，为人们带来极大的物质便利和发展空间，也客观地要求人适应网络社会。信息文明的发展进一步展开了人类社会发展的动力机制。随着信息文明的发展，人将越来越以信息方式存在。这不仅意味着与人相关的存在的信息化，而且意味着人的存在本身的信息化。[①]

那么，人们在网络社会"如何用网"便成为一个亟待解决的现实问题。特别是对于留守儿童而言，网络虽然为他们打开了一扇信息查询和了解世界的窗户，可以成为他们成长的阶梯，但是网络信息良莠不齐，网络陷阱无处不在，这为他们的成长埋下了隐患。可以说，网络应用既充满机遇，又充满挑战。留守儿童必须掌握必要的网络素养，以适应网络社会的生存，促进自身成长。

三 城乡之间的数字鸿沟

数字鸿沟（digital divide）实际上是一个隐喻，它指的是技术富有者和技术贫穷者之间存在的差距，这个词最早出现在 20 世纪 90 年代，这一概念被引入整个学术领域，成为一种关乎社会公正发展的人文关怀。经济合作与发展组织（OECD）指出"数字鸿沟"是"不同社会经济水平的个人、家庭、商业部门和地理区域，在接入信息和通信技术和利用互联网从事各种活动的机会上存在的显著差距"[②]。也就是说，数字鸿沟是由于经济发展水平的不同而导致的信息技术的资源分配不均，及所造

---

① 王天恩：《重新理解"发展"的信息文明"钥匙"》，《中国社会科学》2018 年第 6 期。
② OECD, Understanding the Digital Divide, Paris：OECD, 2001, p. 5.

成的信息技术拥有和应用的不平等的社会现象。数字鸿沟分为三个层次：首先是接入层，它指的是信息和设备的可接入性的差距，也就是有没有的问题；其次是使用层，也就是如何利用信息资源的能力，将数字技能划分为工具技能、信息技能和策略技能这三个等级递进的技能层次；最后是知识层，也就是网络的接入和使用上是否会导致知识获取或其他使用后果上的差距。

我国依然呈现较为明显的城乡二元化的社会结构，城市地区以现代化的大工业生产为主，城市基础设施、信息化建设发达，部分大城市的现代化水平甚至处于世界先进水平；而农村地区依然以传统农业经济为主，基础设施相对落后。可以说，我国社会的二元化结构导致了城乡之间的数字鸿沟。虽然改革开放以来，我国社会经济发展取得了巨大成就，但城乡之间的数字鸿沟不但未缩减，反而呈现持续扩大的趋势。在资金投入方面，我国城乡投入差异对比强烈。根据《中国信息统计年鉴》报道，截至2018年，中国城镇信息预算支出为5126.6亿元，而农村预算支出额仅为129亿元，从地域分布看，东部县域农村为53亿元，中部、西部各为39亿元和37亿元。① 另外在设备使用、信息能力等方面也表现出巨大差距。

在教育领域，虽然教育信息化领域取得了举世瞩目的成绩，但教育发展也同样面临数字鸿沟的困境，主要表现在教育信息化基础设施建设、教学应用与学生学习过程三个方面。首先，在基础设施建设方面，东部发达地区的教育信息化建设如火如荼，信息技术在学校建设中已经广泛普及，可以说信息技术已经"武装到牙齿"。但与此相反，在中西部地区、广大农村贫困地区，学校教育信息化建设并没有取得实质性进步，黑板、粉笔、书本仍然是最基本的、最主要的教学手段。其次，在教学过程中，信息技术教学应用受到教师信息化教学技能的影响，而我国不同地域、不同学校之间教师的教学差异十分明显。有研究指出，城市学校特别是城市公办学校教师相较于农村学校尤其是农村民办学校教师优势明显，农村教师信息技术应用的理念与态度落后十分突出。农村民办

---

① 陈潭、王鹏：《信息鸿沟与数字乡村建设的实践症候》，《电子政务》2020年第12期。

学校师资紧张，即使是免费学校也不愿常态化地派教师外出学习，教师专业发展得不到保障。① 可以说，教师的信息化教学能力差异既是教育数字鸿沟的表现，也是其产生的重要原因，还是数字鸿沟的结果。最后，在个人层面上，学生掌握并学会使用信息技术来改善学习更为关键。而学生的数字技能不仅是在课堂学习中习得的，父母、家庭等潜在的文化资本也会对学生的数字技能产生影响。也就是说，经济条件、文化背景优厚的学生更容易接触信息技术，也更容易掌握信息化技能等。因此，学生个人层面的数字鸿沟不容忽视，也是教育公平发展所面临的亟须解决的问题。数字鸿沟是客观存在的社会现实，已经成为制约社会与教育发展的障碍。

因此，数字鸿沟也成为我们理解教育和人的发展问题的重要社会背景和理论视角。需要指出，"数字鸿沟"虽然是一个新概念，但却已经得到社会和公众的高度关注。人们通常把它和贫富分化、社会公正等问题联系起来，从而使它不仅具有社会学和经济学上的含义，也成为社会政策甚至政治主张中的一种关怀。② 特别是，农村留守儿童作为一个特殊的弱势群体，存在家庭、教育与生长环境多方面的困境，也面临着数字鸿沟的困境。网络确实是一把推动社会发展的利器，但是我们却要及时警惕对社会分化的加剧，特别是在儿童教育手段上，这种分化更令人担忧，从先赋性权利缺失到网络资源的匮乏，乡村儿童已经在教育的起跑线上处于滞后地带，数字鸿沟是农村继经济、文化虚空之后的又一荒芜症候。③

第二节　研究对象与目标

本书的研究对象为农村留守儿童。农村留守儿童这一表述最早起源

---

① 陈斌、卢晓中：《教师能胜任信息时代的教学吗？——来自欠发达地区的调查》，《开放教育研究》2020 年第 5 期。
② 金兼斌：《数字鸿沟的概念辨析》，《新闻与传播研究》2003 年第 1 期。
③ 曹晋、梅文宇：《城乡起跑线上的落差：转型中国的数字鸿沟分析》，《当代传播》2017 年第 2 期。

于 20 世纪 90 年代，1994 年《瞭望》第 45 期发表署名为"一张"的短文《留守儿童》，最早提出"留守儿童"这一概念。此文的留守儿童是指父母在海外工作或学习而被祖父母或外祖父母抚养的孩子。可以说，文中所指的留守儿童与当前的留守儿童概念并不一致，但作者指出留守儿童作为一个特殊群体，是潜在的"人之患"①。

进入 21 世纪后，随着我国城市化进程的加速，城乡人口流动日益加剧，大量农村青壮年劳动力涌入城市。据国家统计局报道，2020 年全国农民工总量 2 亿 8560 万人，其中外出农民工 1 亿 6959 万人。② 农民工进城务工既能促进城市建设，也能客观上帮助农民脱贫致富，过上好生活。但另一方面，大量农民工进城务工，造成了农村发展的空心化，大量适龄儿童滞留农村，成为农村留守儿童。

一　何谓留守儿童

留守儿童是一个特殊的儿童群体。儿童是一个耳熟能详的概念，但其概念内涵界定却充满争议。儿童、未成年人、青少年等概念存在较大重叠性。对儿童内涵的理解首先要解决儿童的年龄阶段问题。一般来说，我们可以从日常意义和规范意义两个层面来理解儿童。我们对儿童年龄的界定尚且存在争议。我们可以把儿童理解为年纪小的孩子，是"非成年人"，他们由于身体与心智并未发展成熟，而无法融入或参与到成年人的社会事务中。在规范意义上，儿童年龄范围得到了限定，联合国《儿童权利公约》规定儿童是指未满 18 岁的任何人。各个国家法律也对儿童或相关概念进行了规定，但年龄阶段各不相同。比如，德国《民法典》规定 18 周岁的公民为成年人，14 周岁以下的公民属于儿童。《中华人民共和国未成年人保护法》规定未成年人是未满 18 周岁的社会公民。同时，在我国 16 周岁又是区分儿童社会责任的分界点。我国《劳动法》

---

① 一张:《留守儿童》,《瞭望》1994 年第 45 期。
② 国家统计局:《中华人民共和国 2020 年国民经济和社会发展统计公报》2021 年 2 月 28 日, http://www.stats.gov.cn/ztjc/zthd/lhfw/2021/lh_hgjj/202103/t20210301_1814216.html, 2023 年 5 月 7 日。

规定 16 周岁以上的公民即可成为合法劳动者，《刑法》规定年满 16 周岁的公民犯罪应当承担刑事责任。而且，学术研究的总体趋向是把 16 周岁以下公民作为儿童。

还需要指出，农村留守儿童的定义界定还存在争议，特别是如何判断"留守"的标准，争议主要体现在三个方面。

第一，父母外出的类型。需要指出，当前人们对留守儿童的界定存在争议。民政部官方定义指出父母双方都外出务工，或父母一方外出，而另一方无抚养能力的儿童才属于留守儿童。但学术界一般认为，父母有一方外出务工的儿童就属于留守儿童。比如，人口学者段成荣等指出，留守儿童是指父母双方或一方流动到其他地区，孩子留在户籍所在地并因此不能和父母双方共同生活在一起的儿童。① 教育学者吴霓等人指出"农村留守儿童"是由于父母双方或一方外出打工而被留在农村的家乡，并且需要其他亲人或委托人照顾的处于义务教育阶段的儿童。②

再进一步说，留守儿童是一个复杂群体，父母外出情况不同，也会对儿童生活教育产生不同影响。因此，人口学研究对留守类型进行了进一步划分。段成荣根据父母外出和儿童抚养情况把留守类型划分为四类：（1）父母一方外出，另一方与孩子一起留守的家庭；（2）父母双方均外出，孩子与祖父母（外祖父母）在一起的家庭；（3）父母双方均外出，孩子与其他亲属在一起的家庭；（4）父母双方均外出，孩子单独留守的家庭四种类型。③

但也有更多学者根据父母外出情况进行留守类型的划分，比如许琪、李强等均在研究中把留守儿童分为父亲单独外出、母亲单独外出和父母同时外出三种类型。④ 他们还往往将三种留守儿童作为实验组与非留守

① 段成荣、周福林：《我国留守儿童状况研究》，《人口研究》2005 年第 1 期。
② "中国农村留守儿童问题研究"课题组：《农村留守儿童问题调研报告》，《教育研究》2004 年第 10 期。
③ 段成荣、周福林：《我国留守儿童状况研究》，《人口研究》2005 年第 1 期。
④ 许琪：《父母外出对农村留守儿童学习成绩的影响》，《青年研究》2018 年第 6 期；李强、叶昱利、姜太碧：《父母外出对农村留守儿童辍学的影响研究》，《农村经济》2020 年第 4 期。

儿童进行对比分析，以揭示父母外出对留守儿童学习情况与辍学情况的影响，也能考察不同家庭角色对留守儿童教育和成长情况的影响。

第二，父母外出的时长。父母外出务工时间究竟多长才导致儿童的"留守"，尚对此并没有统一的说法。2013 年教育部的《全国教育事业发展统计公报》规定父母外出时间需连续三个月以上，而 2016 年民政部《关于开展农村留守儿童摸底排查工作的通知》则将父母外出时长规定为半年以上。也有研究者指出，累计和连续外出。研究者多把三个月与六个月设置为留守儿童的父母外出的时长标准。比如，凡勇昆把留守儿童的父母外出务工时间设置为连续三个月以上[1]，而周福林、段成荣以2000 年人口普查所采用的半年为界定流动人口的时间参考长度，将留守儿童父母外出时间确定为半年。[2]

而刘红艳等人将父母外出四个月来区分留守儿童，他们指出父母长期外出四个月以上会对留守儿童心理健康带来负面影响，特别是对于初中生来说，父母的返乡也不能对其心理健康进行有效修复；但当父母外出务工时间缩减为四个月以下时，父母的外出务工将不会对其子女心理健康带来明显的负面影响。[3] 可以说，此项研究从实证角度考察了父母外出时间对留守儿童的影响，能为留守儿童父母外出时间界定提供有益借鉴。

第三，留守儿童年龄。留守儿童年龄的界定也存在一定争议。全国妇联将留守儿童的年龄规定为 17 周岁以下，教育部则将留守儿童年龄规定为义务教育阶段（6—16 岁），而民政部则将把留守儿童规定为 16 周岁以下。[4] 研究者在留守儿童年龄上也存在区别。段成荣把留守儿童限

① 凡勇昆、刘虹、李亚琴、常雪：《基于实地调查的中国留守儿童生存样态研究》，《中国教育学刊》2020 年第 3 期。
② 周福林、段成荣：《留守儿童研究综述》，《人口学刊》2006 年第 3 期。
③ 刘红艳、常芳、岳爱、王欢：《父母外出务工对农村留守儿童心理健康的影响：基于面板数据的研究》，《北京大学教育评论》2017 年第 2 期。
④ 韩嘉玲、张亚楠、刘月：《流动儿童与留守儿童定义的变迁及新特征》，《民族教育研究》2002 年第 6 期。

定在 18 周岁及以下的儿童①，吴霓把留守儿童限定在义务教育阶段 6—16 岁的儿童②。由于留守儿童复杂性和不同学科视野的差异，留守儿童概念界定存在一些差异，也会造成留守儿童群体规模和治理手段的不同。

二 留守儿童成为一个社会问题

留守儿童是一个数量庞大、情况复杂的群体，留守儿童问题已经成为一种客观存在的社会问题，并衍生了各种问题。一方面，我国农村留守儿童数量巨大，已经成为一个突出的社会问题。2014 年全国妇联发布的《我国农村留守儿童、城乡流动儿童状况研究报告》估算出全国有农村留守儿童 6102.55 万，占农村儿童的 37.70%，占全国儿童的 21.88%。2016 年民政部指出我国农村留守儿童数据为 902 万③。民政部 2021 年的统计数据显示，截至"十三五"期末，我国共有 643.6 万留守儿童。研究者通过调查也发现，我国农村存在大量的留守儿童群体。邬志辉等人在农村义务教育阶段选取 9448 名学生作为调查对象，发现有 3750 名学生为留守儿童，占 39.69%。其中，1626 名留守儿童父母都外出务工，占农村儿童的 17.21%，父母一方外出的达 2124 人，占农村儿童的 22.48%，而单独父亲外出务工的为 1759 人，占农村儿童的 18.62%。④ 可以说，留守儿童群体依然庞大，成为制约社会发展不可忽视的重要因素。

另一方面，留守儿童的身心发育不完善。每个留守儿童都是正在发展的人，他们的心智发育水平和行为能力并不完善，正处于从幼稚到成熟的过渡阶段，对世界的认识并不全面、不深刻。由于父母角色的缺位与监管的缺失，农村留守儿童对外部事物和自身行为的价值判断力会存

① 段成荣、吕利丹、郭静、王宗萍：《我国农村留守儿童生存和发展基本状况——基于第六次人口普查数据的分析》，《人口学刊》2013 年第 3 期。
② 吴霓：《农村留守儿童问题调研报告》，《教育研究》2004 年第 10 期。
③ 民政部调查对留守儿童的界定只有父母双方外出务工，或父母一方外出务工，而另一方无监护能力的儿童，且年龄不超过 16 周岁。
④ 邬志辉、李静美：《农村留守儿童生存现状调查报告》，《中国农业大学学报》（社会科学版）2015 年第 1 期。

在不足，很容易做出不恰当或错误的决定，并成为社会发展中的弱势群体。而且，由于父母的长期外出和家庭监管的不足，导致留守儿童缺乏亲情关爱，危及他们的身体发育和心理健康发展；也会由于缺乏有效的指导，留守儿童学习成绩下降或者产生辍学现象，甚至出现违法犯罪现象。留守儿童缺乏家庭监护或监护不力，导致了其人身安全和合法权益得不到保障，甚至成为违法犯罪侵犯的对象。

自 2004 年开始，留守儿童引起了政府、大众媒体、学术界以及社会各界的广泛关注，农村留守儿童问题被认为是一个在较长期存在的社会问题。其中，大众媒体对留守儿童相关问题的传播起到了关键作用。各家媒体加强了留守儿童问题的报道，并传播解决留守儿童问题的对策经验。学术界研究者也开始关注留守儿童问题，并从身心健康、教育与道德等方面对留守儿童问题进行反思。比如，姚云指出留守儿童问题体现在儿童权利难以保障、人格发展不健全、学习成绩不良、道德发展危机四方面。①

网络已经渗透到人们的日常生活中，它对儿童具有极强的渗透能力，越来越多的儿童在学龄前就开始接触互联网。共青团中央维护青少年权益部发布的《2019 年全国未成年人互联网使用情况研究报告》指出，2019 年我国城镇未成年人互联网普及率为 93.9%，农村未成年人互联网普及率为 90.3%。② 但是，农村留守儿童也面临着网络不良应用的侵蚀。如有学者指出，虽然手机、计算机等网络设备硬件在农村地区得到普及，但农村儿童的网络技能素养、网络安全素养、网络规范素养和网络学习素养却显得较低，以硬件介入为代表的传统数字鸿沟转化为以网络素养为代表的新型数字鸿沟，而数字鸿沟的后果比前者更加严重。③

现实生活中，很多家长为了弥补家庭分离与亲情缺失，为留守儿童

---

① 姚云：《农村留守儿童的问题及教育应对》，《教育理论与实践》2005 年第 4 期。

② 共青团中央维护青少年权益部、中国互联网络信息中心：《2019 年全国未成年人互联网使用情况研究报告》，2022 年 8 月 13 日，http://www.cac.gov.cn/2020-05/13/c_15909190713 65700.htm，2022 年 11 月 15 日。

③ 田丰：《光明时评：留守儿童的网络素养亟待关注》，2022 年 8 月 13 日，https://news.gmw.cn/2019-12/10/content_33390512.htm? utm_source = UfqiNews，2022 年 11 月 15 日。

购买手机等网络设备作为"补偿",以期手机成为维系亲密关系的突破口。但是手机等设备的"不充分代偿"难以在虚拟空间中再造亲子关系中的依恋情感,甚至衍生出更强烈的剥夺感和"虚拟化"的情感能力等"代偿异化"现象。① 对于留守儿童而言,在好奇心、猎奇欲的驱使下,却疏于家庭和父母的管教,他们更容易被网络娱乐所迷惑,陷入各种网络陷阱,并产生网瘾。

心理学研究表明,网瘾儿童会出现认知与情感障碍、自我认同混乱与人格偏差等身心健康和社会功能造成不同程度的危害。可以说,不良的网络应用对留守儿童的危害会比非留守儿童危害更大,并为他们的成长埋下隐患。有研究指出,青少年留守经历会增强非适应性认知,进而增加网络成瘾的倾向。②

而且,网络不合理应用极易产生"茧房效应"。首先网络媒介的确能为留守儿童打开认识世界的一扇窗,带来开放性社交,但是也导致了社交异化的隐患。在算法推送和个性化推送机制影响下,智能算法推送的信息容易导致信息同质化和受众视野固化的问题,从而产生"信息茧房"效应。同时,这种茧房效应极易导致留守儿童的社交异化,走入虚拟社交的封闭困境之中。整体来看,留守儿童的这一社会交往形态往往呈现出内外力量作用下的区隔性、倾向性特征,留守儿童置于其中,正如置身于一种"社交茧房"之中。③

特别需要指出的是,留守儿童群体的网络游戏成瘾现象相对较为普遍,其中原因较为复杂,不仅在于留守儿童本身和其家庭,还有深刻的社会政治经济文化背景。有研究指出,留守儿童的成长正陷入网络游戏之中,渐趋背离主体价值。原因在于:游戏工业生产目标出现价值偏离,背反原初传统游戏的主体价值理性和无关争涉的非牟利取向;留守儿童

---

① 王清华、郑欣:《数字代偿:智能手机与留守儿童的情感社会化研究》,《新闻界》2022年第3期。

② 魏华、何灿、刘元、周宗奎、李倩:《青少年留守经历对网络成瘾的影响:病理性互联网使用的认知行为模型视角》,《心理发展与教育》2022年第3期。

③ 郑欣、高倩:《社交茧房:智能手机与留守儿童社会交往研究》,《江西师范大学学报》(哲学社会科学版)2021年第6期。

身心发育不健全，网络游戏辨识能力缺失；宏观制度背景多重乏力，政府、互联网游戏企业监管制度、学校管理制度不足；乡村成长空间活力衰减，乡村文化的空壳化导致留守儿童成长的空间狭窄，网络游戏成为留守儿童情绪宣泄的突破口。[①] 可以说，多维支持空间萎缩遮蔽了留守儿童的成长道路，也加剧了农村留守儿童成长的代际延伸。

第三节　研究目标

留守儿童现象已经引发了一系列社会问题。网络已经渗透到人们的日常生活中，它对儿童具有极强的渗透能力，越来越多的儿童在学龄前就开始接触互联网。可以说，儿童已经成为网络时代的"原住民"。根据现有的调查研究，网络游戏、看视频等娱乐是儿童的主要网络活动，然而他们的认知和学习尚处在发展阶段。而且，由于儿童的身心发展不健全，极易面临网络成瘾、网络暴力与网络安全等诸多问题的挑战。另外，中小学信息科技课程被边缘化，特别是农村学校师资力量更为薄弱，信息技术教育并未得到有效执行，网络素养教育也并不完善。特别是对于农村留守儿童而言，由于家庭关爱和父母监管的缺失，他们的网络行为极易出现失范，网络素养亟须提升。

需要指出，一些调查报告并未从学理上对农村留守儿童的网络行为及网络素养进行全面、深入的把握，也难以满足社会科学研究的需要。基于以上考虑，我们对农村留守儿童的网络行为与网络素养问题产生了极大兴趣。农村留守儿童究竟有哪些网络行为？他们的网络素养处于何种水平？有哪些因素影响他们的网络行为与素养，与非留守儿童相比，留守儿童的网络行为和网络素养是否存在差异？这些问题不仅关乎农村留守儿童的成长，还关乎教育公平和社会的持久发展。

---

① 冯璇坤：《理想·遮蔽·澄明：数字时代下留守儿童网络游戏现象的三重审视》，《理论月刊》2020 年第 12 期。

　　本书的研究目标定位在通过定量研究与定性研究相结合的方法对农村留守儿童网络接触行为与网络素养进行调查，深化人们对留守儿童网络接触行为和网络素养的认识，提出留守儿童网络素养教育策略，并设计开发留守儿童网络素养教育的综合实践课程，开展实践案例，以推动留守儿童健康全面发展。

　　研究目标具体体现在以下三方面。第一，通过问卷调查揭示留守儿童网络接触行为与网络素养现状，并探讨两者的影响因素。其中，网络接触包括网龄、上网时间与频率，网络素养网络信息的获取、分析、评价与创造能力。影响因素包括留守儿童的个人因素与网络应用的主观心理因素、家庭社会经济条件、学校信息技术教育支持度以及留守类型。

　　由于留守儿童不是一个孤立存在的群体，只是农村儿童中一个特殊群体，他们与非留守儿童共同生活在相同的社会背景中，并享受到相同的学校教育条件，也与非留守儿童存在相似的生活轨迹。因此，我们不能孤立地判断留守儿童的网络行为与网络素养水平，而是应该将其放到与非留守儿童对比中，从对比中寻找差异，从而更清晰地揭示留守儿童的网络行为与网络素养的真实水平。所以，本研究运用对比研究的方法，将农村留守儿童与非留守儿童两个群体相对比，在比较中凸显两个群体的差异。

　　第二，对留守儿童的网络应用现状进行质性研究。研究选取外出务工较多、留守儿童相对集中的典型农村，对留守儿童网络应用开展现场调查，描述网络应用具体场景，对留守儿童的自我认同与网络文化认同进行分析，并基于社会生态系统理论对留守儿童网络应用的影响因素进行剖析。

　　第三，对留守儿童网络素养教育策略进行探讨，在社会支持理论下建构留守儿童网络素养教育策略，并在学校建构综合实践活动课程开展网络素养教育活动。研究从课程目的、内容、实施和评价四个方面探讨农村留守儿童的网络素养的培养。以达到提升农村留守儿童的网络素养的目标。

　　需要指出，网络素养是一个多学科术语，在不同学科具有不同的

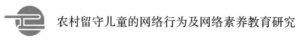

内涵。在传播学中，网络素养被认为是网络信息获取、分析、评价与创造的能力集合，而在教育学视野中，网络素养不仅包括网络信息获取、分析、评价与创造四种显性的能力，还包括网络道德等隐性能力，又体现在网络思维与网络价值观等方面。因此，研究遵循各学科学术话语，在调查研究中，遵循传播学话语，对留守儿童网络行为中的能力进行调查。而在网络素养教育中，则遵从教育学话语，从网络能力、网络思维与价值观等方面进行培养。

第二章　相关研究综述

农村留守儿童是一个急需全社会关怀的弱势群体，其生存状况也引发了一些社会问题，留守儿童问题也因而成为一个学术问题，并引起学术界的关注，研究者倾注了大量的精力和心血对留守儿童的各种问题进行研究。与此同时，网络传播媒介的迅速发展引发了社会交往形态的变革，也为留守儿童群体生活、成长和教育带来了深刻影响。把握当前学术界对留守儿童与网络传播媒介的研究，能为本书的研究提供必要的知识基础。

第一节　农村留守儿童研究

一　农村留守儿童研究问题

农村留守儿童已经成为一个引人关注的社会现象和社会问题，并成为跨学科研究的热点问题。研究者从不同学科视角和研究范式对其开展研究，并积累了较为丰富的研究成果。特别是自 21 世纪以来，农村留守儿童成为学术界研究关注的热点问题。从中国知网文献检索看，2004 年以来"农村留守儿童"研究呈现爆发式增长，2019 年的文献研究数量达到最高值，为 1525 篇。如图 2 - 1 所示。

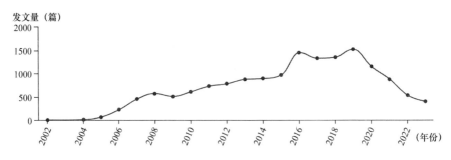

图 2-1　中国知网"农村留守儿童"研究发文年度趋势

从研究主题看，"农村留守儿童"研究涉及的研究主题如图 2-2 所示。① 通过粗略统计可以看出，留守儿童较为主要的研究话题包括"留守儿童教育问题""心理健康""留守儿童教育"等方面。

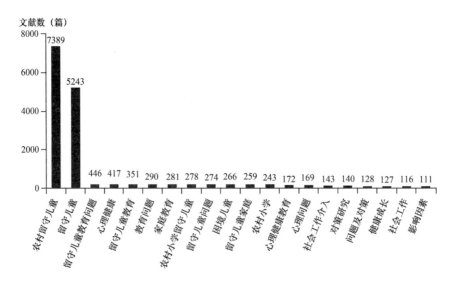

图 2-2　中国知网"农村留守儿童"研究主题分布

（一）留守儿童的教育问题

留守儿童的教育问题研究是留守儿童研究的核心内容，其中留守儿童的学习表现、家庭教育与学校教育是研究的重要内容。

---

① 本节来自中国知网的数据日期为 2023 年 5 月 25 日。

学术界对父母外出对留守儿童学习影响的研究结论不尽相同，甚至出现相反的结论。第一种观点认为，留守儿童的学习成绩不理想，父母外出情况会对留守儿童的学习产生负面影响。周宗奎等人在湖北省英山县、京山县和随州市对留守儿童学习情况进行调查，并指出，与非留守状态相比较而言，留守儿童学习的学习状态较为消极，学习成绩有所下降。而且，高达78.4%的教师认为留守儿童的成绩较差，多达54.5%的教师认为留守儿童学习成绩一般较差。① 王玉琼、马新丽、王田合对河南鲁山、叶县4个乡镇4所学校的留守儿童进行调查，他们指出，留守儿童在特殊的成长环境中，会出现了一系列"留守儿童综合征"。比如，留守儿童学习成绩下降，厌学、逃学，甚至辍学现象时有发生，他们的道德状况也令人担忧。② 许琪基于"中国教育追踪调查"（2013—2014学年）基线调查数据对父母外出情况对农村留守儿童学习成绩的影响进行分析，发现只有母亲单独外出才对农村留守儿童的学习成绩构成显著的负影响，而父亲单独外出和父母同时外出的留守儿童的学习成绩与非留守儿童相比并无显著的劣势。③

同时，有研究对留守儿童学习成绩低下的原因进行分析。吴霓指出，监护人对留守儿童学习关注过少导致了留守儿童的学习问题，而且家长的文化水平与儿童学习需求之间形成落差。④ 肖正德指出，监护人对留守儿童的学习关注过少是导致留守儿童成绩低下的原因。监护人本身的文化水平较低，或者承担了全部的家务和农活，没有足够的时间去关注孩子的学习，因此，不能对儿童学习上的问题给予足够的支持。⑤ 赵磊磊等指出，学习环境对学习态度具有直接的正向影响效应，学习态度对学习氛围、学习效果具有直接的正向影响效应，学习氛围对学习效果具

① 周宗奎、孙晓军、刘亚、周东明：《农村留守儿童心理发展与教育问题》，《北京师范大学学报》（社会科学版）2005年第1期。

② 王玉琼、马新丽、王田合：《留守儿童问题儿童？——农村留守儿童抽查》，《中国统计》2005年第1期。

③ 许琪：《父母外出对农村留守儿童学习成绩的影响》，《青年研究》2018年第6期。

④ 吴霓：《农村留守儿童问题调研报告》，《教育研究》2004年第10期。

⑤ 肖正德：《我国农村留守儿童教育问题研究进展》，《社会科学战线》2006年第1期。

有直接的正向影响效应。[①]

需要指出的是，也有许多研究认为"留守"并不一定影响儿童的学习成绩。秦敏指出，农村留守与非留守儿童的学习总成绩不存在统计上的显著差异，但是非留守儿童的认知能力略高于留守儿童。而且，良好的家庭氛围和父母陪伴对孩子的发展大有益处，家庭陪伴和交流对儿童认知能力具有明显作用。[②] 陶然等指出，只有当父母双方同时外出时间较长时，才会对孩子学习成绩产生较显著负面影响，且该影响主要因父母角色缺失所致；而且，父母外出对留守男孩的学习成绩具有显著影响，而留守与非留守女孩之间成绩差异并不显著。[③]

（二）留守儿童的心理研究

心理健康是儿童成长的重要因素和保障，也是留守儿童研究的重要内容。一般认为，父母外出会对留守儿童心理发展产生不同程度的消极影响，但留守儿童情况复杂，其心理表现较为复杂，不能一概而论。周宗奎等指出，留守儿童在父母外出后表现出一些心理上的问题，主要有情绪问题、交往问题和自卑心理等。其中年龄越小的留守儿童表现突出，留守女童比男童更突出。[④] 张俊良等指出留守儿童表现出缺乏心理支持导致自卑，缺少关爱引起逆反以及祖辈溺爱导致任性等心理问题。[⑤] 赵景欣等人指出农村留守儿童与父母间的紧密情感联结能对其心理适应具有保护作用，而且同伴接纳能够显著降低儿童的孤独感，并对儿童的亲情缺失具有补偿作用。[⑥]

---

① 赵磊磊、贾昂：《农村留守儿童学习状态的影响因素研究——基于学习环境视角的实证分析》，《教育科学研究》2018 年第 10 期。

② 秦敏、朱晓：《父母外出对农村留守儿童的影响研究》，《人口学刊》2019 年第 3 期。

③ 陶然、周敏慧：《父母外出务工与农村留守儿童学习成绩——基于安徽、江西两省调查实证分析的新发现与政策含义》，《管理世界》2012 年第 8 期。

④ 周宗奎、孙晓军、刘亚、周东明：《农村留守儿童心理发展与教育问题》，《北京师范大学学报》（社会科学版）2005 年第 1 期。

⑤ 张俊良、马晓磊：《城市化背景下对农村留守儿童教育问题的探讨》，《农村经济》2010 年第 3 期。

⑥ 赵景欣、刘霞、张文新：《同伴拒绝、同伴接纳与农村留守儿童的心理适应：亲子亲合与逆境信念的作用》，《心理学报》2013 年第 7 期。

也有学者研究父母外出务工时间对留守儿童的心理影响。刘红艳等指出，父母长期外出时间大于四个月会对留守儿童心理健康产生显著负面影响，但当父母外出务工时间低于四个月时，父母的外出务工将不会对儿童的心理发展产生显著的负面影响。[①]

张婷皮美等人的研究指出留守儿童总体心理健康水平与非留守儿童相比没有显著差异。但在社交心理维度上，留守儿童的心理问题显得较为突出。父母外出务工会使留守儿童产生孤独感和社交回避等心理问题。与父亲外出相比，母亲外出务工的留守儿童会产生孤独感。而且，留守儿童年龄越小，其产生自我孤独感的概率越高。但随着年龄的增长，留守儿童更容易产生社交回避[②]。

吴重涵等指出，留守儿童在社会文化的熏陶、亲子关系的感知、学校与社区等他人的替代作用下，能形成基于自身视角的亲代在位的认知图式，从而弥补父母外出的情感缺失。父母关系的缺场并不必然意味着留守儿童家庭结构中的父辈缺失，而是由此会产生儿童心理上的亲代缺位。[③]

（三）留守儿童社会支持研究

不同学科的学者对留守儿童的社会支持进行了较多关注。研究源自20世纪60年代的社区心理学，它主要从人际关系的角度探讨个体健康的影响因素，并把社会支持看作是缓解个体压力与维护个体健康的重要变量。一般认为，社会支持本质上是一种持续的社会集合体，它能为个体的自我发展提供机会，并由个体周围具有支持性的他人所构成，通过为个体提供信息认知指导、实际帮助以及情感支持等方式，帮助个体走出困境。[④]

---

① 刘红艳、常芳、岳爱、王欢：《父母外出务工对农村留守儿童心理健康的影响：基于面板数据的研究》，《北京大学教育评论》2017年第2期。

② 张婷皮美、石智雷：《父母外出务工对农村留守儿童心理健康的影响研究》，《西北人口》2021年第4期。

③ 吴重涵、戚务念：《留守儿童家庭结构中的亲代在位》，《华东师范大学学报》（教育科学版）2020年第6期。

④ Gerald Caplan and Mary Killilea, *Support System and Mutual Help*：*Multidisciplinary Explorations*, New York：Grune & Stratton, 1974, p. 19.

留守儿童社会支持研究涉及教育学和社会学等学科，积累了较为丰富的成果。教育学领域的研究主要从政府、家庭、学校和社区等方面对留守儿童教育支持体系进行问题探讨与策略建构。田俊等人在湖北省崇阳县开展留守儿童孤独感调查研究，并运用"在地化教学共同体"为留守儿童提供的社会支持，他们并从共同体立足地方的活动开展、地方性知识的教学融入两个方面提出了为留守儿童提供社会支持的建议。[①] 季彩君运用量化和质性相结合的研究方法对苏中地区留守儿童进行实证调查，分析留守儿童教育支持面临的两难困境与影响因素；从宏观、中观、微观三个层面阐述了留守儿童教育支持的基本思路，构建了"政府—学校—家庭—社区—社会—留守儿童"的留守儿童教育支持运行模式。[②]

社会学领域研究主要侧重于留守儿童社会支持体系的建构及应对策略。比如，陈世海等人对我国西部农村留守儿童社会支持体系进行调查研究，研究发现留守儿童的主观社会支持、客观社会支持、支持利用和社会支持总分均较低，并对社会支持体系建设提出建议，其中包括多开展社区倡导工作，营造留守儿童的外部支持体系，开展留守儿童寻求支持和支持他人的能力训练，稳固其内部支持体系等建议。[③] 崔丽娟对留守儿童社会支持建设中的问题进行了反思，并指出应将留守儿童关爱支持工作纳入社会治理体系，搭建政府为主导、多元社会力量广泛参与的留守儿童问题治理格局并在乡村振兴战略背景提出改善留守儿童社会支持系统的建议，以提升社会适应能力。[④] 吴霓通过对贵州、安徽、四川、河北等四省地的留守儿童生存状况进行实地调研，了解他们的关爱服务

---

① 田俊、王继新、王萱、韦怡彤：《"互联网＋"在地化：教学共同体对留守儿童孤独感改善的研究》，《电化教育研究》2019 年第 10 期。

② 季彩君：《基于实证调查的留守儿童教育支持研究——以苏中 X 地区为例》，《全球教育展望》2016 年第 3 期。

③ 陈世海、黄春梅、张义烈：《西部农村留守儿童的社会支持研究及启示》，《青年探索》2016 年第 5 期。

④ 崔丽娟、肖雨蒙：《依托乡村振兴战略改善社会支持系统：留守儿童社会适应促进对策》，《苏州大学学报》（教育科学版）2022 年第 1 期。

需求与供给现状，并对留守儿童关爱服务体系建设的典型经验与存在的问题进行总结，提出了完善留守儿童关爱服务体系建设的对策建议。①

二　农村留守儿童研究范式

（一）问题范式

农村留守儿童研究的"问题范式"是将留守儿童作为"社会问题"进行研究的，侧重于描述留守儿童生活中的负面问题。留守儿童的问题范式首先源于社会媒体和大众化刊物的关注报道，② 并未引起学术界和政府官方的关注。

直到 2004 年 5 月教育部召开的"中国农村留守儿童问题研究"座谈会推动了留守儿童问题的学术研究，该会议指出，我国农村留守儿童存在"人格发展不健全、学习成绩滑坡、道德发展危机、违法行为趋多"③。在此之后，各高校、研究机构对留守儿童展开调查研究。这一时期的调查研究往往把留守儿童看作"问题儿童"，凸显农村留守儿童存在的问题。比如，范先佐指出留守儿童存在安全、学习、道德以及心理等方面的较为突出的问题④；吴霓指出农村留守儿童存在由于父母外出、亲情缺席和家庭不完整导致了留守儿童的学习问题、生活问题与心理问题⑤。

总体看，研究者运用各自学科知识和研究方法，透过留守儿童的生活、心理与学习等方面表面现象揭示深层问题。但问题范式下的留守儿童研究更似乎是基于"情感驱动"的，甚至可以说是出于对留守儿童的同情而人为"制造"问题。如有研究指出，经由社会建构、学术建构、

_____

① 吴霓：《我国农村留守儿童关爱服务体系的政策、实践与对策研究》，《湖南师范大学教育科学学报》2021 年第 5 期。

② 相关观点参见孙顺其《"留守儿童"实堪忧》，《教师博览》1995 年第 2 期；胡能灿《农村"留守孩"呼唤关注》，《农村天地》1997 年第 10 期。

③ 邓纯考、周谷平：《农村留守儿童研究范式：问题与超越》，《教育发展研究》2017 年第 18 期。

④ 范先佐：《农村"留守儿童"教育面临的问题及对策》，《国家教育行政学院学报》2005 年第 7 期。

⑤ 吴霓：《农村留守儿童问题调研报告》，《教育研究》2004 年第 10 期。

媒体建构等多重路径的演化，政府、媒介、学术界与教育界对留守儿童群体问题形成共谋关系，并在一种群体无意识的排斥性社会关系网络中，造成了农村留守儿童"标签化"，甚至是"污名化"，从而人为地将其与其他儿童群体进行了区隔。① 这虽然能引起全社会对留守儿童的关注，但也造成了学术研究中的误读，并对舆论产生了误导。

（二）比较范式

留守儿童研究的比较范式是对处于相同生活教育场景中的留守儿童与非留守儿童进行比较，从而发现留守儿童真正的问题。比较范式也可以对留守儿童的某一亚类进行分类比较研究，以揭示不同类型的留守儿童的生存问题。比如，基于不同年龄、性别或父母外出方式等不同留守儿童类型。可以说，比较范式能对留守儿童污名化标签化进行一定程度的解构："没有非留守儿童群体作为参照群体，缺乏群体之间的比较，仅凭留守儿童个别案例与小样本调查，如何就能得出留守儿童是'问题儿童'的结论？"②

王树涛基于留守儿童与非留守儿童的比较，对学校氛围对留守儿童的情绪智力的影响进行研究。该研究发现，学校氛围对留守儿童情绪智力的影响更为显著，支持性的学校氛围对留守儿童的情绪智力发展更具正面意义，而控制性的学校氛围则具有破坏性。③ 段成荣等基于留守儿童与非留守儿童的比较，对重庆市农村留守儿童的就学机会和学业成绩进行研究。结果显示重庆农村留守儿童的就学机会和学习成绩都好于非留守儿童。但是留守和非留守的差距在就学机会和学习成绩上有不同特点，随父母外出情况而不同，也因地区经济社会发展水平和人口流动特点而异。④ 王鑫强等人运用问卷调查法对农村留守与非留守儿童的积极

---

① 邓纯考、周谷平：《农村留守儿童研究范式：问题与超越》，《教育发展研究》2017 年第 18 期。

② 谭深：《中国农村留守儿童研究述评》，《中国社会科学》2011 年第 1 期。

③ 王树涛：《学校氛围对留守与非留守儿童情绪智力影响的比较及启示》，《现代教育管理》2018 年第 4 期。

④ 段成荣、吕利丹、王宗萍：《留守儿童的就学和学业成绩——基于教育机会和教育结果的双重视角》，《青年研究》2013 年第 3 期。

心理健康、心理问题等方面的差异进行考察。该调查发现，留守儿童在快乐感、生活满意度、亲社会行为等积极心理健康指标上显著低于非留守农村儿童；农村留守儿童的主要心理虐待经历体现在情感忽视、情感虐待和躯体忽视等方面，而且这些经历能对内化心理问题、外化心理问题、内化积极心理健康与外化积极心理健康等心理指标起到显著的预测作用。[①]

可以说，比较研究是一种"差异性研究范式"，将同一教育生活环境中的非留守儿童群体纳入研究范围，从而揭示留守儿童部分样本或某些指标的"类"问题，也有助于人们打破问题范式的僵化模式，改变人们对留守儿童群体的刻板印象和问题范式的主观臆测。这在一定程度上提高了留守儿童研究的效度与信度，改变了人们对留守儿童群体整体的认识。[②]

第二节　儿童网络使用行为研究

一　网络媒介使用研究的相关理论

（一）创新与扩散理论

创新扩散理论能解释使用者接受技术创新的原因，并能揭示这个过程的影响因素。创新扩散理论是美国学者埃弗雷特·罗杰斯20世纪60年代提出的经典社会学理论模式，它能描述和解释一种新事物在某个社会系统中通过某种传播渠道，并随时间的推移而逐渐流传与扩散的过程。

罗杰斯把扩散定义为一个过程。在这个过程中，一项创新经过一段时间，通过特定的渠道，在某一社会系统的成员中传播。创新过程包括

---

① 王鑫强、霍俊妤、张大均、刘培杰：《农村留守与非留守儿童的心理健康、虐待经历比较及其关系研究——基于两维四象心理健康结构的分析与对策建议》，《中国特殊教育》2018年第1期。

② 邓纯考、周谷平：《农村留守儿童研究范式：问题与超越》，《教育发展研究》2017年第18期。

认知阶段、说服阶段、决策阶段、实施阶段、确认阶段五个阶段，还涉及四个因素与五个属性。其中，四个因素包括创新、传播渠道、时间以及社会系统四个因素，五个属性创新因素的相对优势、相容性、复杂性、可试性和可观察性。[①]

创新扩散理论与其他理论实现了成功整合，能对影响创新扩散的诸多因素进行深度解析，还能对传播的方式与动态演变进行分析。比如，创新扩散理论与技术接受模型相整合，将使用者的主观感知纳入影响事物的创新扩散的因素中。技术接受模型中，感知有用性和感知易用性被认为是影响使用者对新技术的两大采纳意愿。有研究者指出，把创新事物被使用者采纳的影响因素聚焦于"主观心理认知"是创新扩散理论的重要贡献之一。[②] 主观心理认知包括感知特征、感知流行和感知需求等。诸多实证研究也表明，创新事物被社会公众接纳的程度和速度在很大程度上并不是由其"客观特征"所决定，而是受到个人主观心理认知的影响。[③]

特别指出，概念在中国学术界得到更为广泛的运用，这可能与中国文化社会环境有关。感知流行性指受众对某一项新事物在社会中流行程度的主观感知，它反映了社会压力对事物创新扩散过程的影响。感知流行性表明了许多事物的扩散并非由于使用者本身的需求，而是由于该事物在社会上的普遍流行，特别是周围朋友与同事的广泛采纳，从而对采纳者造成了"从众压力"，而被胁迫加入到使用者的行列之中。

创新与扩散理论也存在一些缺陷与局限性，比如，缺少反馈环节等问题，并且该理论模式更适合解释自上而下、从外向内的传播现象，而对那些自下而上、传播者主动的传播行为以及自然传播的结果的解释性却较差。但总体而言，创新与扩散理论对受众对媒介技术的采纳具有较

---

① ［美］埃弗雷特·M. 罗杰斯：《创新的扩散》，唐兴通译，中央编译出版社2002年版。

② 王玲宁：《采纳、接触和依赖：大学生微信使用行为及其影响因素研究》，《新闻大学》2014年第6期。

③ Jonathan J. H. Zhu and Zhou He, "Perceived Characteristic, Perceived Needs, and Perceived Popularity: Adoption and Use of Internet in China", *Communication Research*, Vol. 29, No. 4, August 2002, pp. 466 – 495.

高的解释力，被普遍认为是新技术扩散研究理想的理论模型。创新扩散理论不仅在新闻传播学上得到了广泛的应用，在科技类、金融类、医药类以及教育学等领域也得到重视。该理论也能对留守儿童网络应用研究提供理论指导。

苏林森在创新扩散理论框架下对智能手机在中国的扩散模式和其影响因素进行调查分析。研究分析指出媒介接触频率、人际交往频率、互联网公信力和互联网易得性均正向影响智能手机的采纳，但只有人际交往频率正向影响智能手机使用年限。[①] Li 基于创新扩散理论对生活方式取向对电子邮件、互联网即时消息、Facebook 等九种网络应用进行调查研究。通过研究发现，享受生活、选用外国产品、非大众媒体怀疑论者等生活方式确实在预测九种新媒体技术的采用方面发挥了重要作用，人们采用技术应用创新水平对九种技术的采用有显著影响，性别、受教育程度、家庭收入、个人收入四项人口统计学因素是预测新媒体技术最有力的因素。[②]

（二）使用与满足理论

媒介使用是传播研究的重要领域。1943 年，马斯洛提出著名的需求层次理论，指出人类的需求层次，并指出，当低一级需求得到满足时才会迈向高一级需求。受到该理论的影响，传播学领域研究者开始探寻心理动机对媒介使用的影响。1959 年伊莱休·卡茨提出"使用与满足理论"，他指出，传播学研究既要关注"媒体对人们做了什么"，还应研究"人们对媒体做了什么"[③]。使用与满足理论可以概括为"社会因素＋心理因素→媒介期待→媒介接触→需求满足"的因果关系。

使用与满足理论最早倾向于功能主义范式。该理论认为，媒介需求

① 苏林森：《智能手机在中国的采纳和使用：基于北京的调查研究》，《西南民族大学学报》（人文社科版）2016 年第 4 期。

② Shu-ChuSarrina Li，"Lifestyle Orientations and the Adoption of Internet-related Technologies in Taiwan"，*Telecommunications Policy*，Vol. 37，No. 8，September 2013，pp. 639 – 650.

③ Elihui Katz，"Mass Communication Research and the Study of Popular Culture：An Editorial Note on a Possible Future for This Journal"，*Studies in Public Communication*，Vol. 2，No. 2，January 1959，pp. 1 – 6.

是媒介使用的社会心理根源，并导致了对大众传播媒介的期待，而这种期待又导致了不同的媒介接触行为，从而出现需求满足和其他结果，可以说，媒介使用被看作解释社会环境和心理环境的、有助于解决问题的功能性活动。①

将受众使用媒介的需求划分为认知需求、情感需求、个人整合需求、社会整合需求与舒缓压力需求五类认知需求，希望通过获取信息拓展自身知识面，提高自身综合素质等。其中，情感需求指受众通过媒介表达自我、收获愉悦等的需求；个人整合需求指提高自我效能感，健全个人知识体系，获得认同感、成就感等；社会整合需求指加强家人朋友间的联系，结识志同道合朋友，扩大人际关系等的需求；舒缓压力需求指通过媒介使用消磨时间，舒缓生活中的压力等的需求。②

使用与满足理论被认为是传播理论"受众第一论"，具有极强的理论解释效力。该理论认为受众是基于自身的社会背景与个体心理因素而产生一定的媒体使用需求，从而主动地选择与使用媒介，而媒介行为的满足感会对下一次的媒介行为产生影响。该理论认为受众是有意识、有目的地选择媒介内容，而媒介体验的意义只能来自人们自身，媒介使用最好被描述为一种互动过程，它将媒介内容、个人需求、解读感知、个人身份和价值观，以及个人所处的社会环境有机地联系起来。③

研究者对使用与满足理论加以改造以及整合其他理论，并衍生出新的理论模型或概念。比如，权衡需求理论就是"使用与满足"与"期望价值理论"等理论整合的出现的新理论模型。④ 该理论模型认为当且仅

---

① ［美］柯克·约翰逊：《电视与乡村社会变迁》，展明辉、张金玺译，中国人民大学出版社 2005 年版，第 23 页。

② 侯琦：《基于使用与满足的城乡儿童网络行为对比研究》，硕士学位论文，江苏师范大学，2022 年。

③ Denis McQuail, *Theories of Mass Communication*, London: Sage Publications, 1984, p. 318.

④ Jonathan J. H. Zhu and Zhou He, "Perceived Characteristic, Perceived Needs, and Perceived Popularity: Adoption and Use of Internet in China", *Communication Research*, Vol. 29, No. 4, August 2002, pp. 466 – 495.

当人们发现生活中的某一重要需要无法被传统媒体满足，而又估计新媒体可以满足这种需求时，才会开始采纳并持续使用该新媒体。[1] 也就是说，权衡需求需要从两方面进行综合——新媒体满足使用者某方面需求程度、该需求对受众个体的重要程度。研究者一般取两个方面的乘积来界定受众的媒介的权衡需求。

在网络环境中，使用与满足理论对人的传播依然具有强大的解释力。研究者对网络媒介的使用行为、使用动机和满足情况进行研究。王清华等人基于使用与满足理论对微博用户的微博使用需求、微博用户的社交满意度及其与使用行为之间关系进行研究。[2] 肖明等人基于使用与满足理论，对大学生使用知乎社会化问答社区的动机、行为与满足情况进行调查，并揭示了大学生使用知乎的主要动机。[3] 何国平对大学生互联网使用与满足进行调查，对媒介选择、上网时间与场所以及网络技能与网络信息的获取等问题进行研究，揭示了大学生对网络使用状况与满足情况。[4] 陈苗苗揭示了青少年新媒体使用中的平等参与、个性化满足与共享满足等动机，并指出青少年具有"批判性思考"与"传播能力"的新媒介素养观。

在使用与满足理论的影响，传播学研究完成了从"传者导向"向"受者导向"的转向。经过几十年发展，使用与满足理论已经成为传播学影响最广、最流行的理论，甚至被认为是一种标签化理论。[5]

二　儿童网络行为相关研究

（一）网络行为的界定与特征

网络为人们开辟了一个新的活动场域，网络行为就是人们在网络空

① 韦路、李贞芳：《数字电视在中国大陆的采用：一个结构方程模型》，《新闻与传播研究》2007 年第 2 期。

② 王清华、朱岩、闻中：《新浪微博用户满意度对使用行为的影响研究》，《中国软科学》2013 年第 7 期。

③ 肖明、侯燕芹：《大学生使用社会化问答社区的动机、行为和满足——以知乎为例的实证研究》，《现代传播》2019 年第 2 期。

④ 何国平：《当前大学生互联网使用与满足的新动向——基于广州大学城的问卷调查》，《现代传播》2009 年第 5 期。

⑤ 陆亨：《使用与满足：一个标签化的理论》，《国际新闻界》2011 年第 2 期。

间所做出的行为活动的总和。与一般行为不同的是，网络行为是在网络情境下进行的，网络行为能打破时空的限制，不需要面对面接触便能进行交流沟通。网络不仅是传递信息的媒介，还成为满足人们双向互动交流的社会行为场域，也就是说，网络不是外在于人们而独立存在的媒介，更是人们赖以存在的空间，人们能够在其中进行社会互动。网络的复杂性与信息的丰富性导致了网络行为的多样性。

研究者从不同层面对网络行为进行研究，倪琳等从互动传播行为的角度对网络新人类进行细分研究，将网络行为分为网络社交、网络信息、网络娱乐、网络展示与原创等行为。① 也有研究从理论层面对网络行为进行界定。李一认为，网络行为可分为狭义和广义上的两个角度来考虑，狭义的网络行为是指人们在网络空间里开展的行为活动，可以称为"纯粹的网络行为"，人对电子指令加以操控，并借以接受或传输数字化电子信号的形式。而广义的网络行为则不局限于电子网络空间里开展的那些虚拟形态的行为活动，也包括那些与网络密切相关，同时在很大程度上依赖网络才顺利开展的行为活动。② 冯鹏志指出，网络行为是以网络文化为中介的人与网络空间相互作用的过程，是一种特殊的社会行动，网络行动与人们一般的社会行动之间在其行动参照构架的"规范""条件"和"手段"等三个因素上是有着较大的差别。③ 总体来说，网络社会行为过滤了现实社会中的三大要素：非语言交流因素、沟通情境要素和行为主体的社会属性，网络行为可以总结出以下三个特征。

首先，网络行为具有技术依赖性。网络行为需要依靠网络与一定的技术工具或平台。而且，技术水平或素养影响人的交流方式，以及深度和广度。其次，网络行为具备传播环境的虚拟性。网络行为是在抽象的网络情境中完成，网络消除了现实交流中的时空局限性，也规避了行为

① 倪琳、林频：《网络新人类互动传播行为调查》，《现代传播》2012 年第 8 期。
② 李一：《网络行为：一个网络社会学概念的简要分析》，《兰州大学学报》（社会科学版）2006 年第 5 期。
③ 冯鹏志：《网络行动的规定与特征——网络社会学的分析起点》，《学术界》2001 年第2 期。

主体之间社会属性的干扰，弥弭了人们之间的社会等级差异。网络行为是一种相对较为平等纯粹的交流。最后，网络行为具有广泛性，不同于一般现实社会行为的时空限制，网络行为可以遍及整个网络，扩大了人们的交流范围。从某种意义上说，环境因素和情境因素的减少，使网民的网上行为更加充满个性化、人性化。[①]

（二）儿童网络行为研究

诸多研究机构与研究者对儿童网络行为及其影响因素进行研究，网络使用行为包括网络使用方式、上网时间与频率等现象。也有研究对网络行为模式与逻辑进行实证调查，并进行理论分析。

共青团中央维护青少年权益部、中国互联网络信息中心（CNNIC）连续几年对我国儿童互联网使用情况进行调查，并发布研究报告。其中《2020 年全国未成年人互联网使用情况研究报告》指出部分未成年人拥有自己的上网设备，手机是未成年网民的首要上网设备，使用比例达到92.2%。未成年网民拥有属于自己上网设备的比例达到82.9%，网络仍然是未成年人重要的学习阵地，同时新兴网上娱乐社交活动受众递增。[②]

研究者也对儿童网络行为进行调查研究，揭示儿童网络行为现状与影响因素。邬盛鑫等人对小学生网络行为进行调查。调查内容包括一般人口学特征、网络及电子产品使用等情况。调查显示，1.3% 的小学生每天上网时长大于 4 小时，男生显著高于女生，2.4% 的小学生网络成瘾，其中男生显著高于女生，且随年级升高有增加的趋势。[③]徐瑶对农村初中生的网络行为显著和相关因素进行探讨，她指出农村初中生网络行为体现在网络娱乐、网络社交、网络学习与网络消费四种活动上，并从人口学统计因素，包括留守情况、性别、年级与家庭收入等对网络行为的

① 郭玉锦、王欢：《网络社会学》，中国人民大学出版社 2010 年版。

② 共青团中央维护青少年权益部、中国互联网络信息中心：《2020 年全国未成年人互联网使用情况研究报告》，2020 年 7 月 20 日，http：//www.cnnic.cn/hlwfzyj/hlwxzbg/qsnbg/202107/P020210720571098696248.pdf，2022 年 11 月 22 日。

③ 邬盛鑫等：《中国小学生网络行为现状及影响因素分析》，《中国学校卫生》2020 年第 5 期。

影响进行了调查研究。①

　　江林新等人对上海市少年儿童的媒介使用情况进行调查。调查发现，小学生网络行为活动主要体现于在线学习、浏览新闻信息两方面；其次是网络娱乐、网络社交等方面，包括少量的网络讨论、网络购物等活动。初中学生经常从事的网络活动是网络娱乐、网络社交；其次是网络学习、浏览新闻和网络参与讨论；最少的是制作播客或上传视频、网上购物等活动。学生媒介的主要目的包括获取新闻与知识、自觉接受行为品质教育以及休闲与人际交往。②

　　郑素侠指出，留守儿童的网络使用亦呈现出较强的"愉悦"追求。在四类网上活动中，留守儿童最为偏好网络娱乐，如通过网络收听、收看网络音视频等；其次是网络游戏。留守儿童对这些网上活动的偏好，表明网络同电视一样，在留守儿童生活中并未起到提供信息、增长见识的工具性作用，而仅仅扮演了一个提供精神慰藉的角色。③

　　叶美娟对留守儿童的电视和手机应用及其影响进行调查。电视媒介能对留守儿童的学习产生积极的影响，构建了较好的家庭关系；而手机促进了留守儿童与父母、同辈群体的交流与联系。她还进行了定性分析，指出媒介使用受到社会环境因素的制约，对留守儿童而言，他们的媒介的接触形式与使用更是受到人为制约，媒介的时间与频率受到严格限制。而且，这种"封杀式"教育方式严重影响了留守儿童获取信息与社会化互动的进程。④

　　网络媒介对留守儿童社会化影响是研究者关注的热点。张苏秋对网络使用偏好对留守儿童社会化影响进行研究，其中，网络媒介偏好体现为网络媒介学习、社交和娱乐的偏好。而且研究表明学习和社交偏好对农村留守儿童社会化水平有显著促进作用，而娱乐偏好并不能显著提高

　　① 徐瑶：《农村初中生网络行为现状及影响研究》，硕士学位论文，东北师范大学，2020 年。

　　② 江林新、廖圣清、张星：《上海市少年儿童媒介使用状况数据报告》，《新闻记者》2009 年第 6 期。

　　③ 郑素侠：《农村留守儿童媒介使用与媒介素养现状研究》，《郑州大学学报》（哲学社会科学版）2012 年第 2 期。

　　④ 叶美娟：《岷县留守儿童媒介接触与行为影响研究》，硕士学位论文，陕西师范大学，2019 年。

农村留守儿童的社会化水平。[①] 赵可云等对大众媒介接触对留守儿童社会化影响进行研究，其中媒介接触行为主要包括媒介使用种类、频率、时长与内容偏好。他指出，媒介接触行为对其学习态度和学习动机存在负面影响，而媒介接触偏好对学习态度、学习动机和学习能力有正面影响。[②]

综上所述，儿童的网络应用可以概括为以下四种主要类型。

1. 网络社交行为。通信是网络最基本的功能，人们可以用网络来快速传送计算机终端之间的各种信息。网络改变了人们的社交方式，传统的聚会和纸质信件交流日益被网络交流取代，人们可以通过各种软件平台进行实时与非实时的网络社交通信。比如通过微信、QQ等软件实现在线实时交流，也可以通过电子邮件等软件或平台实现非实时交流。特别是微信的普及，几乎每个手机用户都装有微信客户端，微信成为人们保持联系的最广泛的网络手段。网络通信能打破时空限制，极大地拉近了人们的社交距离，生动地展现了麦克卢汉"媒介是人的延伸"的经典论断，并使得人们的通信交流更加方便快捷，地球成为名副其实的"地球村"。

2. 网络娱乐行为。网络提供了丰富的娱乐内容，网络电子游戏、数字音乐、视频等网络娱乐产品极大丰富了网络的娱乐功能。此外，网络还导致人们生活、交往和休闲中的"泛娱乐化"倾向，而且娱乐化的网络生存展现着一种无法抗拒的吸引力，使一大批未成年人流连于网络娱乐不能自拔，甚至沦为网络娱乐里的狂欢客与沉迷者。据数据统计，我国2020年的网络游戏用户规模达到5.18亿，市场实际销售收入2786.87亿元[③]。

3. 信息获取行为。网络本身就是信息资源平台，承载着海量各种各

① 张苏秋：《网络媒介与农村留守儿童社会化》，《华南农业大学学报》（社会科学版）2021年第3期。

② 赵可云、崔晓鸾、杨鑫、黄雪娇、陈奕桦：《大众媒介对农村留守儿童学习社会化影响的实证研究》，《现代远距离教育》2018年第3期。

③ 中国互联网络信息中心：《中国互联网络发展状况统计报告》，2021年2月3日，http://www.cnnic.cn/n4/2022/0401/c136-5287.html，2022年11月22日。

样的信息，基于各种门户网站和搜索引擎，人们可以根据自身需求获取各种信息。特别是 Web 3.0 技术的发展带来了网络信息整合、定位与服务的精准化，网络终端及服务、信息内容与使用习惯的个性化以及个体生产和传播的个性化。网络信息凸显了智能化、个性化传播特色。

4. 网络学习行为。网络上有大量的学习资源，学习者可以根据自己的学习需求选择学习内容和学习路径，网络学习成为教育发展的一种重要方向。"中国大学 MOOC"与全国 770 所高校合作，推出数万门课程。"国家教育资源公共服务平台"提供了覆盖小学、初中与高中所有年级各门学科的课程学习资源，这些资源供中小学学生免费使用。在 2020 年初暴发新冠疫情期间，广大师生响应"停课不停学"的号召，通过网络进行远程教学与学习，有效地弥补了学校教育的缺失。

第三节 网络素养及网络素养教育相关研究

一 网络素养及其"家族相似"概念

随着社会的发展和时代的进步，越来越多的信息和技术应用渗透到社会的各个角落，并对人们的社会生活产生重要影响。媒介素养、信息素养、数字素养与网络素养等概念应运而生，并在学术研究、大众传播甚至政府公文等不同的语境中大量出现。媒介素养、信息素养、数字素养与网络素养的侧重点虽然有所不同，但四个概念相互联系、相互交叉，并具有相似的表达方式，可以认为一组"家族相似性"概念。本章旨在梳理媒介素养、信息素养、数字素养的概念内涵，以对网络素养进行充分的把握。

（一）媒介素养

对媒介素养的理解首先从媒介的概念开始。广义上讲，媒介可以理解人与人、人与物，甚至物与物之间产生联系的中介。传播学领域中，媒介是指传播渠道，它是信息的载体。通常所说的媒介指的是报纸、杂志、广播、电视、电影以及网络等大众传播媒体。可以说，媒介是大众信息的主要来源和交流的重要手段，构成了人们日常生活的重要部分。

媒介素养出现时间最长，影响最广泛。媒介素养起源于 20 世纪 30 年代的英国，特别是随着电影等大众媒体的兴起，人们开始关注大众传媒对儿童成长的影响。媒介技术如同一柄双刃剑，既给社会发展带来推动作用，也会产生负面效应。起初的媒介素养旨在提高青少年的媒介"免疫力"，抵御媒介对他们造成的负面影响。媒介素养概念的提出，开辟了一个新的研究领域，媒介素养教育成为备受关注的重要话题，并对它的概念内涵加以界定。1992 年美国媒介素养研究中心对媒介素养进行界定：媒介素养是指人们面对媒介所传播的各种信息的选择能力、理解能力、质疑能力、评价能力和创造与制作能力以及思辨的反应能力。英国大卫·帕金翰认为：媒介素养指使用和解读媒介信息所需要的知识、技巧和能力。①

媒介的日益丰富和不断发展需要人们具备媒介素养。如前所述，学术界存在不同的媒介素养定义。但一般认为，媒介素养是公民获得、分析、评价和创造各种媒介的能力，"获取""分析""评估""创造"也被认为是媒介素养的最为核心要素。媒介素养概念经过了四次范式转变，从保护主义范式到媒介信息选择与辨别范式，再从媒介文本的批判性解读范式到参与式社区即赋权与使用范式，强调应关注受众的社会权利与行动建构②。可见，媒介素养不再具有保护主义色彩，而是被赋予了使用媒介的能力和权利，并促进社会公民参与到社会发展。

（二）信息素养的内涵

进入信息时代，信息素养成为教育学、情报学领域研究的热点问题，众多学者对信息素养进行了丰富研究。特别是在中小学信息技术教育中，信息素养被作为高中信息技术课程的重要课程目标。

信息素养是从图书馆检索技能演变而来，1974 年美国人保罗泽考斯基首次提出信息素养这个概念。1989 年美国图书馆协会将信息素养定义

① 袁军：《媒介素养教育论》，中国传媒大学出版社 2010 年版，第 35—36 页。
② 陆晔：《媒介素养的全球视野与中国语境》，《今传媒》2008 年第 2 期。

为"检索、评价和有效使用信息的能力"。这一概念迅速被各个研究领域接受。可以说，信息素养是信息时代对人提出的新要求，它强调人对信息的合理运用。

研究者一般从信息素养定义、要素结构对信息素养内涵进行论述。联合国教科文组织认为，信息素养是一种能力，具备一定信息素养的人能确定、查找、评估、组织和有效地生产、使用和交流信息，并解决面临的问题。① 这是一种信息素养能力观，将信息素养定位为信息处理的能力集。

而我国学者则展示了较为广泛的视角。陈维维、李艺认为可以包含信息意识、信息知识、信息能力、信息道德这几方面。这种认识较为全面，包括了显性的知识能力，也包括了隐性的信息意识和道德。② 张义兵、李艺对信息素养概念从多学科视角进行重新界定，从技术视野看，信息素养应定位在信息处理；从心理学视野看，信息素养应定位在信息问题解决；从社会学视野看，信息素养应定位在信息交流；从文化学视野看，信息素养应定位在信息文化的多重建构能力。③ 有研究指出信息素养四要素之间的关系，信息意识是先导，影响信息素养的广度；信息道德是保证，影响信息素养的高度；信息知识是基础，影响信息素养的深度；信息能力是核心，影响信息素养的效度。④

信息素养也成为情报学领域的关注话题。联合国教科文组织提出"媒介信息素养"（MIL）概念，以将媒介素养与信息素养加以结合。多哈媒体自由中心发布的《多哈宣言》对媒介素养、信息素养和 MIL 进行区别，认为媒介素养侧重人的言论自由，信息素养注重人对信息的应用，MIL 则强调人对信息和媒介内容的研究。⑤ 张亚莉在对"信息素养人"

---

① 钟志贤：《面向终身学习：信息素养的内涵、演进与标准》，《中国远程教育》2013 年第 8 期。
② 陈维维、李艺：《信息素养的内涵、层次及培养》，《电化教育研究》2002 年第 1 期。
③ 张义兵、李艺：《"信息素养"新界说》，《教育研究》2003 年第 3 期。
④ 谭小琴：《困境与超越：教育现代化视域中信息素养提升的思维向度》，《自然辩证法研究》2020 年第 7 期。
⑤ 吴淑娟：《信息素养和媒介素养教育的融合途径——联合国"媒介信息素养"的启示》，《图书情报工作》2016 年第 3 期。

行为特征进行深入研究的基础上，提出信息素养是由信息知识、信息能力和非认知因素三个要素构成的一个结构体系。[①]

彭立伟、高洁认为信息素养经历了两代发展，其中第一代信息素养植根于传统图书馆和第一代互联网，它主要是培养人的信息意识、信息检索和利用信息解决问题的能力。第二代信息素养是一个综合性的素养谱系，其主要目标是培养学生的知识生产与信息消费能力、批判性思维等方面。而且，第二代信息素养还突破了教育系统，深入到人的日常生活和工作中，并发展为一种综合的社会实践。[②]

（三）数字素养的内涵

数字素养最早由以色列人 Yoram Eshet-Alkalai 提出，后来其他学者对这个概念进行了重新界定。Paul Gilster 在其著作 *Digital Literacy* 中系统阐述了数字素养的概念，他认为数字素养是"检索获取网络资源，并加以应用的能力"[③]。Jones-Kavalier 将数字素养定义为"阅读和理解媒体资源，通过处理、评价和利用数字资源获得新知识的能力"[④]。

欧盟对数字素养极为重视，新千年伊始，欧盟 15 国在里斯本举行特别会议，启动了"教育与培训 2020 计划"，并提出包括数字素养在内的八大欧盟核心素养。他们认为数字素养是人们在工作、学习、生活娱乐以及其他社会活动中批判性和创新性地运用信息技术的能力，包括信息能力、交流能力、内容创建能力、安全意识能力和问题解决能力五个能力域。[⑤] 欧盟把数字素养上升为战略发展高度，并进行了大量卓有成效的研究与实践，形成了一整套完备的方法体系，值得世界各国借鉴。

此外，美国一些机构也对数字素养进行了研究。美国教育技术国际协会提出数字素养包含通识素养、创新素养和跨学科素养三个维度。美国图书馆协会将数字素养定义为使用信息和信息技术发现、评估、创造

---

① 张亚莉：《信息素养内涵的建构》，《图书馆论坛》2005 年第 5 期。
② 彭立伟、高洁：《国际信息素养范式演变》，《图书情报工作》2020 年第 9 期。
③ Paul Gilster, *Digital Literacy*, New York：Wiley, 1997, pp. 25 – 48.
④ 王春生：《元素养：信息素养的新定位》，《图书馆学研究》2013 年第 21 期。
⑤ Anusca Ferrari, "Digital Competence in Practice：An Analysis of Framework"（2012），http：//ftp. jrc. es/EURdoc/JRC68116. pdf.

和交流信息的能力。这一界定将数字素养的定位从中性工具转向人的实践活动。①

我国学者也对数字素养进行了界定，施歌提出数字素养是人们在工作、学习、休闲及社会参与中适当运用数字化手段识别、理解、创建、交流、批判信息并解决问题的能力与态度，它是个广义的概念，是知识、技能、态度的综合体。施歌还根据中小学生的发展特点和我国教育发展现状，提出我国新时期的中小学生数字素养应涵盖信息处理素养、沟通交流素养、内容建构素养、问题解决素养、信息安全素养、网络道德素养六大领域。② 苏岚岚等人指出数字素养包括数字化通用素养、数字化社交素养、数字化创意素养与数字化安全素养，并论述了数字化教育、数字素养与数字生活之间的关系。③

（四）网络素养的内涵

网络素养最早是美国人 McClure 在 1994 年提出的概念，起初用网络素养来表达"识别、访问并使用网络信息的能力"，后经过几次修改，他将网络素养的概念内涵定义为从知识和技能两个维度表述网络知识的正确判断和应用以及网络技能的有效使用。④ 网络素养这个概念提出后，其内涵不断在变化和丰富。有研究者以时间维度为准对网络素养内涵进行梳理。

Livingstone 将网络素养定义为一个包含能够获取、分析、评价和创建在线内容。"获取"是指人们通过何种途径与如何使用网络，包括使用网络媒介的场所、渠道以及使用的时间和频次。"分析"（analysis）是指人们收集、处理和理解网络信息的能力。"评价"是指人们鉴别网络

————————

① 张春华、韩世梅、白晓晶：《面向未来发展的数字素养及其培养策略——基于〈新媒体联盟地平线项目数字素养战略简报〉的研究》，《中国远程教育》2019 年第 4 期。

② 施歌：《中小学生数字素养的内涵构成与培养途径》，《课程·教材·教法》2016 年第 7 期。

③ 苏岚岚、彭艳玲：《数字化教育、数字素养与农民数字生活》，《华南农业大学学报》（社会科学版）2021 年第 3 期。

④ Charles R. McClure，"Network literacy: a role for libraries?" *Information Technology and Libraries*，Vol. 13，No. 2，June 1994，pp. 115 – 125.

媒介信息真实性的能力。"创造"是指人们分享、制造、传播网络媒介信息的能力。[①] 可以说，通过将网络素养概念的行为操作化能促进概念的显性化，也便于研究者的客观化测量。这四个组成部分共同构成了一种基于能力为本位的媒介素养认识，信息获取的技能有助于对他人生产内容的分析；评价能力可以鼓励用户创建拥有内容；而内容创建的体验有助于信息获取能力的进一步提升。[②]

2010 年，美国大学与图书馆协会认为信息素养包含网络素养，即使用计算机、数据库等信息技术来实现或完成相关的工作目标的能力。[③] 美国学者霍华德·莱茵戈德系统地阐述了网络素养的概念内涵，他认为，网络素养素包括注意力、垃圾识别、参与、协作、网络智慧人五个组成部分。这五种网络素养将对人的思维方式和社会关系发展产生重要影响。这一概念从人的参与视角，表述了个体进行网络信息资源配置和协同合作的过程。[④] 另外，也有学者把网络素养拓展到网络空间或网络社会生存的层面。比如，Bauer 构建了一套网络素养层级结构体系，把网络素养分为责任、生产力和互动性三个层面。其中责任包括意识、认识、应用；生产力包括管理、创作、评估；互动性包括合作、参与、沟通。[⑤]

我国学者也对网络素养概念进行界定，发掘网络素养的内涵。彭兰指出网民素养包括网络基本应用素养、网络信息消费素养、信息生产素养、网络交往素养、网络社会协作素养与社会参与素养。[⑥] 贝静红指出网络素养是指用户正确使用与有效地运用网络以及能理性地运用网络以

① 申琦：《网络素养与网络隐私保护行为研究：以上海市大学生为研究对象》，《新闻大学》2014 年第 5 期。

② Sonia Livingstone and Ellen Johanna Helsper，"Balancing Opportunities and Risks in Teenagers' Use of the Internet：the Role of Online Skills and Internet Self-efficacy"，*New Media & Society*，Vol. 12，No. 2，November 2009，pp. 309 – 329.

③ Association of College and Research Libraries，*Information Literacy Competency Standards for Higher Education*，Association of College and Research Libraries，2000.

④ ［美］霍华德·莱茵戈德：《网络素养——数字公民、集体智慧和联网的力量》，张子凌、老卡译，电子工业出版社 2014 年版。

⑤ Alexander T. Bauer and Ebrahim Mohseni Ahooei，"Rearticulating Internet Literacy"，*Cyberspace Studies*，Vol. 2，No. 1，January 2018，pp. 29 – 53.

⑥ 彭兰：《网络社会的网民素养》，《国际新闻界》2008 年第 12 期。

促进个人发展服务的一种综合能力，包括网络媒介的认知、对网络信息的批判反应、对网络接触行为的自我管理、利用网络发展自我的意识以及网络安全意识和网络道德素养等方面。[①] 喻国明等指出网络素养的成长受制于政治、文化、经济及社会土壤的影响，并提出"认知—观念—行为"的演进逻辑应当是网络素养培育和养成的核心内容与梯度范式。"认知"侧重从网络接触习惯到注意力管理，"观念"侧重从价值情感取向到批判性思维，"行为"侧重从网络媒介参与到协同合作。[②] 叶定剑认为，网络素养包括网络安全意识、较强的网络技术水平、严格的网络守法自律习惯、高尚的网络道德情操以及引领大家共同参与网络建设的能力。[③]

可以说，媒介素养、信息素养、数字素养与网络素养之间存在一定的相互交叉重叠关系，都注重使用者的信息技术的使用、分析、评价等方面能力，也可以说，这四种素养是建立在信息技术的使用能力基础之上的。但是，这四种素养所侧重的应用领域存在不同，媒介素养是媒介传播领域的一个概念，信息素养从图书馆领域走向社会领域和教育领域，成为信息技术教育的一个核心目标。数字素养是数字经济的产物，特别是欧盟国家更多用这个概念。而网络素养与网络文明密切相关，更加强调开放和互动。[④] 但随着社会发展的融合，媒介素养、信息素养、数字素养与网络素养几个概念之间边界变得模糊起来，应用领域存在一定的交叉或重叠现象。

还需要指出，我国学者对网络素养的理解逐渐从狭义的网络信息的"技能观"理解走向广义的网络空间的"生存观"，融入安全道德等要素，展现了更为广泛的视角，并将这个概念采用分层的方式加以理解。可以说，网络作为一种新型媒介技术，网络素养是媒介素养发展的高级

① 贝静红：《大学生网络素养实证研究》，《中国青年研究》2006 年第 2 期。
② 喻国明、赵睿：《网络素养：概念演进、基本内涵及养成的操作性逻辑》，《新闻战线》2017 年第 3 期。
③ 叶定剑：《当代大学生网络素养核心构成及教育路径探究》，《思想教育研究》2017 年第 1 期。
④ 高欣峰、陈丽：《信息素养、数字素养与网络素养使用语境分析——基于国内政府文件与国际组织报告的内容分析》，《现代远距离教育》2021 年第 2 期。

阶段。网络素养与媒介素养是一种发展关系。网络素养作为媒介素养发展的高级阶段，网络本身的互动性、开放性与自组织性，丰富了媒介素养的内涵，拓展了媒介素养研究的视域。

二　网络素养的影响因素研究

影响因素研究是网络素养研究的重要组成。现有研究表明，网络素养受多种因素的影响，主要包括人口学因素、社会结构因素、媒介使用因素以及学校教育因素等方面。

曹小杰、孔林久认为媒介素养的影响因素可以分为"个体因素""媒介因素"和"社会因素"。其中"个体因素"主要是指性别、年龄、收入等人口统计学特征；"媒介因素"主要是指媒介接触渠道、接触时长、内容性质；"社会因素"主要是指政治参与程度、人际交往模式等。[1] 周葆华、陆晔聚焦媒介素养的两个维度——媒介信息处理能力和媒介参与意向，探讨个体政治认知、人际讨论模式、媒介使用、媒介评价和媒介参与功效意识对它们的影响。[2] 马超指出先天的社会经济地位并不是影响人们知识差距的唯一因素，后天的媒介接触动机和使用行为同样是影响人们知识积累的重要条件。[3] 郑素侠探讨了城乡青少年媒介使用的家庭环境差异，并指出在使用媒介时，城镇青少年比农村青少年能享受到更多的亲子陪伴；在使用媒介的时间干预上，城乡青少年父母对子女的看电视时间和上网时间都进行了干预，但比较而言，农村青少年父母对子女上网时间的干预更为严格，城镇青少年父母对子女看电视时间的干预更为严格。[4]

---

① 马超：《媒介类型、内容偏好与使用动机：媒介素养影响因素的多维探析》，《全球传媒学刊》2020 年第 3 期。

② 周葆华、陆晔：《从媒介使用到媒介参与：中国公众媒介素养的基本现状》，《新闻大学》2008 年第 4 期。

③ 马超：《媒介类型、内容偏好与使用动机：媒介素养影响因素的多维探析》，《全球传媒学刊》2020 年第 3 期。

④ 郑素侠：《城乡青少年媒介使用的家庭环境差异及其影响因素——基于 2013 年度中国教育追踪调查（CEPS）数据的分析》，《现代传播》（中国传媒大学学报）2015 年第 9 期。

有研究强调网络媒介使用或接触行为对网络素养的影响。比如马超指出，媒介接触与媒介素养存在密切的内在联系，个体的媒介接触是媒介素养的最基础条件。[①] 媒介使用因素包括媒介使用的方式、频率、时长与内容。比如，Livingstone 揭示了人口统计变量、互联网接入和使用、在线技能等因素之间的系统关系。她指出，年龄、性别对网络信息的获取和使用上存在显著差异，网络接触（包括接触地点和在线时间）与网络使用和网络素养呈现显著的正相关关系。[②] 还有学者对网络行为与网络素养关系进行研究，Len-Ríos 等将青少年网络素养作为网络行为的一种结果变量，并指出良好的网络使用能促进技能层面的网络素养。[③] Ye Shaoyun 等人探讨了大学生使用电子媒体/社交媒体及其网络素养之间的因果关系，并探讨社交技能和性别差异的对网络素养的影响。研究者还指出，网络使用行为能正向预测网络素养，而网络素养对社交技能有显著正向影响，社交技能则能对网络使用产生显著正向影响。[④]

此外，使用动机与行为也会对网络素养形成影响。Ettema 等人指出使用者的媒介接触和动机才是影响人们知识获取和积累的重要因素。[⑤] 这一结论得到了证实，受众的使用动机是媒介知识获取的重要因素。有研究者将人的媒介使用动机分为"信息型"和"娱乐型"两种。[⑥] 而不

① 马超：《媒介类型、内容偏好与使用动机：媒介素养影响因素的多维探析》，《全球传媒学刊》2020 年第 3 期。

② Sonia Livingstone and Ellen Johanna Helsper，"Balancing Opportunities and Risks in Teenagers' Use of the Internet：the Role of Online Skills and Internet Self-efficacy"，*New Media and Society*，Vol. 12，No. 2，November 2010，pp. 309 – 329.

③ María E. Len-Ríos，"Early Adolescents as Publics：A National Survey of Teenswith Social Media Accounts，Their Media Use Preferences，Parental Mediation，and Perceived Internet Literacy"，*Public Relations Review*，Vol. 42，No. 1，March 2016，pp. 101 – 108.

④ Ye Shaoyun，"Causal Relationships Between Media/Social Media Use and Internet Literacy among College Students：Addressing the Effects of Social Skills and Gender Differences"，*Educational Technology Research*，Vol. 40，No. 1，December 2017，pp. 61 – 70.

⑤ James S. Ettema，"Deficits，Differences，and Ceilings：Contingent Conditions for Understanding the Knowledge Gap"，*Communication Research*，Vol. 4，No. 2，April 1977，pp. 179 – 202.

⑥ Khan M. Laeeq，"Social Media Engagement：What Motivates User Participation and Consumption on You Tube？"*Computers in Human Behavior*，Vol. 66，January 2017，pp. 236 – 247.

同的动机对网络行为产生不同的影响，比如，有研究者指出娱乐型使用动机与网络成瘾行为密切相关。[1] 有研究进一步指出，信息型的使用动机对媒介素养中的"获取能力""分析能力"和"评估能力"具有正向影响，而娱乐型动机则对"分析能力"和"评估能力"产生显著的负向影响。[2]

在家庭影响方面，研究者指出家庭收入、受教育程度等因素会对儿童的媒介使用与媒介素养产生影响。李金城指出，家庭收入对媒介信息的获取、评估和判断能力产生影响。[3] 同时，闫慧对数字鸿沟的研究都表明家长的受教育程度与家庭收入都会造成儿童媒介使用上的差别。[4] Lou 等的研究显示，家长的网络使用行为、网络素养与育儿方式三者之间存在显著的相关性。[5] Leung 等人探讨了未成年网民的人口统计学、网络活动与网络素养之间的关系，并指出父母教养方式对未成年人的网络接触与网络行为存在显著负相关。[6] 可以说，父母的教育方式、儿童的家庭背景等因素都会对儿童网络素养产生影响。

最后，学校教育也是影响儿童网络素养的重要因素。陈奕桦指出学校环境层级和学校规模能对学生 ICT 技能有影响作用，学校规模越大，学生的 ICT 技能越高。[7] 田丰也指出，学校网络素养教育能提升儿童网络素养，接受过网络教育儿童的网络素养表现均高于儿童的平均水平，反

---

[1] Shu Ching Yang, "Comparison of Internet Addicts and Non-addicts in Taiwanese High School", *Computers in Human Behavior*, Vol. 23, No. 1, January 2007, pp. 79 – 96.

[2] 马超：《媒介类型、内容偏好与使用动机：媒介素养影响因素的多维探析》，《全球传媒学刊》2020 年第 3 期。

[3] 李金城：《媒介素养的测量及影响因素研究》，上海交通大学出版社 2017 年版，第 148 页。

[4] 闫慧、孙立立：《1989 年以来国内外数字鸿沟研究回顾：内涵、表现维度及影响因素综述》，《中国图书馆学报》2012 年第 5 期。

[5] Shi-Jer Lou, "The Influences of the Sixth Graders' Parents' Internet Literacy and Parenting Style on Internet Parenting", *The Turkish Online Journal of Educational Technology*, Vol. 9, No. 4, October 2010, pp. 173 – 184.

[6] Louis Leung, "The Influences of Information Literacy, Internet Addiction and Parenting Styles on Internet Risks", *New Media and Society*, Vol. 14, No. 1, August 2012, pp. 117 – 136.

[7] 陈奕桦：《小学生 ICT 技能之多层次影响因素研究——以台湾地区资料为例》，《电化教育研究》2015 年第 9 期。

之，没接受过网络教育课程儿童的网络素养均低于平均分。①

根据以上研究，留守儿童的个体因素（包括性别、年龄）、网络接触行为、家庭因素（家长受教育程度与家庭收入）与学校因素（网络素养教育）是儿童网络素养的重要影响因素。这些研究结论为本书提供了良好的研究基础。

三 网络素养教育相关研究

（一）网络素养教育基本框架

网络素养教育是提升网络素养的必备途径，也是当前学界研究的热点。研究者对媒介素养内涵、目的与内容进行大量研究。传播学领域及其他社会学领域学者对媒介素养及网络素养的内涵框架展开研究。

卜卫是我国较早关注媒介素养教育的学者，她对媒介素养教育的内容、方法和意义进行论述。卜卫认为媒介素养教育的意义在于建立对信息批判的反应模式，发展关于媒介的思想，提高对负面信息的反省能力；媒介素养教育内容包括了解基础的媒介知识以及如何使用媒介、学习判断媒介信息的意义和价值、学习创造和传播信息的知识和技巧、了解如何有效利用大众传媒发展自己四方面内容；媒介素养教育途径包括学校教育、社会教育和媒介宣传。② 媒介素养教育的目的是让公民对解读信息拥有更多的控制权，对利用媒介发出自己声音拥有更多的控制权；媒介素养是关于行动的知识，是一个促进所有参与者主动学习和使用媒介的过程。③ 袁军认为媒介素养教育是以社会公众为对象，以培养和提高认知媒介、参与媒介、使用媒介能力为目的的素质教育。④ 姚姿如、喻国明认为随着互联网的崛起，媒介素养教育的主要内容是培养个体在新媒体的使用过程中保持开放性的视野和多元化的思维，培养个体的多元

---

① 田丰、王璐：《中国青少年网络技能素养状况研究》，《中国青年社会科学》2020 年第 6 期。

② 卜卫：《论媒介教育的意义、内容和方法》，《现代传播》1997 年第 1 期。

③ 王天德主编：《中国媒介素养研究人物史》，中国广播影视出版社 2017 年版。

④ 袁军：《媒介素养教育论》，中国传媒大学出版社 2010 年版，第 38 页。

思维以及构建个体新知识的能力。①

（二）儿童的网络素养教育策略研究

针对儿童的成长特征，研究者对儿童网络素养教育开展了研究，提出了相应的教育策略。

陈龙指出媒介素养教育应针对青少年的特点，通过参与各种活动形成媒介的批判、比较和设计的能力。具体措施包括让青少年学会控制自身行为；让他们了解媒体的运作机制；辨析不同媒体内容的性质；体察媒体行业对社会的影响。② 董小宇、杨湘豫提出了儿童媒介素养的两条提升路径，既需要革新培养观念，将核心目标转向儿童的文化参与、环境认知与信息选择能力上来，还需要学校教育、家庭教育与社会引导多重发力，以适应新媒介环境中的媒介素养发展诉求。③ 林三芳从认识策略、途径策略、方法策略、评价策略等方面提出发展青少年媒介素养教育的策略。④ 郑素侠提出了农村留守儿童媒介素养教育的思路与方法，包括对农村中小学教师进行培训，提升他们的媒介素养，通过他们来指导和影响留守儿童；尝试在农村中小学开设媒介素养教育课程；通过宣传和动员，吸纳社会力量参与留守儿童的媒介素养教育。⑤

田丰等人指出我国青少年网络素养方面存在重娱乐功能、基本技能缺失、网络效能感总体偏弱等问题，网络素养教育需要做好顶层设计、加强学校教育、动员家庭参与，把网络素养作为青少年必备基本能力加以教育。⑥ 李岩等人指出网络素养教育要重视家庭教育，完善学校教育，发展社

---

① 姚姿如、喻国明：《试论媒介化时代媒介素养教育新范式及逻辑框架》，《中国出版》2021 年第 3 期。

② 陈龙：《青年亚文化与当代媒介素养教育》，《国际新闻界》2005 年第 2 期。

③ 董小宇、杨湘豫：《新媒介时代儿童媒介素养的认知重建与提升路径精读》，《传媒》2020 年第 21 期。

④ 林三芳：《青少年媒介素养教育现状及其发展策略——基于成都市青少年媒介素养现状调查的研究》，《四川师范大学学报》（社会科学版）2012 年第 4 期。

⑤ 郑素侠：《农村留守儿童媒介使用与媒介素养现状研究》，《郑州大学学报》（哲学社会科学版）2012 年第 2 期。

⑥ 田丰、王璐：《中国青少年网络技能素养状况研究》，《中国青年社会科学》2020 年第 6 期。

会教育，以提高青少年的网络认知、使用、反思批判与创造能力，培养其道德意识、法规意识，安全素养和心理素养，消除网络暴力。[①] 黄永林针对青少年网络素养的不足，指出网络素养教育要完善社交网络人格，帮助青少年树立正确的审美价值观，尊重认知发展规律，健全青少年社交网络媒体运用能力发挥主观能动性，引导青少年社交网络素养教育建立联动工作机制，切实将社交网络素养教育落到实处。毛新青指出网络素养教育超越了工具层面，其内涵主要包含网络主体理性精神的培养，网络道德意识和社会责任的培育和网络法律法规的教育。[②] 席韩花认为家庭、社会、学校是网络素养培养的外部条件，自我培育是根本，并根据当代大学生网络媒介素养存在的问题，结合国内外对大学生网络媒介素养教育的理论和实践经验，从家庭、社会、学校和大学生自身的角度提出培育大学生网络媒介素养的途径和方法。[③]

（三）网络素养的学校教育

网络素养教育成为教育学研究关注的话题，教育学领域学者对网络素养教育的研究更集中在学校教育层面，并在课程层面加以论述。

张新明等人提出找国开展学生媒介素养教育的基本内容，并提出若干具体实施建议与策略。[④] 李树培指出媒介素养教育的路径，其中包括学科课程教学中融入和聚焦媒介素养教育，还应在综合实践活动中引领学生探究媒介本身、探究媒介文化、探究自己与媒介之关系。[⑤] 卢峰等人指出家庭媒介素养教育实践的重要性，并指出家庭媒介素养教育要注意以更新教育理念为基础，以提升家长媒介素养为中心，以培养良好的媒介接触习惯为主线，以培养分析和评价能力为核心。[⑥]

---

① 李岩、高焕静：《网络素养教育与青少年网络暴力治理》，《新闻界》2014 年第 22 期。

② 毛新青：《青少年网络媒介素养教育的内涵》，《当代教育科学》2011 年第 21 期。

③ 席韩花：《论当代大学生网络媒介素养的培育——以镇江市高校为例》，硕士学位论文，江苏大学，2016 年。

④ 张新明、朱祖林、王振：《我国未成年学生媒介素养教育探析》，《中国电化教育》2006 年第 6 期。

⑤ 李树培：《儿童媒介素养教育：实践、问题与路径》，《中国电化教育》2015 年第 4 期。

⑥ 卢锋、张舒予：《家庭媒介素养教育：媒介素养教育本土化的重要途径》，《电化教育研究》2012 年第 5 期。

马凤英等认为，媒介受众呈现低龄化趋势，小学生过早接触网络媒介存在利弊两面性。面向小学生的网络素养教育内容应包括对基础知识和技能的了解与掌握、媒体形式与资源的选择和评价、对媒体使用兴趣以及参与媒体互动的积极性、媒体作品创造力的培养等，这些课程内容的设计应具有题目的新颖性、内容的丰富性、内容的可操作性、倡导回归自然的特点，有利于小学生批判意识、合作精神和创新能力的养成。① 余军奇认为，媒介素养教育目标体系应分层次实现，并根据不同层次的目标设计教育内容，最终实现培养具有良好媒介素养的合格公民的培养目标。② 领荣以促进农村留守儿童面向社会化发展的网络素养，结合研究对象的具体特征和教学条件，设计面向社会化发展的网络素养校本课程，包括对课程理念、课程目标、课程内容、课程实施以及课程评价等方面进行设计，并在中学展开实践探索。③

可以看出，学校网络素养教育需要在具体教育场景中围绕特定的教育理念、教学目标、教学内容和教学方式，还需要对教学效果进行评价。本书遵循教育学原则对网络素养的教育理念进行探讨，并展开教育案例实践研究。

（四）网络素养教育的比较研究

我国学者也进行了网络素养教育的国际比较研究，对美国、英国、加拿大以及亚洲等国家的媒介素养与网络素养教育进行研究。张艳秋指出加拿大的媒介教育极具代表性，并提炼出八个核心概念。而且，加拿大的媒介素养教育与现行教育体系的有机融合，避免了媒介素养与已有课程之间形成的干扰。④ 张毅、张志安对美英等国家的媒介素养教育进行研究，他们指出自 20 世纪 70 年代后，英国出现了一种更加民主、以学生为中心的媒介素养教育方法，即引导学生对媒体表达进行积极

---

① 马凤英、陈晓慧：《小学生媒介素养教育课程内容设计研究》，《中国电化教育》2014年第 4 期。

② 余军奇：《中学媒介素养教育的目标、内容和策略——以深圳市龙城高级中学为例》，《中国教育学刊》2012 年第 9 期。

③ 领荣：《面向社会化发展的农村留守儿童网络素养校本课程设计与实施》，硕士学位论文，江苏师范大学，2020 年。

④ 张艳秋：《加拿大媒介素养教育透析》，《现代传播》2004 年第 3 期。

反思；美国媒介素养教育的核心是要培养学生的解构能力，让学生成为具有媒体批判意识的人，培养方式旨在对学生的"保护、准备和乐趣"①。裴涵、虞伟业对日本媒介素养进行研究，指出日本媒介素养教育的出发点强调学生的视听能力和制作能力，并着力于"社会行动者网络"的构建，以构建一张各社会主体相互协作的媒介素养社会协力网络。②

王国珍等人对新加坡的网络素养教育进行研究，核心内容是培养学生网络使用中的自我保护能力和责任感。该课程的师资、教材、经费等问题，不在公办教育体制内独自解决，而是采取一种社会各方参与的多元化合作方式。借助公益组织和私立教育机构之力，网络素养教育课程在新加坡中小学里迅速普及起来。③ 李宝敏、李佳对美国密苏里州的 Lee Elementary School 的网络素养教育进行考察，该学校的网络素养教育目标培养具备开放的视野、合作共享的理念、强烈的责任意识的儿童，让儿童成为当今网络社会"会学习、会生活、会合作、会创造"的一代新人；在实践中，该校将网络素养教育融入到学科课程中去，并以项目学习的方式开展对话交流设计。④

可以说，网络素养教育是一个国际话题，国外网络素养教育强调"儿童中心"，注重教育方式的多样性，将网络素养作为儿童适应社会发展的一种能力，国际比较研究能为本书提供借鉴。

第四节　研究述评

一　网络素养观的审思

网络素养是一个新概念，它是随着网络应用的普及才逐渐发展起来

---

① 张毅、张志安：《美国媒介素养教育的特色与经验》，《新闻记者》2007 年第 10 期。

② 裴涵、虞伟业：《日本媒介素养探究与借鉴》，《现代传播》（中国传媒大学学报）2007 年第 5 期。

③ 王国珍、罗海鸥：《新加坡中小学网络素养教育探析》，《比较教育研究》2014 年第6 期。

④ 李宝敏、李佳：《美国网络素养教育现状考察与启示——来自 Lee Elementary School 的案例》，《全球教育展望》2012 年第 10 期。

的，虽然网络素养内涵具有相对独立性，但学者们依然顺承了媒介素养内涵的界定理念。但不论美国学者麦克卢尔的定义，还是英国学者列文斯通的对网络素养的认识，都是在"能力本位"的基础上对网络素养内涵进行探讨。我国学者在能力本位基础上凸显了网络素养的道德要素。比如，彭兰将网络道德规范纳入到网络素养内涵之中。①

可以说，人们对网络素养认识是一个动态发展的过程，网络素养内涵逐渐丰富，网络素养的内涵由一般意义上的"文化素养"上升为人的生存技能或能力。而我国学者对网络素养内涵的界定更具本土性，体现我国传统社会以"伦理本位"并重道德规范的价值取向。但是网络素养不仅是网络技术的外显操作性技能，还涉及"如何用网""怎样用好网"等内隐性问题，网络素养的目的在于提升人们在网络社会中的生存质量。基于此，我们从以下几方面对网络素养概念进行理论反思。

其一，重新审视网络素养的素养观。素养是当前学术界探讨的热词，这些探讨可以为我们提供更全面的理解。经济与合作组织等机构提出的几个素养框架能反映出素养的特定内涵。经合组织（OECD）认为，素养不只是知识与技能，还涉及在特定情境中通过利用和调动心理社会资源（包括技能和态度）以满足复杂需要的能力。② 新加坡教育部颁布的"21世纪素养"框架便是以价值观作为整个素养体系的核心，知识与技术能力必须以价值作为根基，价值能决定一个人的品质，并会塑造一个人的信念、态度和行为。③ 我国学者也指出，素养是知识与技能、过程与方法、情感态度价值观"三维目标"化为一体的整体表现。④ 因此，网络应用能力只是网络素养的外显的冰山一角，网络素养不仅包含网络应用的知识能力，还应包括其中蕴含的思维方式和价值取向。

---

① 彭兰：《网络社会的网民素养》，《国际新闻界》2008年第12期。

② OECD, "The Definition and Selection of Selection of Key Competencies", https://www.oecd.org/pisa/definition-selection-key-competencies-summary.pdf, 2005-5-27.

③ Singapore Ministry of Education, 21st century competencies, Retrieved, https://www.moe.gov.sg/education-in-sg/21st-century-competencies, 2022-12-14.

④ 张华：《论核心素养的内涵》，《全球教育展望》2016年第4期。

其一，重新审视网络素养认识中的技术观。透过中外学者对网络素养的认识，我们可以看出"能力本位"的素养观构成了当前网络素养主流认识的基石，网络素养被看作人的网络应用的能力和道德因素的集合。这种能力本位的网络素养观实质上反映了工具论的技术观，它把技术视做人的工具或手段，技术本身是价值中立的。技术工具论奉行效率至上的价值准则，相信技术能满足人的生存需求，并在一定程度上促进人和社会的发展。虽然技术工具论具有特定的历史合理性，但它是一种静态的认知观，割裂了手段和目的的关系，而且工具论思维的膨胀会成为束缚或扼杀人的主体性的异化力量，甚至会导致人的物化和工具化。

实际上，技术哲学视域内，技术不仅仅是人类的工具或行为，还构筑了人的存在的世界。存在主义大师海德格尔曾对这种流行观点进行批判，并指出技术本质在于真理的解蔽。① 比如，眼镜的凸显并不在于其自身，其存在在于给予人一个明亮的世界。麦克卢汉提出了"媒介是人的延伸"的论断，意味着人与媒介的关系变得密不可分，而且媒介不仅是主体的一部分，还成为人和社会发展的新的尺度。"我们的任何一种延伸或曰任何一种新技术都要在我们的事务中引进一种新的尺度。"② 而随着网络技术的广泛应用和随之而来的网络文明的兴起，网络文明展开了人的存在方式，人的认识与各项实践活动都被网络文明裹挟，我们对任何问题的思考不再能脱离网络文明的境域。因此，网络素养不仅是人的运用网络及网络信息的能力，是通向网络社会的阶梯，还是人在网络文明生存的尺度。

本书认为，我们对网络素养的理解还应走出技术工具论的视角，从人、网络技术及网络社会因素的关系视角进行考察。网络素养是通向网络社会的阶梯，是人在网络文明生存的尺度，它不仅是人的运用网络及网络信息的能力，还包括人在网络社会中生存的思维方式和价值取向。

---

① ［德］海德格尔：《存在与时间》，陈嘉映、王庆节译，生活·读书·新知三联书店1987年版，第65页。

② ［加］马歇尔·麦克卢汉：《理解媒介——论人的延伸》，何道宽译，商务印书馆2001年版，第33页。

特别是对于留守儿童来说，他们还是处于成长阶段的未成年人，网络不仅是一种信息传播工具，还应是他们学习、成长的手段。因此，我们应超越网络素养的一般理论描述，赋予留守儿童网络素养的"个性特色"，并从人的发展的角度来提升他们网络素养，促进他们茁壮成长。

需要指出的是，本书在量化调查研究阶段仍然是基于能力视角，并从网络信息获取能力、分析能力、评价能力与创造能力四个维度对网络素养进行考察。Livingstone 指出，基于能力视角优势在于，它提供了一种可行的研究策略，并搁置了关于素养作为个人技能与社会或社会方法（societal approach）之间关系的重要的智力、符号学和政治辩论。① 但质性研究阶段与学校教育阶段，本书将突破网络素养的能力视角，从应用能力、思维方式与价值取向三个维度进行考察，并开发留守儿童网络素养教育的综合实践活动课程。

二 网络接触与网络素养影响因素的审思

现有对儿童网络使用与网络素养（包括媒介使用与媒介素养）调查研究往往强调儿童网络使用的人口学因素、家庭社会经济地位等客观因素的影响。这些因素构成了留守儿童网络应用的社会结构性因素，能影响个体网络应用的渠道的可获得性。它们虽然是影响留守儿童网络接触与网络素养的重要因素，但不是全部因素，人的主观因素在相关研究中却少有提及。

人的主观能动性对人的行为发挥重要影响作用，人通过主观能动性能自觉地、有目的地认识与改造客观世界。实际上，创新扩散理论也强调个体层面上的"主观心理认知"，其中包括技术使用者的感知流行和感知需求等因素。因此，本书将在留守儿童网络接触与网络素养的调查过程中，将主观心理因素作为它们的影响因素。

一方面，留守儿童的网络接触行为受他们主观心理因素的影响。动机

---

① Sonia Livingstone and Ellen Johanna Helsper, "Balancing Opportunities and Risks in Teenagers' Use of the Internet: the Role of Online Skills and Internet Self-efficacy", *New Media & Society*, Vol. 12, No. 2, November 2010, pp. 309 – 329.

是行为的前提，高水平的需求动机会引发较为强烈或较多的接触行为。网络信息和网络活动异常丰富，能对留守儿童生活进行有效的补偿，以实现其在现实生活中无法满足的需求，比如，各种网络游戏、短视频极易使人产生网络沉溺现象。而且，留守儿童的网络接触行为极易受到周围人群的影响。特别是在"熟人社会"中，周围熟人对个体网络应用的影响是不可忽视的，并会对留守儿童网络应用的主观选择造成冲击。

另一方面，网络素养作为网络应用能力，也是应用过程的结果。留守儿童主观心理会对其网络素养产生影响。儿童人格的诸多因素中，动机与网络素养联系最紧密。留守儿童接触和利用网络的动机源于某种动机需要与某种具体活动目标的结合，并影响网络素养的方向与强弱。比如，如果某个儿童只是抱着消遣或娱乐的想法，甚至沉迷网络游戏、观看暴力、色情信息等，缺乏强烈的正面的动机，他的网络素养就无从谈起。因此，主观心理因素是网络素养发展方向的指示器和调节器。[1]

因此，本书重视留守儿童的主观心理因素，从客观性的社会结构条件与人的主观性因素两方面对留守儿童的网络接触与网络素养进行调查。

三　儿童观的审思

一直以来，社会科学领域存在着客观主义与建构主义两大类范式的分野，这两大范式也影响着媒体传播研究。

客观主义指的是这样一种信念，即存在着一个客观的、可知的世界，这个世界同价值负载的主观意义和主观解释的世界是相互隔绝的。[2] 在客观主义的视野下，世界是外在于主体而存在的"客体"，主体在价值中立的基础上客观地对事物进行观察，并还原事物的客观性。客观主义在自然科学中取得了巨大成功，也成为自然科学研究的方法论基础，并逐渐渗透到社会科学领域中，并对社会科学研究产生了重要影响。

---

① 张新明、王振、承孝敏：《从心理学视角看青少年媒介素养》，《安徽师范大学学报》（人文社会科学版）2006 年第 3 期。

② Angela H. Pfaffenberger, "Critical Issues in Thearpy Outcome Research", *Journal of Humanist Psychology*, Vol. 46, No. 3, July 2006, pp. 339 – 340.

客观主义是当前传播领域最主流的研究范式。大众传播学于 20 世纪上半叶在美国逐渐得以形成、发展，实证主义也成为全球新闻传播与媒介研究主流方法论的重要开端，传播学诸如使用与满足、框架分析理论、创新与扩散主流等重要理论的运用往往基于量化的研究方法。

在客观主义影响下，研究者往往把留守儿童作为客观的研究对象通过操作化的原则开展量化研究，也能在一定程度上保证研究过程和结论的有效性，并能很好地对留守儿童问题做出解释。但这种范式剥离了留守儿童与丰富社会文化背景的联系，并且有些留守儿童的活动现象是不能量化的，而是需要研究者的体验与感受。如有学者提出了留守儿童研究的"社会结构和资源"的研究视角，指出留守儿童的困境不仅是缺少亲情①，更在于各种不利的社会结构的交织和社会教育资源的匮乏导致的"弱势"。比如，农村社会解体和文化的消解，农村教育资源的匮乏等因素都是造成留守儿童弱势的重要原因。

因此，我们不仅注重客观主义的研究范式，还需要运用建构主义的视角来考察留守儿童问题。建构主义研究范式是基于社会互动主观建构与认知，它反对客观主义的反映论，强调社会实在是建构的。所有的科学都是通过社会行为者所建构的，社会科学具有创造实在的力量，而且科学建构了它的对象，社会实在以中介的形式出现于科学中。② 英国学者大卫·帕金翰指出，童年是一种社会性建构的观念，并不是一个纯粹由生物学所决定的自然或普遍的范畴，它也不是具有某种固定意义的事物，让人们可以借助其名义轻而易举地提出各种诉求。相反，童年的概念是在历史上、文化上，以及社会上都是不断变化的。③

因此，我们对儿童的认识应该是情境性的，并在特定的社会文化背景下加以认识。自改革开放以来，我国社会发展日新月异，取得了举世

---

① 谭深：《中国农村留守儿童研究述评》，《中国社会科学》2011 年第 1 期。

② 殷杰：《当代西方的社会科学哲学研究现状、趋势和意义》，《中国社会科学》2006 年第 3 期。

③ ［英］大卫·帕金翰：《童年之死：在电子媒体时代成长的儿童》，张建中译，华夏出版社 2005 年版，第 5 页。

瞩目的成就，但也加剧了城乡二元分化的社会结构，留守儿童的生存环境更加复杂。以城市化、工业化、现代化为表征的发展模式引发了农村人口流动深化、城乡教育政策剧烈调整、农村社会衰落等多重变迁后果，也使农村留守儿童群体的生长、生活与教育生态更加恶劣。农村家庭、学校教育和乡土文化的衰落使留守儿童的成长空间进一步恶化，并加剧留守儿童的成长风险。① 这也导致了我们对留守儿童网络应用与网络素养理解的复杂性与多样性。

另外，网络赋予了儿童主体性发展的新内涵。网络渗透到儿童社会中的方方面面，并成为他们生活的一部分。如有研究者指出，新媒介时代的儿童绝不是儿童心理认知与媒介技术环境变更的简单叠加，而是呈现出区别于生理儿童和心理儿童的别样特征。② 网络时代的儿童是主动个体，而非被动的信息接受者。可以说，儿童是在自身的社会生命与其所处社会中逐渐建构和形成的，可以成为网络社会中积极的社会行动者，他们能参与建构自身的生活，并体现出其自身的独特性和创造性。大卫·帕金翰指出，我们再也不能让儿童回到童年的秘密花园里了，或者我们能够找到那把魔幻钥匙将他们永远关闭在花园里。儿童溜入了广阔的成人世界——一个充满了危险与机会的世界，在这个世界中，电子媒体正在扮演着日益重要的角色。我们希望能够保护儿童免于接触这样世界的年代一去不复返了。我们必须有勇气准备让他们来对付这个世界，来理解这个世界，并且按照自身的特点积极地参与这个世界。③

所以，我们应超越简单性客观主义思维范式，并以社会建构的思维范式深刻把握留守儿童成长的生命品性、社会特性和时空属性，树立建构论的儿童观，从整体上关照留守儿童的成长历程，建构留守儿童成长支持力量。

---

① 潘璐、叶敬忠：《"大发展的孩子们"：农村留守儿童的教育与成长困境》，《北京大学教育评论》2014 年第 3 期。

② 滕洋：《童年社会学视野下新媒介对儿童主体性的建构》，《理论月刊》2022 年第 5 期。

③ ［英］大卫·帕金翰：《童年之死：在电子媒体时代成长的儿童》，张建中译，华夏出版社 2005 年版，第 226 页。

四　研究方法的审思

纵观现有研究，当前网络素养研究多采用实证主义下的量化研究。即用相关的数量概念把分析结果加以精确的表达。在方法论上，量化研究认为传播现象具有客观规律性，是独立于人的意志的存在，通过一套研究工具和程序对其进行经验性探究，并对研究假设进行证实或证伪。

实证主义源于奥古斯特·孔德对科学发展所持有的"实证主义精神"。简言之，科学发展需要研究者与所观察的事物之间建立直接或者间接的"契合"，从而发现研究对象发生、发展、演变和消亡的规律。而纯粹的想象或形而上学的思辨无法实现这个目的。可以说，量化研究在科学认识方面的精确性、系统性方面极具优势，是其他研究方法难以企及的。[①] 传播学也受到此种观念的影响，量化研究逐渐成为该领域中的一种主流研究方法。更进一步说，传播学研究还受到结构功能主义的影响，特别是结构功能主义与实证主义的联姻，加剧了研究者对量化研究方法的"偏爱"。

毋庸置疑，实证主义推动了传播学研究的繁荣，深化了传播现象的认识，也有助于我们对网络素养的把握。但是，实证主义也存在自身难以克服的缺陷，忽视了人的传播现象是由符号及其关联意义组成的系统，甚至"它被装扮成普遍真理的出场，一种异己的力量试图把它变成僵死的教条"[②]。

因此，本书在量化研究基础上，还重视定性研究方法的应用。如有研究者所言，任何割断历史的截面式的方法都有着不可克服或弥补的局限和缺陷，我们应结合中国乡村的政治、经济、文化的多重话语情景，运用定性研究方法对大众传播进行媒介的细化考察，将研究焦点延伸到

---

① 刘俊：《新闻传播学量化研究方法的利弊之辨：溯源与规避》，《东南学术》2020 年第 5 期。

② 孙玮、黄旦：《超越结构功能主义：中国传播学的前世、今生与未来》，《新闻大学》2012 年第 2 期。

受众日常生活的整体面和受众的总体生活情境中。① 本书还将应用质性研究方法对留守儿童网络应用进行实地考察，并结合现实社会文化背景，对留守儿童网络应用与网络素养现状进行深描与挖掘，并在具体场景中对此进行解释。

---

① 任洪涛：《媒介使用与多民族乡村生活研究——以哈日莫墩村为例》，博士学位论文，武汉大学，2019 年。

第三章 研究假设与方法

社会科学研究旨在揭示集体特征而非单个个体的特征，对集体行为所展现出的固有规律进行解释。本书对留守儿童的网络行为和网络素养进行大规模调查，揭示留守儿童网络行为和网络素养的一般性的表征，并对其模式或规律进行解释分析。

第一节 研究假设

农村留守儿童是中国社会发展和转型的产物。随着中国城市化建设的深入，大批农村青壮年进城务工，而他们的孩子被迫留在农村，成为留守儿童。而在城乡二元社会经济结构下，农村发展相对落后，基础设施建设与教育条件相对不足。因此，在农村问题与留守问题相叠加的社会背景下，留守儿童问题显得更为严峻和突出。相对于非留守儿童，留守儿童面临父母呵护匮乏与监管缺失的困境，他们确实承担更多的压力和挑战，其成长过程和发展道路更为曲折。

而随着网络媒介的强势渗透，留守儿童的网络应用也确实存在诸多问题。而社会上又流传着"要想毁掉一个孩子，就给他一部手机"的说法，虽然有些夸大其词，但也反映了网络的不良应用对留守儿童的戕害。此外，中小学信息技术教育并不受重视，特别是农村地区学校的师资力量、软硬件建设都存在不足。可以说，由于缺乏家庭和学校教育合理引导，留守儿童的网络素养也不容乐观。因此，本书对留守儿童的网络接触行为与网络素养进行调查，并据此开展网络素养教育，为留守儿童成长和发展提供有益建议。在此，本书的具体研究问题集中在留守儿童的网络接触行为与网络素养调查两个方面。

一　留守儿童的网络接触及其影响因素

使用与满足理论完成了从"媒介本位"到"受众本位"的转型，认为受众个体会主动使用媒介来满足自身的需求。使用与满足理论强调受众媒介需求的社会结构和个人心理因素的影响。根据卡茨等人的理论，社会结构和心理因素能促进受众产生需求，这种需求导致了受众的媒介期待和媒介接触。受众媒介使用的需求、接触与满足情况都是此类研究的不同侧面。另外，创新扩散理论能对受众对媒介技术采纳和使用的主观心理认知进行解释。罗杰斯基于受众的感知特征、感知流行和感知需求等特征对受众的心理感知进行考察。祝建华基于使用与满足理论、创新扩散理论，提出了"权衡需求"概念体系来考察受众的感知心理。在此概念基础上，韦路对中国大陆数字电视采用进行研究，并以感知流行和权衡需求两个要素作为社会规范和个体心理要素的代表。[①]

因此，本书的第一个具体问题便是留守儿童的网络需求和使用情况是什么样的。本书基于使用与满足理论对留守儿童的网络需求和使用进行调查分析，并揭示它们的影响因素。

首先，受众的人口统计因素和社会条件是媒介应用的重要影响因素。个体的网络使用情况因人而异，因其所处的社会条件和传播背景而异。本书将留守儿童的性别、年龄两项人口学因素作为影响因素，并将留守情况、家庭经济情况、父母文化水平与学校信息技术教育情况作为社会条件。与主观心理相比，人口统计因素和社会条件属于客观因素。本书将留守儿童的人口统计和社会条件因素的描述聚合起来，去解释这个群体的网络使用现象，并能使其与其他群体相区分。

---

① 韦路、李贞芳：《数字电视在中国大陆的采用：一个结构方程模型》，《新闻与传播研究》2007 年第 2 期。

其次，研究者基于创新扩散理论对使用者的主观心理感知对媒体技术的采纳行为影响进行研究。王玲宁对大学生微信的采纳、接触与依赖等使用行为展开研究，她将感知特征分解为相对优越性和易用性两个维度；把感知需求分解为私密性的人际交往、获取信息、休闲娱乐以及表达看法四种需求。① 刘茜等从感知技术特性、感知流行和感知需求程度三个方面展开国内消费者对 VR 技术的采用情况及其影响因素的研究。② 她用感知流行变量来描述 VR 产品在家人、亲朋好友、同学/同事和整个社会四个群体中的受欢迎程度，感知媒介需求变量包含获取信息、逃避现实、增强自我认同、拥有娱乐体验、满足社交需求与打发时间六个维度。周裕琼对老年人微信采纳与使用行为影响因素进行研究，根据老年人心理认知特征，她选取优越性、兼容性与易用性三种感知特征对老年人的微信采纳进行研究。③

　　借鉴韦路对中国大陆数字电视采用的研究方式，本书以感知流行和权衡需求两个要素作为社会规范和个体心理要素的代表。留守儿童更易受到同辈影响，有研究者指出，留守儿童的好朋友相对较多，同辈交往增强④；同辈社会网络为青少年提供行动参照与价值定位，从而影响其行为模式与态度选择，导致各种青少年亚文化的形成⑤。所以，感知流行应成为我们考察留守儿童网络应用的一个重要心理因素。

　　研究者根据使用与满足理论对使用者的媒介需求进行了更深入探讨。韩晓宁等人对受众微信媒体功能的使用行为、接触动机和满足情况进行研究，发现受众对微信媒体功能的使用动机可以归纳为信息获取、社会

---

　　① 王玲宁：《采纳、接触和依赖：大学生微信使用行为及其影响因素研究》，《新闻大学》2014 年第 6 期。

　　② 刘茜、王童宁：《超越媒介需求：技术特性、流行程度和媒介需求对国内消费者 VR 技术采用的影响》，《全球传媒学刊》2021 年第 2 期。

　　③ 周裕琼：《数字弱势群体的崛起：老年人微信采纳与使用影响因素研究》，《新闻与传播研究》2018 年第 7 期。

　　④ 邓纯考：《农村留守儿童社会化困境与学校教育对策——对浙南 R 市的调查与实践》，《浙江社会科学》2012 年第 5 期。

　　⑤ 许弘智、王英伦、靳天宇：《同辈社会网络与农民工子女的文化再生产——基于 Q 市流动儿童与留守儿童的比较研究》，《青年研究》2019 年第 5 期。

交往和功能性体验三个取向，而且受众存在媒介依赖现象，微信已经嵌入日常生活。① 钟智锦以使用与满足理论为指导探讨网络游戏的动机及其对游戏行为的影响，并指出网络游戏受到个人成就、享受社交生活和沉浸于虚拟世界并逃避现实麻烦等不同动机的刺激。② 王佑镁对侨乡留守儿童的新媒介情况进行调查，揭示了他们新媒体使用的类型、历程、场所和频度以及媒介使用的目的、内容与形式。③ 徐莉等指出农村儿童网络行为动机包括认知动机、情感动机、压力释放动机及社会整合动机等④。

可以说，网络应用需求是导致网络接触的动力。留守儿童运用网络进行社交、娱乐和信息获取已经成为儿童主要的网络需求。需要指出的是，随着网络教育的普及，网络学习已经成为中小学一种重要的教育手段。因此，本书认为留守儿童的网络权衡需求体现在网络社交、网络娱乐、网络学习和信息获取四方面。

最后，本书据所查资料，网络接触行为没有统一的界定。比如，路鹏程等人将"媒介接触"维度定义为"媒介拥有率""接触时间""接触动机""接触内容"等要素，并对城乡青少年的媒介接触进行调查。⑤ 马超把"媒介接触"概念操作化为媒介接触时长、媒介接触意愿和信息关注类型三个维度。⑥ 英国学者 Livingstone 将网龄（years of access）、上网频率（frequency of use）与上网时间（time online）作为网络接触的考察要素。⑦ 因此，本书将网络接触行为分解为网络接触频率、接触时间

① 韩晓宁、王军、张晗：《内容依赖：作为媒体的微信使用与满足研究》，《国际新闻界》2014 年第 4 期。
② 钟智锦：《使用与满足：网络游戏动机及其对游戏行为的影响》，《国际新闻界》2010 年第 10 期。
③ 王佑镁：《数字融合与边缘重生：新时期侨乡留守儿童的媒介使用与满足》，《远程教育杂志》2013 年第 1 期。
④ 徐莉、安涛：《农村儿童网络行为及其影响因素研究》，《软件导刊》2020 年第 12 期。
⑤ 路鹏程、骆昊、王敏晨等：《我国中部城乡青少年媒介素养比较研究——以湖北省武汉市、红安县两地为例》，《新闻与传播研究》2007 年第 3 期。
⑥ 马超：《数字媒体时代城乡青年的媒介使用与媒介素养研究——来自 S 省青年群体的实证调查》，《四川理工学院学报》（社会科学版）2018 年第 5 期。
⑦ Sonia Livingstone, "Balancing Opportunities and Risks in Teenagers' Use of the Internet: the Role of Online Skills and Internet Self-efficacy", *New Media & Society*, Vol. 12, No. 2, March 2010, pp. 309 – 329.

与网龄三个变量。

根据以上分析，本研究提出以下假设：

假设1：留守儿童的年龄、性别等人口学统计因素能对网络接触行为产生显著影响。

假设1a：留守儿童的年龄、性别能对网龄产生显著影响。

假设1b：留守儿童的年龄、性别能对网络使用频率产生显著影响。

假设1c：留守儿童的年龄、性别能对网络使用时长产生显著影响。

假设2：留守儿童的家庭经济水平、父母文化水平能对网络接触行为产生显著影响。

假设2a：留守儿童的家庭经济水平、父母文化水平能对网龄产生显著影响。

假设2b：留守儿童的家庭经济水平、父母文化水平能对网络使用频率产生显著影响。

假设2c：留守儿童的家庭经济水平、父母文化水平能对网络使用时长产生显著影响。

假设3：留守儿童感知流行与权衡需求的主观心理对网络接触行为产生显著影响。

假设3a：留守儿童的感知流行与权衡需求对网龄产生显著影响。

假设3b：留守儿童的感知流行与权衡需求对网络使用频率产生显著影响。

假设3c：留守儿童的感知流行与权衡需求对网络使用时长产生显著影响。

假设4：留守儿童的信息技术教育支持度对网络接触行为产生显著影响。

假设4a：留守儿童的信息技术教育支持度对网龄产生显著影响。

假设4b：留守儿童的信息技术教育支持度对网络使用频率产生显著影响。

假设4c：留守儿童的信息技术教育支持度对网络使用时长产生

显著影响。

二　留守儿童网络素养影响因素及其影响因素

本书的第二个具体问题是对留守儿童的网络素养进行调查研究，并揭示其影响因素。本书在此把网络素养界定为网络信息的获取、分析、评价与创造四种能力，在量化研究过程中侧重对儿童网络应用的这四种能力进行调查。

留守儿童网络素养是由客观制约层面和主观能动层面共同决定的。[①]客观制约因素包括人口学统计因素、社会结构条件。如前文所述文献研究，性别、受教育程度等人口统计学因素是预测新媒体技术最有力的因素。比如，Bimber 研究发现男性在媒介信息获取能力上高于女性。[②]Meyers-Levy 研究指出，女性在信息的分析和评价能力上比男性更高。[③]

同时，网络接触与网络素养存在密切的内在联系，网络接触是网络素养的前提。网络素养作为后天形成的技能，需要必要的网络接触条件和基础。比如，Livingstone 探讨了人口统计变量、互联网接入和使用、在线技能等因素之间的系统关系，并指出年龄、性别对网络信息的获取和使用上存在显著差异，网络接触（包括接触地点和在线时间）与网络使用和网络素养呈现显著的正相关关系。[④] Lee 采用受众对具体环境类信息的接触频率来考察媒介接触与环保意愿之间的关系。[⑤] Len-Ríos 等将青少年网络素养作为网络行为的一种结果变量，并指出良好的网络使用能

---

① 路鹏程、骆昊、王敏晨等：《我国中部城乡青少年媒介素养比较研究——以湖北省武汉市、红安县两地为例》，《新闻与传播研究》2007 年第 3 期。

② Bruce Bimber, "Measuring the Gender Gap on the Internet", *Social Science Quarterly*, Vol. 81, No. 3, September 2000.

③ Joan Meyers-Levy, "Influence of Sex Roles on Judgenent", *Journal of Consumer Research*, Vol. 14, No. 4, March 1988, pp. 522 – 530.

④ Sonia Livingstone, "Balancing Opportunities and Risks in Teenagers' Use of the Internet: the Role of Online Skills and Internet Self-efficacy", *New Media & Society*, Vol. 12, No. 2, March 2010, pp. 309 – 329.

⑤ Kaman Lee, "The Role of Media Exposure, Social Exposure and Biospheric Value Orientation in the Environmental Attitude-intention-behavior Model in Adolescents", *Journal of Environmental Psychology*, Vol. 31, No. 4, June 2011, pp. 301 – 308.

促进技能层面的网络素养的提升。①

而且，研究表明学校教育和家庭文化资本对网络素养能产生重要影响。Hatlevik 等指出学校之间与学校内部的数字能力存在很大差异；学生的家庭条件能预测其数字能力，并解释了数字能力相当一部分的总变异（total variation）。② 闫慧对数字鸿沟的研究都表明家长的受教育程度与家庭收入都会造成儿童媒介使用上的差别。③

另一方面，留守儿童的网络素养还受到其对网络的权衡需求与感知流行的影响。李舒欣等人基于质性研究指出使用动机需求会对媒介素养产生影响，个体的动机是用户媒介素养的心理归因，用户需求等因素是影响数字移民媒介素养的内部因素。④ 马超的研究表明，无论何种类型的信息需求都会正向影响其媒介素养的习得，青年的媒介接触意愿可以正向影响其"媒介获取能力"和"媒介分析能力"。⑤

同时，本书认为感知流行也可能会对网络素养发挥作用。有研究指出感知心理变量会增加行动的内生动力，辅助了行为的执行；也会激发人的行为的阈值，并可以引发网络行为⑥，因此，感知流行能进一步对留守儿童的网络素养产生影响。

因此，网络素养除了受到个体的人口学统计因素与社会结构因素之外，还受到网络接触行为、感知流行与权衡需求的影响。本书提出以下假设：

① María E. Len-Ríos, et al., "Early Adolescents as Publics: A National Survey of Teens with Social Media Accounts, Their Media Use Preferences, Parental Mediation, and Perceived Internet Literacy", *Public Relations Review*, Vol. 42, No. 1, March 2016, pp. 101 – 108.

② Ove Edvard Hatlevik, et al., "Digital Competence at the Beginning of Upper Secondary School: Identifying Factors Explaining Digital Inclusion", *Computers & Education*, Vol. 63, April 2013, pp. 240 – 247.

③ 闫慧、孙立立：《1989 年以来国内外数字鸿沟研究回顾：内涵、表现维度及影响因素综述》，《中国图书馆学报》2012 年第 5 期。

④ 李舒欣、赵宇翔：《新媒体环境下数字移民的媒介素养探索：基于智能手机应用的扎根分析》，《图书情报工作》2016 年第 17 期。

⑤ 马超：《数字媒体时代城乡青年的媒介使用与媒介素养研究——来自 S 省青年群体的实证调查》，《四川理工学院学报》（社会科学版）2018 年第 5 期。

⑥ 马超：《数字媒体时代城乡青年的媒介使用与媒介素养研究——来自 S 省青年群体的实证调查》，《四川理工学院学报》（社会科学版）2018 年第 5 期。

假设5：留守儿童的人口学统计因素对其网络素养产生显著影响。

假设5a：留守儿童的年龄、性别对其网络信息获取能力产生显著影响。

假设5b：留守儿童的年龄、性别对其网络信息分析能力产生显著影响。

假设5c：留守儿童的年龄、性别对其网络信息评价能力产生显著影响。

假设5d：留守儿童的年龄、性别对其网络信息创造能力产生显著影响。

假设6：留守儿童的家庭文化、经济水平对其网络素养产生显著影响。

假设6a：留守儿童的家庭文化、经济水平对其网络信息获取能力产生显著影响。

假设6b：留守儿童的家庭文化、经济水平对其网络信息分析能力产生显著影响。

假设6c：留守儿童的家庭文化、经济水平对其网络信息评价能力产生显著影响。

假设6d：留守儿童的家庭文化、经济水平对其网络信息创造能力产生显著影响。

假设7：留守儿童的主观感知心理对网络素养产生显著影响。

假设7a：留守儿童的感知流行、权衡需求对网络信息获取能力产生显著影响。

假设7b：留守儿童的感知流行、权衡需求对网络信息分析能力产生显著影响。

假设7c：留守儿童的感知流行、权衡需求对网络信息评价能力产生显著影响。

假设7d：留守儿童的感知流行、权衡需求对网络信息创造能力产生显著影响。

假设8：留守儿童的网络接触对网络素养产生显著影响。

假设8a：留守儿童的网龄、上网频率与时间对网络信息获取能力产生显著影响。

假设8b：留守儿童的网龄、上网频率与时间对网络信息分析能力产生显著影响。

假设8c：留守儿童的网龄、上网频率与时间对网络信息评价能力产生显著影响。

假设8d：留守儿童的网龄、上网频率与时间对网络信息创造能力产生显著影响。

假设9：留守儿童的学校信息技术教育对其网络素养产生显著影响。

假设9a：留守儿童的学校信息技术教育支持度对其网络信息获取能力产生显著影响。

假设9b：留守儿童的学校信息技术教育支持度对其网络信息分析能力产生显著影响。

假设9c：留守儿童的学校信息技术教育支持度对其网络信息评价能力产生显著影响。

假设9d：留守儿童的学校信息技术教育支持度对其网络信息创造能力产生显著影响。

三 "留守"在网络接触与网络素养及其影响因素之间的调节效应

调节效应用于分析调节变量对自变量与因变量的影响，当调节变量取不同值时，考察自变量对因变量的影响程度是否存在明显差异。如果差异明显，则表明调节变量的调节效应明显。也就是说，不仅自变量与因变量存在影响关系，调节变量也在其中发挥影响作用。调节变量可以是分类数据，比如性别、种族、国家、学校类型等，也可以是定量数据，比如年龄、受教育年限等。理想的调节变量是与自变量和因变量的相关都不大，有的变量不受自变量的影响可以考虑为调节变量。①

---

① 温忠麟、侯杰泰、张雷：《调节效应与中介效应的比较和应用》，《心理学报》2005年第2期。

大量研究表明，留守经历会对儿童的心理、学习或行为产生负面影响。有研究表明，大学生留守经历是其心理资源与其他个体适应问题关系中的重要调节变量。[①] 没有留守经历的大学生会拥有更好的生活环境和心理社会支持，更倾向于以积极、乐观的方式应对挑战，增强对心理行为问题的保护作用。[②] 有研究对留守儿童媒介素养与其影响因素之间的调节作用进行研究。[③] 也有研究对"留守"在网络应用中的调节作用进行研究。比如，杜顺顺等人指出，是否留守在社交焦虑和网络成瘾之间起调节作用。[④] 因此，本书认为"留守"会在儿童网络接触及其影响因素之间、网络素养及二者影响因素之间发挥调节作用。

假设10："留守"在儿童网络接触及其影响因素之间存在调节作用。

假设10a："留守"在儿童的个人统计学因素与网络接触关系中存在调节作用。

假设10b："留守"在儿童的家庭条件与网络接触关系中存在调节作用。

假设10c："留守"在儿童的主观心理感知与网络接触关系中存在调节作用。

假设10d："留守"在儿童的信息技术教育支持度与网络接触关系中存在调节作用。

假设11："留守"在儿童网络素养及其影响因素之间存在调节

① 李旭：《感恩对大学生负性生活事件与生命意义感的影响：有调节的中介效应》，《中国特殊教育》2016 年第 3 期。
② 杨小莉：《对有留守经历高职学生在社会支持、心理安全感和社交回避等方面的相关研究》，《环渤海经济瞭望》2019 年第 9 期。
③ 杨彩英：《留守儿童媒介素养影响因素及有关调节效应的实证研究》，硕士学位论文，华中师范大学，2019 年。
④ 杜顺顺、王程明、王玮等：《农村初中新生社交焦虑与网络成瘾的关系——是否留守的调节作用》，《中国特殊教育》2020 年第 8 期。

作用。

假设11a："留守"在儿童的个人统计学因素与网络素养关系中存在调节作用。

假设11b："留守"在儿童的家庭条件与网络素养关系中存在调节作用。

假设11c："留守"在儿童的主观心理感知与网络素养关系中存在调节作用。

假设11d："留守"在儿童的网络接触与网络素养关系中存在调节作用。

假设11e："留守"在儿童的信息技术教育支持度与网络素养关系中存在调节作用。

同时，本书用群体比较的视角对留守儿童网络行为与网络素养进行剖析。群体比较是把群体分类看作问题产生的原因，对留守儿童与非留守儿童比较是为了探索留守带来的群体差异，凸显不同留守类型的区别以及这种差异是如何受到影响的。

综上，根据前文的文献综述，本书提出的研究问题和研究假设如图3-1所示。

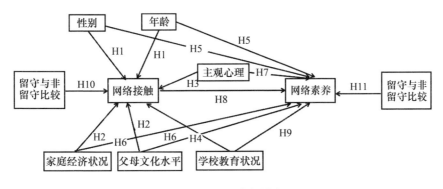

图3-1 研究假设

第二节　研究方法

　　本书针对留守儿童的网络行为及网络素养现状进行调查研究，对此现状进行客观描述，并揭示其中内部要素的属性与相关关系，说明其发生的原因及因果联系。在研究方法上，本书遵从量化研究的科学研究方法，从研究对象和研究问题的需要综合选择研究方法，以充分发掘留守儿童网络接触与网络素养影响因素及其因果联系，对留守儿童网络素养教育提供有益指导，追求最佳的教育效果。

一　研究方法论的阐述

　　社会科学研究旨在通过对社会现象或事物的状况、过程和特征进行客观的说明，并对研究对象的过程、原因等做出分析与解释，从而对社会现象进行科学的认识和理解。本书的研究对象指向我国的留守儿童群体，这是一个特殊的社会群体，数量庞大，所面临的生存环境复杂。而留守儿童的网络行为和网络素养也是复杂的社会问题。可以说，该研究对象和问题具有人为性与规律性、事实性与价值性统一的特点。

　　因此，本书以经验研究方法为主，主要采用定量研究方法开展研究，辅之以访谈研究作为补充。经验性研究方法是一种运用可观察、可测定、可量化的经验材料来对社会现象或社会行为进行实证考察的方法，它强调切实可靠的经验材料或客观数据的重要性，主张从环境或外部条件的变量出发来揭示社会现象和社会行为的原因和客观规律。[①] 其中定量研究是传播学采用的最广泛的研究方法，坚持价值中立的原则，可以发掘传播过程的统计规律与统计关系，从而对传播现象及规律进行有效的解释与说明。本书采用量化研究的方式对留守儿童网络应用资料进行收集，以回答留守儿童网络应用现象的"是什么"的问题，本书对资料进行

[①]　郭庆光：《传播学教程》，中国人民大学出版社 2012 年版。

定性分析与合理评价，回答"为什么"的问题。

同时，量化研究虽然能对大规模群体的活动进行客观的描述，但量化方法与数据统计也会掩盖人的社会活动与关系的"真相"。在后实证主义视野中，社会世界充满着人的意义和价值，研究者不仅要对社会现象进行观察与解释，还需要对世界加以"理解"，从而感悟到社会世界的意义结构。因此，本书还采用质性研究的方式，基于深度访谈和参与式观察的方式对留守儿童的网络使用进行"深描"，发掘留守儿童网络行为与网络素养的具体细节，并能获得对留守儿童网络应用在直觉意义上的"因果解释"，以弥补量化研究的不足。

留守儿童网络行为与网络素养问题具有复杂性，而量化研究与质性研究具有不同的特点，能在留守儿童网络应用这一复杂问题的研究过程中发挥各自优势。本书综合运用两种研究方法，深入挖掘研究问题，完成目标设计。

二 具体研究方法

在调查研究阶段，本书主要采用问卷调查来搜集信息。问卷调查被认为是"社会调查的支柱"，也是传播学最主要的研究方法。在研究过程中，根据已有文献和研究问题，设计研究方案，并根据研究框架开发调查问卷，调查问卷重点收集留守儿童的个人统计学和社会条件因素、网络主观心理、网络行为与网络素养等方面的信息，然后通过数据分析探讨留守儿童的网络行为与网络素养现状与影响因素。

1. 抽样方法

本书运用非留守儿童与留守儿童相对比较方式进行调查，以凸显留守儿童的网络行为与网络素养。因此，本研究调查对象不仅包括留守儿童，还包括非留守儿童。根据调查对象的特征，选择留守儿童相对较多的省份地区开展调查研究，在山东泰安、河北衡水、河南安阳、甘肃平凉、青海海南州、江苏徐州六个不同地区开展。调查对象分布于我国的东部、中部、西部省份，能较为全面地反映我国留守儿童的样貌。

根据前期调研发现，考虑到年龄较小儿童网络应用活动相对较少，本研究选择9—16岁的儿童作为调查对象，该年龄段处于义务教育阶段，学校都应开设信息技术教育课程。所以，该年龄段的儿童应熟悉网络操作，具备一定的网络素养，并能对他们进行有针对性的网络素养教育。

本书采用整体抽样的方式。整群抽样是从总体中随机抽取一些小的群体，然后由所抽出的若干小群体内的所有元素构成调查的样本的方法[①]。研究首先在各个所调查的地区，选择留守儿童相对较多的1—2个学校，在所选择学校中选择若干个教学班，再面向整个教学班整体发放问卷，这些教学班的非留守儿童与留守儿童都进行问卷填写。由于同一班级儿童的生长空间和教育背景相似或相同，采用整体抽样既能大规模地开展调查，也可以提高两个儿童群体的比较性。

2. 调查方式

基于对问卷调查的科学性、有效性和操作性的考虑，研究于2022年6月上旬采用互联网问卷调查方式，将问卷发布于在线调查平台"问卷星"上，问卷星具有快捷、易用等明显优势，便于调查开展与数据统计。从调查时间上看，本研究属于一项截面研究，被调查儿童自行填写问卷。

研究共收集6388份问卷，经过对数据的清理，最终确定5809份有效问卷，问卷有效率为90.9%。其中留守儿童为2873人，非留守儿童为2936人；东部地区的儿童为1602人，中部地区儿童为2019人，西部地区儿童为2188人。

另外，在问卷调查研究结论分析中也会涉及对留守儿童、家长及其教师访谈资料的应用，并将访谈内容作为量化研究结论的丰富与佐证。此外，访谈法将在质性研究阶段得以重点强调与应用。

第三节　概念操作化与问卷编制

所谓概念操作化，是将抽象的概念转化为可观察的具体指标的过程，

---

① 风笑天：《现代社会调查方法》，华中科技大学出版社2015年版，第61页。

是对那些抽象层次较高的概念进行具体测量时采用的程序、步骤、方法与手段的详细说明。通过概念的操作化可以让那些通常只存在于我们头脑中的抽象概念，最终在我们所熟悉、所生活的现实世界中现出原形，让那些本来只能靠我们的思维去理解去体验的东西，变成我们看得见、摸得着的东西。[①] 本书旨在对留守儿童的网络行为、网络素养及网络素养教育展开研究，需要对这些关键概念进行界定明确，并加以分解完成指标化，以为测量打下基础。

一 留守儿童的操作化

留守儿童情况较为复杂，学界对留守儿童的界定也莫衷一是。基于研究需要，对留守儿童进行如下概念操作化。

首先，本书选定年龄9—16岁的留守儿童为研究对象。这是由于9—16岁儿童的网络应用相对较多，且正处于义务教育阶段，能接受信息技术教育。由于新冠疫情的肆虐，全国中小学积极响应"停课不停教，停课不停学"的号召，而线上教学已经成为学校教育的重要组成部分，计算机、手机等技术设备成为广大中小学生的学习工具。这为留守儿童的网络应用提供了机会，也有助于我们考察留守儿童的网络行为。

其次，本书基于前文对留守儿童概念的考察，将父母一方外出务工，且务工时间超过四个月的儿童作为留守儿童，并进一步把留守儿童分为仅父亲外出、仅母亲外出和父母均外出三种留守状态。基于此，对三种留守儿童进行横向对比，这种对留守儿童进行的界定与区分，能更为全面地把握留守儿童的情况。

本书进一步对留守儿童的人口背景因素和社会结构进行测量。人口背景变量主要包括留守儿童的性别、年龄。社会结构包括家庭因素和学校教育因素，其中，家庭因素包括家长文化水平与家庭经济情况。家长文化水平以家长最高学历为操作化指标，最高学历分为小学、初中、高中与大学。家庭经济情况用标志物——是否拥有家庭轿车作为操作化指

---

① 风笑天：《现代社会调查方法》，华中科技大学出版社2020年版，第87页。

标。学校教育因素以学校信息技术教育开展情况来衡量。在此设置两道题目："学校开设的信息技术课对你的网络技能掌握有何帮助""在语文、数学等学科课程中的信息技术课堂应用对你的网络使用能提供有效帮助吗"。此题采用李克特五级量表的形式进行赋值（1＝没有帮助，2＝帮助较小，3＝帮助一般，4＝帮助较大，5＝帮助很大）。

二 主观心理因素的操作化

本书将主观心理因素区分为网络应用的感知流行和权衡需求两个方面。

（一）留守儿童网络应用的感知流行

感知流行反映了留守儿童网络使用的社会压力。权衡需求反映了留守儿童对网络的需求情况。网络已经成为人们生活、工作中的重要平台，信息获取和娱乐构成了人们网络活动的主要内容。韦路等人将感知流行指标化为被访者对亲友、同事和全社会的数字电视使用人数的认知，将权衡需求指标化为个人生活信息、新闻信息、工作与学习信息、娱乐四种类型的需求。[①] 周葆华指出，Web 2.0 权衡需求是由知情权衡需求和表达权衡需求两个次级维度构成，每个次级维度由满足自己获取信息的需求与该需求重要性的乘积。他将 Web 2.0 的感知流行操作化为"估计朋友中使用电子论坛程度与估计朋友中使用博客程度"。[②]

因此，本书将留守儿童网络应用的感知流行操作化为对他人"上网程度"的感知，并在问卷中设置三个题目"你的父母等家庭成员在用手机、电脑等上网程度如何""你的同学在用手机、电脑等上网程度如何""你周围其他人在用手机、电脑等上网程度如何"。题目采用李克特五级量表的形式进行赋值（1＝几乎没有，2＝不太多，3＝一般，4＝比较多，5＝非常多），如表 3－1 所示。

---

① 韦路、李贞芳:《数字电视在中国大陆的采用：一个结构方程模型》,《新闻与传播研究》2007 年第 2 期。

② 周葆华:《Web 2.0 知情与表达：以上海网民为例的研究》,《新闻与传播研究》2008 年第 4 期。

表 3 - 1　　　　　　　　　　留守儿童网络应用的感知流行量表

网络应用的感知流行	几乎没有	不太多	一般	比较多	非常多
你的父母等家庭成员在用手机、电脑等上网程度如何					
你的同学在用手机、电脑等上网程度如何					
你周围的人在用手机、电脑等上网程度如何					

　　网络应用感知流行量表的 KMO 检验值为 0.886，Bartlett 球形检验伴随概率为 0.000，Cronbach's α 系数为 0.856。此量表满足调查效度与信度要求。

　　（二）留守儿童网络应用的权衡需求

　　随着网络社交的普及，网络不仅能满足人们的信息需求，还能满足人们的社交与娱乐需求。另外，网络学习成为儿童的一种重要的学习方式。因此，研究将网络需求概念化为网络信息获取、网络娱乐、网络社交与网络学习四项行为需求，而权衡需求则为网络行为需求与需求重要性的乘积。

　　因此，研究设置题目"我用网络来浏览各种报道、新闻、消息""我用网络来进行学习资料的查询""我用网络来玩网络游戏或看网络视频""我用网络来与朋友进行聊天"，通过对四个题目需求重要性（如表 3 - 2 所示）和满足程度（如表 3 - 3 所示）的乘积来考察留守儿童网络权衡需求，并采用李克特五级量表的形式进行赋值（1 = 很不重要，2 = 不重要，3 = 一般，4 = 比较重要，5 = 很重要）。比如，如果某儿童完全同意网络更能满足自己获取信息的需求（赋值 5 分），而该需求对自己又非常重要（赋值 5），则其"权衡需求"的分值为 5 × 5 = 25。

表 3 - 2　　　　　　　　　　　**网络需求重要性量表**

网络需求重要性		不重要	不太重要	一般	比较重要	很重要
1	我用网络来浏览各种报道、新闻、消息					
2	我用网络来进行学习资料的查询					
3	我用网络来玩网络游戏或看网络视频					
4	我用网络来与朋友进行聊天					

表 3 - 3　　　　　　　　　　　**网络需求满足程度量表**

网络满足程度		不满足	不太满足	一般	比较满足	很满足
1	我用网络来浏览各种报道、新闻、消息					
2	我用网络来进行学习资料的查询					
3	我用网络来玩网络游戏或看网络视频					
4	我用网络来与朋友进行聊天					

该网络需求重要性量表的 KMO 检验值为 0.787，Bartlett 球形检验伴随概率为 0.000，Cronbach's α 系数为 0.811。网络满足程度量表的 KMO 检验值为 0.827，Bartlett 球形检验伴随概率为 0.000，Cronbach's α 系数为 0.890。此两项量表满足调查效度与信度要求。

三　网络接触的操作化

据资料所查，网络使用行为没有明确的界定，多将网络接触与网络使用等概念交叉使用。比如，路鹏程等人将"媒介接触"维度定义为"媒介拥有率""接触时间""接触动机""接触内容"等要素，并对城乡青少年的媒介接触进行调查。① 马超把"媒介接触"概念操作化为媒介接触时长、媒介接触意愿和信息关注类型三个维度。② 英国学者 Livingstone 将网龄、上网频率与上网时间作为网络接触的考察要素。③ 因此，本书将网络行为概念化为网络接触频率、接触时间与网龄三个变量。

Livingstone 指出，每天在线时间和使用频率都能提高网络发展机会。根据儿童上网时间与频率分为上学期间的上网时间与频率、假期的上网时间与频率两种类型。而且，年龄较大的孩子可能拥有更强的上网技能和更多的机会，而机会越多，他们的互联网素养就越高，也就越容易在无人监督的情况下使用。④

对于上网频率的测量，通常用"频繁""有时""很少"这样的程度性的词进行表述。本书认为这样的表达具有很大的相对性，不足以准确反映上网的程度，每个人对这些表达程度的词汇具有不同的考量。因此，研究对频率程度加以量化赋值，考虑到农村儿童上网并不太频繁，以"一天多次""一天一次""一周多次""一周一次"与"很少"五个测量项衡量上网频率，分别赋值 5 分、4 分、3 分、2 分、1 分。同样，本书把儿童的上网时间测量项目设定为"1 小时以内""1—2 小时""2—3 小时""3—4 小时"与"4 小时以上"五个项目，分别赋值 1 分、2 分、3 分、4 分与 5 分。

四　网络素养的操作化

根据 Livingstone 等人的研究，本书把网络信息能力界定为网络信息

　　① 路鹏程、骆昊、王敏晨等：《我国中部城乡青少年媒介素养比较研究——以湖北省武汉市、红安县两地为例》，《新闻与传播研究》2007 年第 3 期。

　　② 马超：《数字媒体时代城乡青年的媒介使用与媒介素养研究——来自 S 省青年群体的实证调查》，《四川理工学院学报》（社会科学版）2018 年第 5 期。

　　③ Sonia Livingstone, "Balancing Opportunities and Risks in Teenagers' Use of the Internet: the Role of Online Skills and Internet Self-efficacy", *New Media & Society*, Vol. 12, No. 2, March 2010, pp. 309－329.

　　④ Sonia Livingstone, "Balancing Opportunities and Risks in Teenagers' Use of the Internet: the Role of Online Skills and Internet Self-efficacy", *New Media & Society*, Vol. 12, No. 2, March 2010, pp. 309－329.

获取、分析、评价、创造四种能力。因此，本研究在量化研究过程中侧重对儿童网络四种能力的调查，并采用李克特五级量表的形式进行赋值。

1. 网络信息获取能力

网络信息获取能力是人们网络行动的基础。联合国教科文组织发布的《全球媒体与信息素养评估框架》（MIL框架）中信息获取指的是使用适当的技术访问、检索和存储信息与媒体内容的能力，包括信息、媒体内容和知识需求的能力，识别各种来源和格式的信息与媒体内容的能力，能从数字或实体图书馆等信息来源中检索的能力，并将该信息素养进一步划分为四项二级指标。[①] 蔡骐将其定义为发现信息、组织信息与保存信息的技能[②]，也有研究者将网络信息获取能力定位在浏览新闻资讯，以认识社会，获取日常生活所需信息的使用行为，如查询阅读公众号文章和新闻等[③]。

本书针对留守儿童的网络应用特点，在留守儿童的知识学习的层面上对其网络信息获取能力进行考量，并设置"我能利用网络寻找感兴趣的知识""我能利用网络搜索相关问题的答案""我能下载并保存文字、图片等网络信息"三个问题。

2. 网络信息分析能力

网络信息分析能力与对网络信息的解释性理解技能相关，它要对网络媒介上所提供的信息进行基本判断，包括判断信息是否符合事实，作者的目的等，它还要对信息中的原因与结果进行推论等。[④] Thoman 提出受众在进行信息解构时，应具备分析作者意图、文本格式以及受众群体的能力。[⑤] 刘鸣筝等将网络分析能力分解为公众对于信息真实性的识别

[①] 联合国教科文组织编：《全球媒介与信息素养评估框架：国家状况与能力》，张开、耿益群等译，中国传媒大学出版社2022年版。

[②] 蔡骐：《论媒介认知能力的建构与发展》，《国际新闻界》2001年第5期。

[③] 隗来：《中老年微信使用行为与数字媒介素养的实证研究》，硕士学位论文，山东大学，2021年。

[④] 蔡骐：《论媒介认知能力的建构与发展》，《国际新闻界》2001年第5期。

[⑤] Thoman, E. & Jolls, T., "Literacy for the 21st Century: An Overview & Orientation Guide to Media Literacy Education", *Media Press*, Vol. 10, No. 3, 2008, pp. 65 – 90.

能力和公众的信息处理策略两个维度。①

本书从理解网络信息、理解网络信息的关联事物和理解信息的意图三方面考察留守儿童的网络信息分析能力。在此设置"我能理解网络信息本身要表达的意思""我能把握网络信息所关联的事物""我能体会网络信息的意图或目的"三个题目。

3. 网络信息评价能力

网络信息评价能力是对网络信息及其表达的意义进行的事实与价值的判断，它是受众看待网络媒介信息的基本观念和意识，其核心是对于对与错的认定及对信息的公正性与客观性的判断，并可以进一步上升为对信息所隐含的世界观的透视。② MIL 框架中指出"评价"指对媒介信息、媒体内容、媒体和信息机构的工作和职能进行评估的能力。其中包括比较事实，在观点中分辨事实，觉察时机，识别重要的意识形态和价值观，质疑社会、经济、政治、专业人员和技术力量如何塑造媒体和信息内容，评估信息的质量。③ 杨彩英将信息评价能力分解为理解与判断两个要素。④

本书考察留守儿童对网络信息可靠性、真伪与价值的判断。设置"我能评价网络信息的可靠性""我能客观评价网上信息的价值"与"我评论或转发信息时会探究其真伪"三个题目。

4. 网络信息创造能力

创造是从无到有的过程，网络成为大众创造信息的有利场所，大众不仅是信息消费者，还是信息创造者。MIL 框架对信息创造也有界定，创造指的是掌握信息、媒体内容和新知识的建立，以及与他人有效交流的能力。该框架进一步分解为"知识创造和创新性表达""有道德的、

---

①　刘鸣筝、陈雪薇：《基于使用、评价和分析能力的我国公众媒介素养现状》，《现代传播》2017 年第 7 期。

②　蔡骐：《论媒介认知能力的建构与发展》，《国际新闻界》2001 年第 5 期。

③　联合国教科文组织编：《全球媒介与信息素养评估框架：国家状况与能力》，张开、耿益群译，中国传媒大学出版社 2022 年版。

④　杨彩英：《留守儿童媒介素养影响因素及有关调节效应的实证研究》，硕士学位论文，华中师范大学，2019 年。

有效的方式进行信息、媒体内容和知识的交流""积极参与社会公共活动""监控信息、媒体和知识的生产与使用的影响及其提供者所带来的影响"四个指标。罗艺认为信息创造能力指的是信息内化后再实践、再造的能力，有目的、主动地、有意识地对世界进行探索是其主要特点。①

本书设置"我能利用网络表达自己的情感、观点""我能利用网络参与话题讨论""我能发布原创视频、音频等网络内容"三个题目来调查留守儿童的网络信息创造能力。

本书所开发的网络素养量表如表3-4所示。

表3-4　　　　　　　　　　网络素养量表

网络素养	很不同意	不同意	一般	同意	很同意
我能利用网络寻找感兴趣的知识					
我能利用网络搜索相关问题的答案					
我能下载并保存文字、图片等网络信息					
我能理解网络信息本身要表达的意思					
我能把握网络信息所关联的事物					
我能体会网络信息的意图或目的					
我能评价网络信息的可靠性					
我能客观评价网上信息的价值					
我评论或转发信息时会探究其真伪					
我能利用网络表达自己的情感、观点					
我能利用网络参与话题讨论					
我能发布原创视频、音频等网络内容					

本研究运用SPSS 25.0对网络素养量表进行因子分析，其KMO值为0.825，Bartlett球形度检验的概率p值为0.000，适合探索性因子分析。该量表的Cronbach's $\alpha = 0.812$，具有较高的信度。本书采用主成分分析法提取了4个因子，用最大方差法进行因子旋转，得到旋转后的因子成

———————————

① 罗艺：《大学生信息素养及其教育支持研究》，博士学位论文，华东师范大学，2021年。

分矩阵如表 3-5 所示。

表 3-5　　　　　　　　　　　　网络素养因子分析

旋转后的成分矩阵

	成分			
	1	2	3	4
我能利用网络寻找感兴趣的知识	0.750	0.168	0.312	0.291
我能利用网络搜索相关问题的答案	0.764	0.367	0.215	-0.032
我能下载并保存文字、图片等网络信息	0.605	0.323	0.252	-0.121
我能理解网络信息本身要表达的意思	0.103	0.821	0.333	0.211
我能把握网络信息所关联的事物	0.223	0.792	0.261	0.121
我能体会网络信息的意图或目的	0.271	0.785	0.147	0.183
我能评价网络信息的可靠性	0.083	0.108	0.676	-0.032
我能客观评价网上信息的价值	0.247	0.192	0.799	0.128
我评论或转发信息时会探究其真伪	0.166	0.147	0.842	-0.018
我能利用网络表达自己的情感、观点	0.285	0.190	0.110	0.794
我能利用网络参与话题讨论	0.262	0.182	0.189	0.752
我能发布原创视频、音频等网络内容	0.387	0.168	0.213	0.604
解释方差	45.1%	12.1%	10.2%	9.1%

　　分析数据得出，四个因子指标的方差贡献率分别为 45.1%、12.1%、10.2% 和 9.1%，累计方差贡献率为 76.5%。其中，网络信息获取能力（Cronbach's α = 0.85）包括"我利用网络获取感兴趣的知识""我能利用网络搜索相关问题的答案""我能下载并保存文字、图片等网络信息"，且三个题项的因子载荷系数均大于 0.6。网络分析能力（Cronbach's α = 0.82）包括"我能理解网络信息本身要表达的意思""我能把握网络信息所关联的事物""我能体会网络信息的意图或目的"，并且三个题项的因子载荷系数均大于 0.7。网络信息评价能力（Cronbach's α = 0.87）包括"我能评价网络信息的可靠性""我能客观评价网上信息的价值""我评论或转发信息时会探究其真伪"，并且三个题项的因子载荷系数均大

于 0.6。网络创造能力（Cronbach's α = 0.89）包括"我能利用网络表达自己的情感、观点""我能利用网络参与话题讨论""我能发布原创视频、音频等网络内容"，并且三个题项的因子载荷系数均大于 0.6。总体来看，本书设计的量表具有较高的信度和效度，适合调查研究。

第四章 农村留守儿童网络接触与
网络素养的调查结果

本研究于 2021 年 3—7 月与 2022 年 6—10 月在农村留守儿童规模较大且较为集中的山东、河北、河南、甘肃、青海、江苏等省份开展调查研究。调查方式包括大规模的问卷调查和基于个别访谈的质性研究。通过对留守儿童的网络接触行为与网络素养及其影响因素展开调查研究，从而获取留守儿童网络接触与网络素养的第一手资料与数据。

需要说明的是，研究采用农村留守儿童与非留守儿童进行对比，以通过比较的方式更准确地把握农村留守儿童的网络接触行为与网络素养现状。

第一节 描述性统计

一 调查对象的基本情况

调查对象包括农村留守儿童与非留守儿童，总体数据为 5809 人，其中留守儿童为 2873 人，非留守儿童为 2936 人。调查对象为 9—16 岁的儿童，年龄均值 10.24 岁（$SD=2.01$）。根据父母外出情况，本书进一步区分了留守儿童的留守类型，仅父亲外出工作的儿童（$N=1753$）占比 30.18%，仅母亲外出工作的儿童（$N=169$）占比 2.91%，父母都外出工作的儿童（$N=951$）占比 16.37%，父母不外出的儿童（$N=2936$）占比 50.54%。调查对象的基本数据如表 4-1 所示。

表4-1   调查对象基本情况

变量	留守类型	数据
性别	留守儿童（$N=2873$）	男（$N=1506$）52.42% 女（$N=1367$）47.58%
	非留守儿童（$N=2936$）	男（$N=1421$）48.40% 女（$N=1515$）51.60%
留守类型	父母都外出	$N=951$（16.37%）
	父亲外出	$N=1753$（30.18%）
	母亲外出	$N=169$（2.91%）
	非留守儿童	$N=2936$（50.54%）
年龄	留守儿童（$N=2873$）	均值=10.05，标准差=2.03
	非留守儿童（$N=2936$）	均值=10.31，标准差=1.87

研究对留守儿童的网络设备使用情况进行调查，其中手机（$N=2598$）是留守儿童主要的上网设备，占全部留守儿童的90.43%。与此类似的是，手机（$N=2663$）也是非留守儿童最主要的上网设备，占比为90.72%。

研究对调查对象的家庭状况进行调查，基本情况如表4-2所示。其中，家庭经济情况以"家庭是否拥有小汽车"作为判断标准。留守儿童群体中，60.56%的家庭（$N=1740$）有小汽车，39.44%（$N=1133$）的家庭没有小汽车。与此相对比，非留守儿童群体中，有63.39%的家庭（$N=1861$）有小汽车，36.61%的家庭（$N=1075$）没有小汽车。非留守儿童家庭（$M=0.63$，$SD=0.48$）的汽车拥有量高于留守儿童（$M=0.61$，$SD=0.49$）家庭，而且两者之间存在显著差异（$p=0.027$）。这说明，将小汽车作为家庭经济水平的标志物，留守儿童与非留守儿童的家庭经济情况存在显著差距。

家长文化水平以家长最高学历为依据。留守儿童家长中，家长最高文化为小学（$N=212$）的占7.38%，初中（$N=1946$）的占67.73%，高中（$N=574$）的占19.98%，大学及以上（$N=141$）的占4.91%。

非留守儿童中，家长最高文化水平小学（$N=180$）占6.13%，初中（$N=2108$）占71.80%，高中（$N=540$）占18.39%，大学（$N=108$）学历为3.68%。可见，大部分的农村儿童家长文化水平为初中。通过赋值计算，留守儿童（$M=2.22$，$SD=0.65$）与非留守儿童（$M=2.20$，$SD=0.60$）家长文化程度不存在显著差异（$p=0.087$）。

表4-2 留守与非留守儿童的家庭状况

	儿童类型	基本数据	均值（M）	标准差（SD）	p	Cohen'd
家庭经济	留守儿童（$N=2873$）	有（$N=1740$）60.56% 无（$N=1133$）39.44%	0.61	0.49	0.027	-0.10
	非留守儿童（$N=2936$）	有（$N=1861$）63.39% 无（$N=1075$）36.61%	0.63	0.48		
家长文化	留守儿童（$N=2873$）	小学（$N=212$）7.38% 初中（$N=1946$）67.73% 高中（$N=574$）19.98% 大学（$N=141$）4.91%	2.22	0.65	0.087	-0.03
	非留守儿童（$N=2936$）	小学（$N=180$）6.13% 初中（$N=2108$）71.80% 高中（$N=540$）18.39% 大学（$N=108$）3.68%	2.20	0.60		

学校信息技术教育考察学校信息技术教育对儿童的帮助程度，调查数据如表4-3所示。总体看，学校信息技术教育对留守儿童（$M=2.86$，$SD=0.96$）的网络应用帮助程度处于"一般水平"以下。而学校信息技术教育对非留守儿童（$M=3.49$，$SD=0.97$）网络应用的帮助程度处于"一般水平"，而且两者具有显著差异（$p=0.000$）。调查数据表明，学校信息技术教育对非留守儿童的帮助程度要显著高于对留守儿童的帮助程度。

研究对四种类型儿童的学校信息技术教育支持度进行单因素方差分析（$F=7.420$，$p=0.000$），表明四种儿童类型的信息技术教育支持度存在显著差异。经过事后检验分析发现，父母都外出（$M=3.35$，$SD=$

0.034）与仅父亲外出（$M = 3.39$，$SD = 0.023$）的留守儿童的信息技术教育支持度均显著低于非留守儿童（$M = 3.49$，$SD = 0.018$），如表 4 - 4 所示。

表 4 - 3　　　　　　学校信息技术教育对儿童网络应用支持度

	留守情况	均值（M）	标准差（SD）	p	Cohen'd
信息技术教育支持度（合成变量）	留守儿童	2.86	0.96	0.000	0.04
	非留守儿童	3.49	0.97		

表 4 - 4　　　学校信息技术教育对儿童网络应用支持度事后检验分析

	儿童类型	M	SD	F	p	post-hoc	I-J	p
信息技术教育支持度	父母都外出（951）a	3.35	0.034	7.420	0.000	a-d	- 0.143	0.000
	仅父亲外出（1753）b	3.39	0.023					
	仅母亲外出（169）c	3.36	0.073			b-d	- 0.104	0.000
	非留守（2936）d	3.49	0.018					

二　主观心理的基本数据

（一）权衡需求

权衡需求反映了媒体满足使用者某方面需求程度的比较以及该需求对使用者个体的重要程度，来讨论感知需求对新媒体采纳和使用的影响。[①] 权衡需求可以量化为网络活动感知重要性与满足程度的乘积。

留守儿童与非留守儿童网络应用的感知重要性调查数据如表 4 - 5 所示。研究数据表明，两个儿童群体网络学习的感知重要性的均值最高，网络娱乐的感知重要性最低。留守儿童的网络社交（$M = 3.03$，$SD = 1.09$）、网络信息获取（$M = 3.30$，$SD = 1.07$）与网络学习的感知重要性（$M = 3.70$，$SD = 1.02$）均显著低于非留守儿童的网络社交

---

① 周葆华：《Web 2.0 知情与表达：以上海网民为例的研究》，《新闻与传播研究》2008 年第 4 期。

（$M=3.12$，$SD=1.06$）、网络信息获取（$M=3.43$，$SD=1.05$）与网络学习的感知重要性（$M=3.79$，$SD=0.97$）。而两个儿童群体网络娱乐的感知重要性并无显著区别（$p=0.064$）。从调查数据得知，在很大程度上非留守儿童对网络的感知重要性要高于留守儿童，特别是在社交、信息获取与学习三个方面，留守儿童对网络的感知重要性较低。

表4–5 留守与非留守儿童网络应用的感知重要性

	留守情况	均值（M）	标准差（SD）	p	Cohen'd
网络社交	留守儿童（$N=2873$）	3.03	1.09	0.003	-0.03
	非留守儿童（$N=2936$）	3.12	1.06		
信息获取	留守儿童（$N=2873$）	3.30	1.07	0.000	-0.08
	非留守儿童（$N=2936$）	3.43	1.05		
网络学习	留守儿童（$N=2873$）	3.70	1.02	0.002	-0.07
	非留守儿童（$N=2936$）	3.79	0.97		
网络娱乐	留守儿童（$N=2873$）	2.56	1.16	0.064	0.02
	非留守儿童（$N=2936$）	2.61	1.14		

两个儿童群体网络应用的满足程度如表4–6所示。数据表明，两个儿童群体网络学习满足程度均值最高。留守儿童的网络社交（$M=3.43$，$SD=0.94$）、网络信息（$M=3.53$，$SD=0.91$）与网络学习（$M=3.73$，$SD=0.94$）的满足程度均显著低于非留守儿童的网络社交（$M=3.48$，$SD=0.88$）、网络信息（$M=3.60$，$SD=0.86$）与网络学习（$M=3.80$，$SD=0.89$）的满足程度。两个儿童群体的网络社交与网络娱乐的满足程度并无显著差异（$p=0.105$）。可以说，非留守儿童对网络社交、信息获取与学习应用的满足程度也高于留守儿童。

表 4 - 6   留守与非留守儿童网络活动的满足程度

网络满足程度	留守情况	均值（M）	标准差（SD）	p	Cohen'd
网络社交	留守儿童（N = 2873）	3.43	0.94	0.024	- 0.01
	非留守儿童（N = 2936）	3.48	0.88		
网络信息	留守儿童（N = 2873）	3.53	0.91	0.001	- 0.06
	非留守儿童（N = 2936）	3.60	0.86		
网络学习	留守儿童（N = 2873）	3.73	0.94	0.003	- 0.05
	非留守儿童（N = 2936）	3.80	0.89		
网络娱乐	留守儿童（N = 2873）	3.39	0.89	0.105	- 0.01
	非留守儿童（N = 2936）	3.43	0.90		

研究通过对网络活动的感知重要性和满足程度的考察，计算出儿童网络应用的权衡需求，如表 4 - 7 所示。调查数据表明，留守儿童的网络社交（$M = 10.83$，$SD = 5.66$）、网络信息（$M = 12.05$，$SD = 5.74$）与网络学习（$M = 14.34$，$SD = 6.24$）的权衡需求显著低于非留守儿童网络社交（$M = 11.22$，$SD = 5.47$）、网络信息（$M = 12.75$，$SD = 5.80$）与网络学习（$M = 14.85$，$SD = 6.04$）的权衡需求。由此得知，留守儿童对网络应用的权衡需求没有非留守儿童对网络应用的权衡需求高。

表 4 - 7   留守与非留守儿童网络应用的权衡需求

权衡需求	留守情况	均值（M）	标准差（SD）	p	Cohen'd
社交权衡需求	留守儿童（N = 2873）	10.83	5.66	0.008	- 0.02
	非留守儿童（N = 2936）	11.22	5.47		
信息权衡需求	留守儿童（N = 2873）	12.05	5.74	0.000	- 0.09
	非留守儿童（N = 2936）	12.75	5.80		
学习权衡需求	留守儿童（N = 2873）	14.34	6.24	0.002	- 0.06
	非留守儿童（N = 2936）	14.85	6.04		
娱乐权衡需求	留守儿童（N = 2873）	9.07	5.52	0.098	0.01
	非留守儿童（N = 2936）	9.30	5.45		

研究进一步根据留守儿童类型，对不同儿童群体之间的权衡需求进行差异分析。分别以社交、信息、学习与娱乐四种权衡需求作为因变量，四种儿童类型的均值作为自变量，进行单因素方差分析。数据表明，四种儿童群体之间的社交权衡需求（$F = 2.935$，$p = 0.035$）、信息权衡需求（$F = 7.278$，$p = 0.000$）、学习权衡需求（$F = 3.598$，$p = 0.013$）与娱乐权衡需求（$F = 3.397$，$p = 0.017$）均存在显著差异。本研究在单因素方差分析基础上，进一步对四种儿童群体的权衡需求的差异进行事后检验分析，从而确定哪些儿童群体权衡需求的变异达到了显著水平。分析数据如表4－8所示。

表4－8　　　　　　　留守与非留守儿童权衡需求事后分析

	儿童类型	M	SD	F	p	post-hoc	I-J	p
社交权衡需求	父母都外出（951）a	11.03	5.92	2.935	0.035	b-d	−0.490	0.020
	仅父亲外出（1753）b	10.73	5.57					
	仅母亲外出（169）c	10.80	5.19					
	非留守（2936）d	11.22	5.47					
信息权衡需求	父母都外出（951）a	11.93	5.98	7.278	0.000	a-d	−0.816	0.001
	仅父亲外出（1753）b	12.13	5.68					
	仅母亲外出（169）c	11.93	5.02			b-d	−0.615	0.002
	非留守儿童（2936）d	12.75	5.78					
学习权衡需求	父母都外出（951）a	14.19	6.53	3.598	0.013	a-d	−0.659	0.035
	仅父亲外出（1753）b	14.40	6.10					
	仅母亲外出（169）c	14.57	5.95					
	非留守（2936）d	14.85	6.04					
娱乐权衡需求	父母都外出（951）a	9.45	5.68	3.397	0.017	a-b	0.598	0.007
	仅父亲外出（1753）b	8.85	5.44					
	仅母亲外出（169）c	9.21	5.31			b-d	−0.457	0.006
	非留守（2936）d	9.31	5.45					

　　第一，四种儿童类型的社交权衡需求存在显著差异（$F = 2.935$，

$p = 0.035$），事后检验分析表明，仅父亲外出的留守儿童（$M = 10.73$，$SD = 5.57$）的社交权衡需求显著低于（$I\text{-}J = -0.049$，$p = 0.020$）非留守儿童（$M = 11.22$，$SD = 5.47$）社交权衡需求。

第二，四种儿童类型的信息权衡需求存在显著差异（$F = 7.278$，$p = 0.000$），事后检验分析表明，父母都外出留守儿童的信息权衡需求（$M = 11.93$，$SD = 5.98$）显著低于（$I\text{-}J = -0.816$，$p = 0.001$）非留守儿童（$M = 12.75$，$SD = 5.78$），仅父亲外出的留守儿童（$M = 12.13$，$SD = 5.68$）的社交权衡需求显著低于（$I\text{-}J = -0.615$，$p = 0.002$）非留守儿童。

第三，四种儿童类型的学习权衡需求存在显著差异（$F = 3.598$，$p = 0.013$），事后检验分析表明，父母都外出留守儿童的学习权衡需求（$M = 14.19$，$SD = 6.53$）显著低于（$I\text{-}J = -0.659$，$p = 0.035$）非留守儿童（$M = 14.85$，$SD = 6.04$）。

第四，四种儿童类型的娱乐权衡需求存在显著差异（$F = 3.397$，$p = 0.017$），事后检验分析表明，仅父亲外出的留守儿童（$M = 8.85$，$SD = 5.44$）显著低于（$I\text{-}J = -0.598$，$p = 0.007$）父母都外出留守儿童的娱乐权衡需求（$M = 9.45$，$SD = 5.68$），仅父亲外出的留守儿童显著低于（$I\text{-}J = -0.457$，$p = 0.006$）非留守儿童（$M = 9.31$，$SD = 5.45$）。

可以看出，留守儿童的四种权衡需求均低于非留守儿童。需要指出的是，父母都外出的留守儿童、仅父亲外出的留守儿童权衡需求水平更低，两者显著低于非留守儿童的权衡需求。

（二）感知流行

感知流行反映了网络在社会中的流行程度对使用者的影响。本研究从父母、同学和周围其他人三个人群的上网程度来测量，两个儿童群体网络应用的感知流行如表 4 - 9 所示。数据表明，同学网络使用的感知程度（$M = 3.21$，$SD = 0.85$）与周围其他人网络使用的感知程度（$M = 3.22$，$SD = 0.84$）对留守儿童网络应用呈现显著影响，且低于非留守儿童。而父母网络使用方面，留守儿童与非留守儿童并未呈现显著差异。这说明，留守儿童网络使用更易受到同学和周围人群的影响。在此指出，本研究将三项感知流行进行了合并，并对留守儿童感知流行的考量取三者的平均数 $M = 3.21$。

表 4 – 9　　　　　留守与非留守儿童的网络应用的感知流行

他人上网程度	留守情况（人）	均值（M）	标准差（SD）	p	Cohen'd
父母网络使用的程度	留守儿童（$N = 2873$）	3.23	0.84	0.507	0.56
	非留守儿童（$N = 2936$）	3.12	0.75		
同学网络使用的程度	留守儿童（2873）	3.21	0.85	0.007	0.49
	非留守儿童（$N = 2936$）	3.24	0.80		
周围其他人网络使用的程度	留守儿童（$N = 2873$）	3.22	0.84	0.005	0.30
	非留守儿童（$N = 2936$）	3.35	0.79		

研究进一步根据留守类型对四种类型儿童群体网络应用的感知流行进行差异比较。通过单因素方差比较（$F = 3.638$，$p = 0.012$）可知，仅父亲外出儿童的感知流行均值最低（$M = 3.18$，$SD = 0.66$），显著低于非留守儿童（$I\text{-}J = -0.157$，$p = 0.004$）与仅母亲外出儿童（$I\text{-}J = -0.111$，$p = 0.036$）的感知流行。分析数据如表 4 – 10 所示。

表 4 – 10　　　　　留守与非留守儿童的网络应用感知流行事后分析

	儿童类型（人）	M	SD	F	p	post-hoc	$I\text{-}J$	p
感知流行	父母都外出（951）a	3.20	0.68	3.638	0.012	b-c	-0.111	0.036
	仅父亲外出（1753）b	3.18	0.66					
	仅母亲外出（169）c	3.29	0.70			b-d	-0.057	0.004
	非留守（2936）d	3.24	0.65					

三　网络接触的基本数据

研究从留守儿童的网络使用频率与时间、网龄来衡量其网络接触。

调查数据如表 4 – 11 所示。留守儿童的上网频率与上网时间的均值都处于 2 和 3 之间，上网频率超过一周一次水平，上网时间在 3 小时以内。留守儿童（$M = 2.63$，$SD = 1.53$）与非留守儿童（$M = 2.69$，$SD = 1.53$）的上网频率不存在显著差异（$p = 0.140$）。

但是，两个儿童群体的网龄与上网时长存在显著差异。在网龄方面，留守儿童的网龄（$M = 2.07$，$SD = 1.06$），可以估算出留守儿童的网龄大致处于 3 年左右。留守儿童的上网时长（$M = 2.34$，$SD = 1.40$），可以得出留守儿童上网时间在每周 3 小时以内。通过对比可以发现，非留守儿童网龄（$M = 2.13$，$SD = 1.04$）显著高于（$p = 0.019$）留守儿童网龄，非留守儿童的上网时间（$M = 2.43$，$SD = 1.44$）也显著高于（$p = 0.008$）留守儿童的上网时间。

表 4 – 11 　　　　　　　留守与非留守儿童的网络接触情况

	留守情况	均值（M）	标准差（SD）	p	Cohen'd
网龄	留守儿童（$N = 2873$）	2.07	1.06	0.019	0.01
	非留守儿童（$N = 2936$）	2.13	1.04		
上网频率	留守儿童（$N = 2873$）	2.63	1.53	0.140	0.80
	非留守儿童（$N = 2936$）	2.69	1.53		
上网时间	留守儿童（$N = 2873$）	2.34	1.40	0.008	0.01
	非留守儿童（$N = 2936$）	2.43	1.44		

本研究进一步根据留守儿童类型，对不同儿童群体之间的网龄、上网频率和上网时间进行差异分析。分别将网龄、上网频率和上网时间作为因变量，将四种儿童类型的网龄、上网频率和上网时间的均值作为自变量，进行单因素方差检验。数据表明，四种儿童群体之间的网龄（$F = 2.267$，$p = 0.049$）、上网频率（$F = 6.176$，$p = 0.000$）与上网时间（$F = 8.198$，$p = 0.000$）存在显著差异。

表 4 - 12　　　　　　　　留守与非留守儿童的网络接触事后分析

维度	儿童类型	M	SD	F	p	post-hoc	I-J	p
网龄	父母都外出（951）a	2.06	1.06	2.267	0.049	b-d	- 0.070	0.028
	仅父亲外出（1753）b	2.06	1.05					
	仅母亲外出（169）c	2.15	1.06					
	非留守（2936）d	2.13	1.04					
上网频率	父母都外出（951）a	2.76	1.58	6.176	0.000	a-b	0.224	0.002
	仅父亲外出（1753）b	2.54	1.51					
	仅母亲外出（169）c	2.83	1.41			b-d	- 0.151	0.006
	非留守（2936）d	2.69	1.54					
上网时间	父母都外出（951）a	2.44	1.42	8.198	0.000	a-b	0.184	0.007
	仅父亲外出（1753）b	2.25	1.38			b-c	- 0.368	0.011
	仅母亲外出（169）c	2.62	1.46					
	非留守（2936）d	2.43	1.44			b-d	- 0.181	0.000

本研究在单因素方差分析基础上，进一步对四种儿童群体的网络接触的差异进行事后检验分析，从而确定引起统计显著效应的具体因素，确定哪些儿童群体网络接触的变异达到了显著水平。分析数据如表 4 - 12 所示。

在网龄方面，仅父亲外出的留守儿童（$M = 2.06$，$SD = 1.05$）与非留守儿童（$M = 2.13$，$SD = 1.04$）的网龄存在显著差异（$I\text{-}J = -0.070$，$p = 0.028$）。其他儿童群体之间不存在显著差异。

在上网频率方面，仅父亲外出留守儿童上网频率（$M = 2.54$，$SD = 1.51$）的均值最低，与父母都外出留守儿童上网频率（$M = 2.76$，$SD = 1.58$）存在显著差异（$I\text{-}J = 0.224$，$p = 0.002$），也与非留守儿童上网频率（$M = 2.69$，$SD = 1.54$）存在显著差异（$I\text{-}J = -0.151$，$p = 0.006$）。

在上网时间方面，仅父亲外出留守儿童上网时间（$M = 2.25$，$SD = 1.38$）均值最低，与父母都外出的留守儿童上网时间（$M = 2.44$，$SD = 1.42$）存在显著差异（$I\text{-}J = 0.184$，$p = 0.007$），与仅母亲外出留守儿童上网时间（$M = 2.62$，$SD = 1.46$）存在显著差异（$I\text{-}J = -0.368$，$p =$

0.011），与非留守儿童上网时间（$M = 2.43$，$SD = 1.44$）存在显著差异（$I\text{-}J = -0.181$，$p = 0.000$）。

综合数据可以看出，留守儿童的三种网络接触水平均低于非留守儿童，特别是仅父亲外出留守儿童的网龄、上网频率与上网时间均处于最低水平，都显著低于非留守儿童网络接触水平。

四 网络素养的基本数据

本研究从网络信息获取能力、分析能力、评价能力与创造能力四方面考察，农村留守儿童与非留守儿童的网络素养，整体情况如表 4 – 13 所示。农村留守儿童与非留守儿童的网络信息获取能力、分析能力、评价能力与创造能力的平均值均不足 4 分。可见，农村儿童两个群体的网络素养水平并不理想。而且，留守儿童的网络信息获取能力（$M = 3.59$，$SD = 0.73$，$p = 0.005$）、信息分析能力（$M = 3.33$，$SD = 0.72$，$p = 0.000$）、评价能力（$M = 3.19$，$SD = 0.73$，$p = 0.000$）与创造能力（$M = 3.27$，$SD = 0.74$，$p = 0.019$）显著低于非留守儿童。可以看出，留守儿童的四项网络素养均显著低于非留守儿童。

表 4 – 13　　　　　　　　留守与非留守儿童的网络素养情况

网络应用	留守情况	均值（M）	标准差（SD）	p	Cohen'd
网络信息获取能力	留守儿童（$N = 2873$）	3.59	0.73	0.005	0.03
	非留守儿童（$N = 2936$）	3.64	0.69		
网络信息分析能力	留守儿童（$N = 2873$）	3.33	0.72	0.000	0.06
	非留守儿童（$N = 2936$）	3.40	0.68		
网络信息评价能力	留守儿童（$N = 2873$）	3.19	0.73	0.000	0.06
	非留守儿童（$N = 2936$）	3.27	0.71		
网络信息创造能力	留守儿童（$N = 2873$）	3.27	0.74	0.019	0.01
	非留守儿童（$N = 2936$）	3.31	0.73		

本研究进一步根据留守儿童类型，对不同儿童群体之间的网络素养

进行差异分析。分别以网络信息获取能力、分析能力、评价能力与创造能力作为因变量，四种儿童类型的网络素养均值作为自变量，进行单因素方差检验。如表4-14所示。

数据表明，四种儿童群体之间的网络信息分析能力（$F = 5.154$，$p = 0.001$）与网络信息评价能力（$F = 5.754$，$p = 0.001$）存在显著差异。本研究进一步对四种儿童群体网络素养的差异进行事后检验分析。数据表明，父母外出的留守儿童、仅父亲外出的留守儿童的网络信息分析与评价能力都显著低于非留守儿童。

表4-14　　　　留守与非留守儿童的网络素养事后分析

维度	儿童类型	M	SD	F	p	post-hoc	I-J	p
网络信息获取能力	父母都外出（951）a	3.59	0.75	2.478	0.051	—	—	—
	仅父亲外出（1753）b	3.59	0.72					
	仅母亲外出（169）c	3.55	0.78					
	非留守（2936）d	3.64	0.69					
网络信息分析能力	父母都外出（951）a	3.31	0.77	5.154	0.001	a-d	-0.082	0.020
	仅父亲外出（1753）b	3.33	0.69					
	仅母亲外出（169）c	3.38	0.74			b-d	-0.067	0.007
	非留守（2936）d	3.40	0.68					
网络信息评价能力	父母都外出（951）a	3.19	0.77	5.754	0.001	a-d	-0.081	0.003
	仅父亲外出（1753）b	3.19	0.71					
	仅母亲外出（169）c	3.26	0.74			b-d	-0.078	0.000
	非留守（2936）d	3.27	0.71					
网络信息创造能力	父母都外出（951）a	3.26	0.77	1.827	0.131	—	—	—
	仅父亲外出（1753）b	3.27	0.73					
	仅母亲外出（169）c	3.26	0.74					
	非留守（2936）d	3.31	0.73					

第二节　假设验证

一　相关分析

社会现象复杂多样，各种社会现象之间也充满复杂的联系。社会现象并不是孤立存在的，而是相互联系、相互影响的。社会研究目的在于探索社会现象之间的关系，分析把握社会现象发生和变化的原因，解析社会事物和现象的发展规律。因此，研究者不仅要关注现象的基本特征，还要对变量之间的关系进行相关分析。同理，农村留守儿童的网络素养也不是孤立存在的，我们需要对其网络素养与其他因素的相关关系进行深入的分析，从而更为全面、更为准确地对其加以把握。

"相关"是指一个变量的值与另一个变量的值有连带关系，如果一个变量发生变化，另一个变量的值也会发生相应的变化。相关程度用相关系数来表示，相关系数取值范围在 - 1 和 1 之间，数值的绝对值越大，表示相关的程度越强。相关关系分为正相关与负相关两种，正相关指的是一个变量的值增加或减少时，另一个变量的值也随之同方向增加或减少；负相关则是指两个变量的值反方向变化，也就是说一个变量的值增加或减少时，另一个变量的值却在减少或增加。正数表示正相关，负数表示负相关。需要指出的是，相关关系不是一种严格的数量对应关系，而是表现为近似的直线关系，或者表现为近似的曲线关系。若两者为无关系，则表现为散点图的形式。[1]

（一）留守儿童网络接触、网络素养及影响因素的相关关系

本研究对农村留守儿童基本情况、主观心理、网络接触与网络素养的相关关系用 SPSS 25.0 软件进行分析，结果如表 4 - 15 所示。通过 Pearson 相关分析，我们得出各变量之间的相关系数。需要指出，Pearson 是最常用的相关系数分析法，当其绝对值大于 0.6，表示两个变量之间

---

[1]　张小山：《社会统计学与 SPSS 应用》，华中科技大学出版社 2018 年版，第 211 页。

表 4—15　留守儿童网络行为与网络素养相关因素

	1	2	3	4	5	6	7	8	9	10	11	12	13	14	15	16	17
1	1																
2	-0.031	1															
3	-0.003	-0.106**	1														
4	-0.074**	-0.020	-0.130**	1													
5	-0.035	0.190**	-0.017	-0.056**	1												
6	-0.048**	0.116**	0.047*	-0.029	0.234**	1											
7	-0.047*	0.139**	0.045*	-0.032	0.273**	0.612**	1										
8	0.012	0.042*	0.025	-0.064**	0.016	0.002	-0.028	1									
9	-0.011	0.112**	-0.014	-0.044**	0.149**	0.172**	0.212**	0.308**	1								
10	-0.001	0.097**	-0.020	-0.039*	0.096**	0.131**	0.135**	0.403**	0.644**	1							
11	0.018	0.057*	-0.033	-0.027	0.082*	0.102**	0.089**	0.434**	0.516**	0.651**	1						
12	-0.054**	0.099**	0.038*	-0.035	0.180**	0.356**	0.399**	0.090**	0.454**	0.363**	0.266**	1					
13	0.005	0.067**	0.058**	-0.061**	0.150**	0.310**	0.323**	0.156**	0.383**	0.358**	0.323**	0.443**	1				
14	0.015	0.093**	0.026	-0.046**	0.130**	0.200**	0.194**	0.315**	0.447**	0.528**	0.580**	0.354**	0.486**	1			
15	-0.018	0.133**	-0.006	-0.048**	0.140**	0.133**	0.134**	0.339**	0.426**	0.487**	0.476**	0.319**	0.413**	0.695**	1		
16	-0.028	0.149**	-0.034	-0.037	0.114**	0.105**	0.105**	0.288**	0.408**	0.441**	0.414**	0.302**	0.373**	0.574**	0.742**	1	
17	-0.001	0.119**	-0.026	-0.044*	0.093**	0.127**	0.136**	0.295**	0.466**	0.492**	0.455**	0.331**	0.398**	0.611**	0.676**	0.712**	1

注：$*p<0.05$，$**p<0.01$。

1：性别。2：年级。3：年龄。4：父母文化水平。5：网龄。6：上网频率。7：上网时间。8：信息技术教育。9：网络社交的权衡需求。10：网络信息的权衡需求。11：网络学习的权衡需求。12：网络娱乐的权衡需求。13：感知流行。14：网络信息获取能力。15：网络信息分析能力。16：网络信息评价能力。17：网络信息创造能力。

存在强相关关系；当其绝对值处于 0.4—0.6，表示两个变量的相关关系较强；而其绝对值处于 0.2—0.4，则表明两个变量的相关关系紧密程度较低；绝对值低于 0.2 则被看作是极弱相关或无相关。

1. 留守儿童个人统计性因素与网络接触及网络素养的影响

第一，留守儿童的性别（男 = 1，女 = 2）与上网频率（$r = -0.048^{**}$）在 $p < 0.01$ 水平上呈现显著关系；上网时间（$r = -0.047^*$）在 $p < 0.05$ 水平上呈现显著关系。性别与上网时间与频率呈现负相关关系，这表明，相比女孩，男孩的上网时间和上网频率更高一些。但留守儿童的性别与网龄（$r = -0.035$）、网络素养不呈现显著影响关系。

第二，留守儿童年龄与网龄（$r = 0.190^{**}$）、上网频率（$r = 0.116^{**}$）、上网时间（$r = 0.139^{**}$），网络素养在 $p < 0.01$ 水平上呈现显著正相关的关系。这表明随着年龄的增长，留守儿童的上网频率更频繁，上网时间更长。

可以看出，留守儿童性别、年龄与上述变量的相关系数均小于 0.2，说明它们之间存在极弱相关性。特别是留守儿童性别与网络行为、网络素养的相关关系显得更弱。而留守儿童年龄对网络行为与网络素养的影响显得稍强一些。

2. 留守儿童家庭条件与网络接触及网络素养的相关关系

第一，留守儿童父母文化水平与上网频率（$r = 0.047^*$）、上网时间（$r = 0.045^*$）在 $p < 0.05$ 水平上呈现显著负相关关系；而与四种网络素养均不存在显著影响。第二，留守儿童家庭经济水平及其网龄（$r = -0.056^{**}$）与四种网络素养在 $p < 0.01$ 水平上呈现显著负相关关系。而留守儿童家庭经济水平与上网频率、上网时间均不存在显著影响。

调查数据表明，家庭条件与上述变量的相关关系绝对值小于 0.2，它们之间的相关关系微弱。这种负相关关系，也在一定程度上说明，父母文化水平越高或经济条件越好，对儿童上网时间和频率管控越严格。

3. 留守儿童的主观心理与网络接触及网络素养的相关关系

本研究从感知流行与社交、信息、学习与娱乐四个方面的权衡需求来考察网络接触与网络素养。

第一，留守儿童的感知流行对网龄（$r = 0.150^{**}$）、上网频率（$r = 0.310^{**}$）与上网时间（$r = 0.323^{**}$）在 $p < 0.01$ 水平上存在显著正相关。感知流行对四种网络素养均在 $p < 0.01$ 水平上存在显著正相关。第二，留守儿童的社交权衡需求、信息权衡需求、学习权衡需求与娱乐权衡需求对网龄、上网时间与频率、四种网络素养在 $p < 0.01$ 水平上存在显著正相关。

调查数据表明，相对于个人统计因素与家庭条件，权衡需求与留守儿童的网络接触、权衡需求与网络素养的相关系数相对较高，特别是社交权衡需求、信息权衡需求、学习权衡需求对网络素养的相关系数均大于 0.4，具有较强的相关关系。

本研究考察信息技术教育支持度与网络接触、网络素养之间的相关关系。调查数据表明，信息技术教育支持度与其网龄、上网时间频率不存在相关性，但与四种网络素养在 $p < 0.01$ 水平上存在相关关系，相关系数在 0.2—0.4，它们之间存在一定相关关系。而留守儿童的网龄、上网时间、上网频率与其四种网络素养均在 $p < 0.01$ 水平上呈现显著相关，但相关系数在 0.2 以下，它们之间的相关关系极弱。

总体看，留守儿童的个人统计性因素（年龄、性别）与家庭条件（家长文化水平、家庭经济水平）对网络接触与网络素养的影响并不明显，特别是性别、家长文化水平与大部分网络接触、网络素养不存在相关关系，或者它们之间的相关系数较小。而留守儿童信息技术教育支持度与网络素养存在一定相关关系。网络使用的主观心理（感知流行、权衡需求）与网络接触、网络素养之间存在较强的相关关系，相关系数较大。

（二）非留守儿童网络接触及网络素养的相关关系

本研究对非留守儿童网络行为及网络素养及其影响因素的相关关系进行分析。具体数值如表 4－16 所示。

表4-16

非留守儿童网络行为与网络素养相关因素

	1	2	3	4	5	6	7	8	9	10	11	12	13	14	15	16	17
1	1																
2	-0.023	1															
3	-0.004	-0.098**	1														
4	-0.012	0.009	-0.173**	1													
5	-0.024	0.221**	0.030	-0.039*	1												
6	-0.045*	0.141**	0.052*	-0.066**	0.244**	1											
7	-0.050**	0.163**	0.050*	-0.046*	0.282**	0.631**	1										
8	0.028	0.041*	0.031	-0.011	-0.039*	-0.071**	-0.056**	1									
9	0.020	0.115**	0.010	-0.052**	0.128**	0.157**	0.184**	0.284**	1								
10	0.004	0.089**	0.020	-0.040*	0.054*	0.085**	0.108**	0.392**	0.616**	1							
11	0.038*	0.057*	-0.016	-0.031	0.023	0.041*	0.048*	0.445**	0.485**	0.632**	1						
12	-0.058**	0.120**	0.047*	-0.050*	0.219**	0.332**	0.355**	0.046*	0.483**	0.348**	0.244**	1					
13	-0.007	0.098**	0.070**	-0.106**	0.163**	0.300**	0.320**	0.064**	0.383**	0.333**	0.283**	0.440**	1				
14	0.001	0.128**	0.008	-0.064**	0.094**	0.166**	0.177**	0.317**	0.446**	0.504**	0.520**	0.345**	0.407**	1			
15	-0.019	0.146**	0.020	-0.050*	0.103**	0.107**	0.121**	0.310**	0.432**	0.481**	0.455**	0.303**	0.365**	0.696**	1		
16	-0.012	0.182**	0.017	-0.050*	0.110**	0.103**	0.105**	0.280**	0.419**	0.407**	0.381**	0.299**	0.324**	0.570**	0.737**	1	
17	0.027	0.145**	0.009	-0.068**	0.114**	0.117**	0.124**	0.263**	0.452**	0.436**	0.382**	0.292**	0.338**	0.577**	0.654**	0.690**	1

注：* $p < 0.05$，** $p < 0.01$。

1：性别。2：年龄。3：父母文化水平。4：家庭经济水平。5：网龄。6：上网频率。7：上网时间。8：信息技术教育。9：网络社交的权衡需求。10：网络信息的权衡需求。11：网络学习的权衡需求。12：网络娱乐的权衡需求。13：感知流行。14：网络信息获取能力。15：网络信息分析能力。16：网络信息评价能力。17：网络信息创造能力。

1. 非留守儿童个人统计学因素与网络接触及网络素养的相关关系

第一，非留守儿童性别（男 =1，女 =2）与上网频率（$r = -0.045^*$）在 $p < 0.05$ 水平上呈现显著负相关关系，与上网时间（$r = -0.050^{**}$）在 $p < 0.01$ 水平上呈现显著负相关关系。这表明，非留守男童的上网频率与上网时间要比女童更为频繁、时间更长。同时，各个相关系数绝对值偏小，这表明它们之间的相关关系极弱。同时，非留守儿童性别与网龄（$r = -0.024$）、网络素养并不存在显著关系。

第二，非留守儿童年龄与网龄（$r = 0.221^{**}$）、上网频率（$r = 0.141^{**}$）、上网时间（$r = 0.163^{**}$）、四种网络素养在 $p < 0.01$ 水平上呈现显著正相关关系。这表明，非留守儿童的上网频率、上网时间与网络素养都会随着年龄的增长而更加突出。

2. 非留守儿童家庭条件与网络接触及网络素养的相关关系

第一，非留守儿童父母文化水平与上网频率（$r = 0.052^{**}$）、上网时间（$r = 0.050^{**}$）在 $p < 0.01$ 水平上呈现显著正相关关系，但它们之间的相关系数极低，表明相关关系极弱。而非留守儿童父母文化水平与四种网络素养不存在显著性相关关系。

第二，留守儿童家庭经济水平与其网龄（$r = -0.039^*$）、上网频率（$r = -0.066^*$）、上网时间（$r = -0.046^*$）在 $p < 0.05$ 水平上呈现显著负相关关系，与四种网络素养均在 $p < 0.01$ 水平上呈现显著负相关关系。

通过调查数据，本研究认为家庭条件与上述变量的相关系数极低，表明它们之间的相关关系微弱，但也在一定程度上说明，非留守儿童家庭的经济水平越高，儿童的网络接触程度却随之降低。

3. 非留守儿童主观心理与网络接触及网络素养的相关关系

第一，非留守儿童的感知流行与网龄（$r = 0.163^{**}$）存在较弱的正相关性，与上网频率（$r = 0.300^{**}$）与上网时间（$r = 0.320^{**}$）存在一定相关关系。非留守儿童的感知流行与四种网络素养之间均存在正相关关系，相关系数在 0.3 以上，相关性较强。调查数据表明，非留守儿童网络应用的感知流行越强，其网龄、上网时间与频率、网络素养也越高。

第二，非留守儿童的社交、信息、学习与娱乐四种权衡需求与网龄、上网时间、频率存在正相关关系。特别是娱乐权衡需求与网龄（$r = 0.219^{**}$）、上网时间（$r = 0.332^{**}$）、上网频率（$r = 0.355^{**}$）的相关系数大于0.2，存在一定的相关性。这在某种程度上反映了非留守儿童网络娱乐对网络接触和网络素养发挥着重要的影响。调查数据表明，非留守儿童的权衡需求与其网络接触与网络素养的相关系数相对较高，特别是社交权衡需求、信息权衡需求、学习权衡需求对网络素养的相关系数值均大于0.4，具有较强的相关关系。

4. 非留守儿童信息技术教育支持度与网络接触、网络素养的相关关系

信息技术教育支持度与网龄（$r = -0.039^{*}$）、上网时间（$r = -0.071^{**}$）与上网频率（$r = -0.056^{**}$）存在负相关，但相关系数较小，表明它们之间的相关关系极弱。学校信息技术教育支持度与四种网络素养在$p < 0.01$水平上存在相关关系，相关系数在0.2—0.4，它们之间存在一定程度的相关关系。

同时，本研究考察非留守儿童网络接触与网络素养之间的相关关系。数据表明，非留守儿童的网龄、上网时间与上网频率对四种网络素养均存在$p < 0.01$水平上的正相关关系，而相关系数处于0.1—0.2，表明其相关关系相对较弱。

为了更清晰地把握留守儿童与非留守儿童的网络素养及影响因素的相关关系及其比较，本研究将相关关系进行简化表述，如表4-17所示。我们可以清楚地看出，农村留守儿童与非留守儿童两个群体的性别、父母文化水平对网络素养均不存在相关关系，而感知流行与权衡需求对网络素养存在显著正相关。同时，两个儿童群体网络使用的影响因素的相关关系较为复杂，除了年龄因素外，网络素养与群体各因素之间相关关系也不甚密切。

二　回归分析

回归分析用于分析两个或多个变量之间的关系，并通过回归方程式

表4-17　留守儿童与非留守儿童的网络素养及影响因素的相关关系及其比较

	1		2		3		4		5		6		7		8		9		10		11	
	留守	非留守	留守	非留守	留守	非留守	留守	非留守	留守	非留守	留守	非留守	留守	非留守	留守	非留守	留守	非留守	留守	非留守	留守	非留守
6	- -	- -	+ +	+ +			- -	-														
7	-	- -	+ +	+ +	+	+ +	- -	-	- -	- -												
8	-	- -	+	+ +	+ +	+ +	-	-	- -	- -												
9			+ +	+ +	+ +	+ +	- -	- -	+ +	+ +	+ +	+ +	+ +	+ +	+ +	+ +						
10			+ +	+ +		+ +	- -	- -	+ +	+ +	+ +	+ +	+ +	+ +	+ +	+ +	+ +	+ +				
11			+ +	+ +	+ +		-	-	+ +	+ +	+ +	+ +	+ +	+ +	+ +	+ +	+ +	+ +	+ +	+ +		

注：++表示 $p<0.01$ 正相关；+表示 $p<0.05$ 正相关；--表示 $p<0.01$ 负相关；-表示 $p<0.05$ 负相关。

1：性别。2：年龄。3：年级。4：父母文化水平。5：家庭经济水平。6：信息技术教育。7：上网频率。8：上网时间。9：权衡需求（合成变量）。10：感知流行。11：网络素养（合成变量）。

的形式描述和反映这种关系，帮助人们准确预测一个变量或多个变量影响的程度，为科学解释和预测提供依据。[①] 相关分析在于把握两个变量之间的关系与关系强度，回归分析则是根据其关系的形态建立模型，对有关现象进行分析，从而近似地对变量间的变化关系加以表达。相关分析是回归分析的基础，只有通过相关分析，确定因素之间存在相关关系，才能进行因素之间的回归分析。回归分析是相关分析的深入和继续，可将具有相关关系的变量间的不确定的数量关系加以确定。

基于上文的相关分析，本研究进一步对留守儿童与非留守儿童的网络接触行为、网络素养及其相关因素，年级、网龄、家长文化水平、家庭经济条件、上学与节假日的上网时间与频率、网络信息行为、社交行为、学习行为以及娱乐行为对他们网络素养的影响进行阶层回归分析，建立各相关因素之间的回归系数，并进行深入分析。

（一）农村留守儿童的网络接触的回归分析

本研究从网络行为包括网龄、上网频率与上网时间三个方面进行考察。本研究假设性别和年龄、家庭条件（家长文化水平与家庭经济）、主观心理（权衡需求、感知流行）与信息技术教育支持度对留守儿童的五种网络行为构成影响。

1. 留守儿童的网龄

本研究在相关分析基础上，将留守儿童网龄作为因变量，年龄与家庭经济条件作为自变量，留守儿童网龄的回归分析如表 4 – 18 所示。该方程的拟合指数 R^2 为 0.072，ΔR^2 为 0.070，表明该方程能解释7.0%的变异量，F 值为 31.948，$p = 0.000$，通过显著性检验。

调查数据显示，留守儿童网龄与年龄（$B = 0.087$，$p = 0.000$）、家庭经济水平（$B = 0.091$，$p = 0.019$）存在显著关系。从年龄看，留守儿童年龄每增长一年，网龄要高出 0.174（0.087×2）年。家庭拥有小汽车比没有小汽车的留守儿童的网龄高出 0.182（0.091×2）年。另外，留守儿童的感知流行（$B = 0.112$，$p = 0.001$）、网络社交权衡需求（$B = $

---

① 张小山：《社会统计学与 SPSS 应用》，华中科技大学出版社 2018 年版，第 279 页。

0.014，$p = 0.004$）、网络娱乐权衡需求（$B = 0.021$，$p = 0.000$）对网龄产生显著影响。

表4－18　　　　　　　　留守儿童网龄的回归分析

	网龄	B	SE	Beta	t	p	R^2	ΔR^2	F
自变量	常数项	0.942	0.105		9.006	0.000	0.072	0.070	31.948***
	年龄	0.087	0.009	0.168	9.272	0.000			
	家庭经济水平（参照类：无车）	0.091	0.039	0.042	2.346	0.019			
	感知流行	0.112	0.033	0.071	3.409	0.001			
	社交权衡需求	0.014	0.005	0.073	2.879	0.004			
	信息权衡需求	-0.007	0.005	-0.038	-1.401	0.161			
	学习权衡需求	0.001	0.004	0.006	0.256	0.798			
	娱乐权衡需求	0.021	0.004	0.110	5.106	0.000			

可以说，年龄是网龄的自然生理基础，随着年龄的增大，网龄也会随之增大。而家庭经济条件构成了留守儿童网龄的物质条件。家庭经济条件优越的儿童接触网络的机会相对较多，拥有网络设备的概率也较大。由于从众心理，周围人群的网络应用会影响留守儿童网络应用的流行感知，从而对留守儿童网龄产生影响。同时，留守儿童网络社交与网络娱乐的权衡需求对网龄也会构成影响，这说明了网络社交和网络娱乐在留守儿童生活中占据重要地位，网络成为他们满足社交需求和娱乐需求的重要手段。

总体看，留守儿童的网龄与年龄、家庭经济条件以及感知流行与社交权衡需求、娱乐权衡需求存在显著关系，而与性别、信息与学习权衡需求、信息技术教育支持度不存在显著关系。因此，假设1a、假设2a、假设3a得到部分验证，而假设4a未得到验证。

2. 留守儿童上网频率与上网时间

本研究在相关分析基础上，将留守儿童的上网频率和时间分别作为因变量，自变量为性别、年龄、父母文化水平。留守儿童的上网频率与时间的回归方程拟合情况如表 4 - 19 所示。

表 4 - 19 　　　　　　　留守儿童的上网频率与时间的回归分析

	上网频率					上网时间				
	B	SE	Beta	t	p	B	SE	Beta	t	p
常数项	0.343	0.168		2.041	0.041	0.234	0.150		1.561	0.119
性别（参照类：男）	- 0.099	0.052	- 0.032	- 1.883	0.060	- 0.076	0.047	- 0.027	- 1.615	0.106
年龄	0.063	0.013	0.084	4.829	0.000	0.070	0.012	0.102	6.011	0.000
父母文化水平（参照类：小学）										
初中	0.031	0.102	0.010	0.309	0.758	- 0.079	0.091	- 0.026	- 0.873	0.383
高中	0.027	0.113	0.007	0.243	0.808	0.032	0.101	0.009	0.320	0.749
大学	0.373	0.153	0.053	2.436	0.015	0.120	0.137	0.019	0.878	0.380
感知流行	0.455	0.045	0.199	10.003	0.000	0.408	0.041	0.195	10.039	0.000
社交权衡需求	- 0.003	0.006	- 0.012	- 0.509	0.611	0.011	0.006	0.045	1.934	0.043
信息权衡需求	- 0.009	0.007	- 0.034	- 1.328	0.184	- 0.013	0.006	- 0.054	- 2.139	0.032
学习权衡需求	- 0.002	0.006	- 0.010	- 0.420	0.674	- 0.011	0.005	- 0.049	- 2.166	0.030
娱乐权衡需求	0.077	0.006	0.277	13.559	0.000	0.079	0.005	0.311	15.595	0.000
R^2	0.167					0.203				
ΔR^2	0.164					0.200				
F	57.319 ***					72.755 ***				

第一，留守儿童上网频率回归方程拟合指数 R^2 为 0.167，ΔR^2 为 0.164，具备解释 16.4% 的变异力。F 值为 57.319，$p = 0.000$，通过显著性检验。

调查数据显示，留守儿童上网频率与性别（$B = - 0.099$，$p = 0.060$）不存在显著差异，留守男童与女童之间的节假日上网频率不存在显著差异。年龄（$B = 0.063$，$p = 0.000$）存在显著关系。这说明，留守儿童的上网次数也随着年龄增长而变得相对频繁。相对于父母文化水平为小学的儿童的上网频率，与父母文化水平为初中的儿童的上网频率（$B=0.031$，$p=0.758$）、父母文化水平为高中的儿童的上网频率（$B=0.027$，$p=0.808$）虽然相对较高，但不存在显著关系，而与父母文化水平为大学的儿童的上网频率（$B=0.373$，$p=0.015$）存在显著差异。可以看出，父母大学文化水平的儿童上网频率相对最高。

感知流行（$B=0.455$，$p=0.000$）、网络娱乐的权衡需求（$B=0.077$，$p=0.000$）与上网频率存在显著影响，而上网频率与网络社交权衡需求（$B=-0.003$，$p=0.611$）、网络信息权衡需求（$B=-0.009$，$p=0.184$）与网络学习权衡需求（$B=-0.002$，$p=0.674$）不存在显著影响。

第二，留守儿童上网时间回归方程拟合指数 R^2 为 0.203，ΔR^2 为 0.200，具备 20.0% 的解释力。F 值为 72.755，$p=0.000$，通过显著性检验。

调查数据显示，留守儿童上网时间与性别（$B=-0.076$，$p=0.106$）不存在显著影响，与年龄（$B=0.070$，$p=0.000$）存在显著关系。这说明，留守男女童之间的上网时间没有太大差异，留守儿童的上网时间也随着年龄增长而相对增长。

相对于父母文化水平为小学的儿童的上网时间，与父母文化水平为初中的儿童的上网时间（$B=-0.079$，$p=0.383$）、父母文化水平为高中的儿童的上网时间（$B=0.032$，$p=0.749$）以及与父母文化水平为大学的儿童的上网时间（$B=0.120$，$p=0.380$）均不存在显著关系。可以看出，父母文化水平对留守儿童上网时间不存在显著影响。

留守儿童上网时间与网络应用的感知流行（$B=0.408$，$p=0.000$）、社交权衡需求（$B=0.011$，$p=0.043$）、信息权衡需求（$B=-0.013$，$p=0.032$）、学习权衡需求（$B=-0.011$，$p=0.030$）及娱乐权衡需求（$B=0.079$，$p=0.000$）存在显著影响。需要指出的是，感知流行、社交权衡需求与娱乐权衡需求能对网络接触构成正向影响，而学习权衡需求与信息权衡需求则对上网时间形成负向影响。这表明，留守儿童学习和信息获取似乎并不依赖网络。

总体看，留守儿童性别对上网频率与时间均不存在显著影响，年龄对后两者存在显著影响，假设 1b、假设 1c 得到部分验证。家长文化水平与留守儿童上网频率存在显著影响，而与上网时间不存在显著影响；但家庭经济条件与学校信息技术教育并未对留守儿童的上网频率与时间构成显著影响。因此，假设 2b、假设 2c 得到部分验证。同时，留守儿童的网络使用的感知流行、娱乐权衡需求对留守儿童的上网频率产生显著影响，社交、信息与学习权衡需求对上网频率不构成显著影响。因此假设 3b 得到部分验证。同时，留守儿童的网络应用的感知流行、社交权衡、信息权衡、学习权衡与娱乐权衡需求对上网时间存在显著影响。因此假设 3c 得到验证。信息技术教育支持度与上网时间频率并不相关，也不会产生显著影响，因此假设 4b、假设 4c 未得到验证。

总体看，本研究回归方程对留守儿童网龄（$\Delta R^2 = 0.070$）、上网频率（$\Delta R^2 = 0.164$）和上网时间（$\Delta R^2 = 0.200$）的解释相对较低，分别具有 16.4% 和 20.0% 的解释力。这可能是由于留守儿童的网龄、上网时间与频率中存在很多不确定因素，各种错综复杂的原因交织在一起，比如上网时间、空间等因素的制约，这可能导致更加松散的网络接触以及结构方程较低的预测能力。

（二）留守儿童的网络素养的回归分析

本研究从网络信息获取能力、分析能力、评价能力和创造能力四方面考察留守儿童的网络素养。本研究在相关分析基础上，将留守儿童的四种能力分别作为因变量，将人口学统计因素（性别或年龄）、家庭条件（家庭经济或父母文化水平）、主观心理（感知流行、权衡需求）、信息技术教育支持度作为自变量，进行多元阶层回归分析。

1. 留守儿童网络信息获取能力

本研究依次将年龄、家庭经济条件、感知流行与权衡需求、网络接触、信息技术教育支持度作为自变量，并依次纳入阶层回归方程。留守儿童网络信息获取能力的多元阶层回归方程拟合情况如表 4 - 20 所示。该回归方程观测值之间相互独立（Durbin-Watson 检验值为 2.057），说明整体模型拟合度较好。该回归方程方差膨胀因子（VIF）在 1—3 之间，远小于 10，表明该阶层回归方程不存在多元共线性问题。

表4-20　　　　　　留守儿童网络信息获取能力的回归分析

网络信息获取能力		B	SE	Beta	t	p	VIF
模型1	常数项	3.418	0.036		93.965	0.000	
	年龄	0.034	0.007	0.093	5.014	0.000	1.000
模型2	常数项	3.379	0.040		85.011	0.000	
	年龄	0.033	0.007	0.092	4.969	0.000	1.000
	家庭经济水平（参照类：无车）	0.066	0.028	0.044	2.393	0.017	1.000
模型3	常数项	1.624	0.055		29.398	0.000	
	年龄	0.011	0.005	0.030	2.153	0.031	1.017
	家庭经济水平（参照类：无车）	0.015	0.021	0.010	0.709	0.478	1.005
	感知流行	0.297	0.017	0.273	17.100	0.000	1.353
	社交权衡需求	0.003	0.002	0.023	1.218	0.223	1.965
	信息权衡需求	0.020	0.003	0.154	7.434	0.000	2.270
	学习权衡需求	0.042	0.002	0.359	19.478	0.000	1.805
	娱乐权衡需求	0.009	0.002	0.068	4.153	0.000	1.421
模型4	常数项	1.633	0.057		28.879	0.000	
	年龄	0.009	0.005	0.024	1.717	0.086	1.054
	家庭经济水平（参照类：无车）	0.010	0.021	0.007	0.488	0.626	1.009
	感知流行	0.289	0.018	0.266	16.319	0.000	1.417
	社交权衡需求	0.003	0.002	0.025	1.293	0.196	1.981
	信息权衡需求	0.019	0.003	0.152	7.336	0.000	2.281
	学习权衡需求	0.042	0.002	0.360	19.525	0.000	1.811
	娱乐权衡需求	0.008	0.002	0.060	3.474	0.001	1.575
	网龄	0.017	0.010	0.025	1.685	0.092	1.139
	上网频率	0.016	0.009	0.035	1.901	0.057	1.762
	上网时间	0.010	0.010	0.019	0.952	0.341	2.025

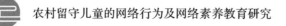

续表

网络信息获取能力		B	SE	Beta	t	p	VIF
模型5	常数项	1.546	0.062		24.942	0.000	
	年龄	0.008	0.005	0.023	1.660	0.097	1.054
	家庭经济水平（参照类：无车）	0.006	0.021	0.004	0.300	0.764	1.012
	感知流行	0.288	0.018	0.265	16.288	0.000	1.417
	社交权衡需求	0.003	0.002	0.021	1.098	0.272	1.987
	信息权衡需求	0.018	0.003	0.141	6.771	0.000	2.332
	学习权衡需求	0.040	0.002	0.345	18.202	0.000	1.918
	娱乐权衡需求	0.008	0.002	0.064	3.695	0.000	1.582
	网龄	0.018	0.010	0.025	1.736	0.083	1.139
	上网频率	0.017	0.009	0.035	1.926	0.054	1.762
	上网时间	0.011	0.010	0.022	1.119	0.263	2.030
	信息技术教育支持度	0.039	0.011	0.053	3.397	0.001	1.296

模型摘要	R	R^2	ΔR^2	R^2变化量	F变化量	显著性F变化量	p	德宾—沃森
1	0.093[a]	0.009	0.008	0.009	25.139	0.000	0.000[b]	
2	0.103[b]	0.011	0.010	0.002	5.728	0.017	0.000[c]	
3	0.678[c]	0.460	0.459	0.449	476.857	0.000	0.000[d]	
4	0.681[d]	0.463	0.461	0.003	3.329	0.005	0.000[e]	
5	0.682[e]	0.465	0.463	0.002	11.537	0.001	0.000[f]	2.057

通过五个阶层回归模型 ΔR^2 可以看出，模型 1 中，自变量为年龄，对留守儿童网络信息获取能力的解释程度为 0.9%（$p=0.000$）。模型 2 将家庭经济水平纳入自变量，其解释力为 0.2%（$p=0.000$），对变量具有 1% 的解释变异力。模型 3 中，自变量加入留守儿童网络应用感知流行与权衡需求主观感知心理因素，两项主观感知心理因素的解释力达到 44.9%（$p=0.000$），总体具有 45.9% 的解释力。模型 4 与模型 5 分别加入网络接触与信息技术教育支持度，模型的解释力分别为 0.3%（$p=$

0.000)、0.2%（$p = 0.000$），该回归方程最终具有（ΔR^2）46.3%的解释力。可以看出，留守儿童的网络应用感知流行与权衡需求主观感知心理对其网络信息获取能力发挥着极其重要的作用。

在模型 2 中，留守儿童的性别与家庭经济水平对网络信息获取能力产生显著影响，但加入主观心理因素、网络接触与信息技术教育支持度等因素后，性别与家庭经济水平对留守儿童影响的显著度消失，如模型 5 所示。也就是说，性别效应与家庭经济被其他几种因素的效应所替代。

根据留守儿童网络信息获取能力模型 5，我们可以看出，其性别、年龄（$B = 0.008$，$p = 0.097$）不对网络信息获取能力构成显著影响。因此，假设 5a 未得到证实。家长文化水平、家庭经济条件（$p = 0.764$）不对网络信息获取能力构成显著影响。可见，假设 6a 未得到证实。同时，留守儿童网络应用的感知流行、权衡需求对网络信息获取能力能产生显著影响，并对网络素养产生最大程度的影响，因此，假设 7a 成立。

同时，留守儿童的网络接触也不会对网络信息获取能力构成显著影响。网龄（$p = 0.083$）、上网频率（$p = 0.054$）、上网时间（$p = 0.263$）均未对网络素养产生统计学意义。因此，假设 8a 未得到证实。另外，留守儿童的信息技术教育支持度（$p = 0.001$）能对网络素养构成显著影响，因此，假设 9a 成立。

2. 网络信息分析能力

留守儿童网络信息分析能力的多元阶层回归方程拟合情况如表 4－21 所示。该回归方程的 Durbin-Watson 检验值为 1.973，说明整体模型拟合度较好。该方程方差膨胀因子（VIF）在 1—3 之间，远小于 10，表明该阶层回归方程不存在多元共线性问题。

五个阶层回归模型 R^2 变化量是 0.018（$p = 0.000$）、0.002（$p = 0.000$）、0.327（$p = 0.000$）、0.003（$p = 0.000$）与 0.013（$p = 0.000$），并达到了显著水平。在模型 1 中，自变量为年龄，对留守儿童网络信息获取能力的解释程度为 1.7%。在模型 2 中，自变量为年龄与家庭经济水平，解释力为 1.9%。在模型 3 中，自变量加入感知流行与权衡需求，解释力（ΔR^2）达到 34.5%，模型 4 与模型 5 分别加入网络行为与信息技术教育支持度，模型的解释力分别为 34.8%、36.0%。

表 4 - 21　　　　　　　留守儿童网络信息分析能力的回归分析

网络信息分析能力		B	SE	Beta	t	p	VIF
模型 1	常数项	3.086	0.036		86.133	0.000	
	年龄	0.048	0.007	0.133	7.214	0.000	1.000
模型 2	常数项	3.047	0.039		77.822	0.000	
	年龄	0.047	0.007	0.133	7.170	0.000	1.000
	家庭经济水平 （参照类：无车）	0.067	0.027	0.046	2.463	0.014	1.000
模型 3	常数项	1.618	0.060		26.905	0.000	
	年龄	0.026	0.005	0.074	4.864	0.000	1.017
	家庭经济水平 （参照类：无车）	0.022	0.022	0.015	0.992	0.321	1.005
	感知流行	0.230	0.019	0.214	12.173	0.000	1.353
	网络社交权衡需求	0.009	0.003	0.070	3.292	0.001	1.965
	网络信息权衡需求	0.024	0.003	0.190	8.344	0.000	2.270
	网络学习权衡需求	0.026	0.002	0.228	11.234	0.000	1.805
	网络娱乐权衡需求	0.007	0.002	0.055	3.070	0.002	1.421
模型 4	常数项	1.594	0.062		25.897	0.000	
	年龄	0.025	0.006	0.071	4.591	0.000	1.054
	家庭经济水平 （参照类：无车）	0.019	0.022	0.013	0.863	0.388	1.009
	感知流行	0.238	0.019	0.221	12.318	0.000	1.417
	网络社交权衡需求	0.009	0.003	0.067	3.176	0.002	1.981
	网络信息权衡需求	0.024	0.003	0.189	8.298	0.000	2.281
	网络学习权衡需求	0.026	0.002	0.226	11.139	0.000	1.811
	网络娱乐权衡需求	0.009	0.002	0.065	3.459	0.001	1.575
	网龄	0.033	0.011	0.048	2.957	0.003	1.139
	上网频率	-0.008	0.009	-0.017	-0.830	0.407	1.762
	上网时间	-0.017	0.011	-0.034	-1.570	0.117	2.025

续表

网络信息分析能力		B	SE	Beta	t	p	VIF
模型5	常数项	1.387	0.067		20.707	0.000	
	年龄	0.025	0.005	0.069	4.502	0.000	1.054
	家庭经济水平（参照类：无车）	0.010	0.022	0.007	0.454	0.650	1.012
	感知流行	0.235	0.019	0.219	12.306	0.000	1.417
	网络社交权衡需求	0.007	0.003	0.058	2.769	0.006	1.987
	网络信息权衡需求	0.021	0.003	0.164	7.186	0.000	2.332
	网络学习权衡需求	0.022	0.002	0.189	9.151	0.000	1.918
	网络娱乐权衡需求	0.010	0.002	0.075	3.974	0.000	1.582
	网龄	0.034	0.011	0.049	3.089	0.002	1.139
	上网频率	-0.007	0.009	-0.016	-0.790	0.430	1.762
	上网时间	-0.013	0.011	-0.026	-1.215	0.225	2.030
	信息技术教育	0.092	0.012	0.128	7.504	0.000	1.296

模型摘要	R	R^2	ΔR^2	R^2变化量	F变化量	显著性F变化量	p	德宾—沃森
1	0.133[a]	0.018	0.017	0.018	52.043	0.000	0.000[b]	
2	0.141[b]	0.020	0.019	0.002	6.067	0.014	0.000[c]	
3	0.589[c]	0.347	0.345	0.327	287.025	0.000	0.000[d]	
4	0.592[d]	0.350	0.348	0.003	2.878	0.013	0.000[e]	
5	0.602[e]	0.363	0.360	0.013	56.314	0.000	0.000[f]	1.973

在模型2中，留守儿童家庭经济条件（$p=0.014$）对网络信息分析能力具有显著影响。但加入其他要素之后，其显著效应消失。也就是说，家庭经济条件显著效应被其他因素的效应所替代。基于留守儿童网络信息分析能力模型5研究数据，年龄（$p=0.000$）对留守儿童网络信息分析能力构成显著影响，性别不存在显著影响，因此，假设5b部分成立。家长文化水平、家庭经济水平（$p=0.650$）并不对留守儿童网络信息分

析能力构成显著影响。因此，假设 6b 不成立。同时，留守儿童网龄（$p = 0.002$）能对网络信息分析能力构成显著影响，但上网频率与时间不构成显著影响。因此，假设 8b 得到部分验证。而主观心理感知与信息技术教育对网络素养具有统计学意义，其中主观心理感知具有较强的解释力。因此，假设 7b、假设 9b 得到验证。

3. 网络信息评价能力

留守儿童网络信息评价能力的多元阶层回归方程拟合情况如表4 – 22 所示。该回归方程的 Durbin-Watson 检验值为 2.020，说明整体模型拟合度较好。回归方程的方差膨胀因子（*VIF*）远小于 10，表明该阶层回归方程不存在多元共线性问题。

表4 – 22　　　　　留守儿童网络信息评价能力的回归分析

网络信息评价能力		*B*	*SE*	*Beta*	*t*	*p*	*VIF*
模型 1	常数项	2.923	0.036		80.523	0.000	
	年龄	0.054	0.007	0.149	8.052	0.000	1.000
模型 2	常数项	2.893	0.040		72.895	0.000	
	年龄	0.053	0.007	0.148	8.017	0.000	1.000
	家庭经济水平（参照类：无车）	0.052	0.028	0.035	1.871	0.061	1.000
模型 3	常数项	1.611	0.064		25.261	0.000	
	年龄	0.034	0.006	0.093	5.833	0.000	1.017
	家庭经济水平（参照类：无车）	0.010	0.024	0.007	0.412	0.681	1.005
	感知流行	0.203	0.020	0.186	10.143	0.000	1.353
	权衡需求 1	0.014	0.003	0.105	4.727	0.000	1.965
	权衡需求 2	0.021	0.003	0.166	6.975	0.000	2.270
	权衡需求 3	0.020	0.002	0.172	8.119	0.000	1.805
	权衡需求 4	0.007	0.002	0.056	2.997	0.003	1.421

续表

网络信息评价能力		B	SE	Beta	t	p	VIF
模型4	常数项	1.583	0.065		24.270	0.000	
	年龄	0.035	0.006	0.096	5.918	0.000	1.054
	家庭经济水平（参照类：无车）	0.011	0.024	0.007	0.457	0.647	1.009
	感知流行	0.218	0.020	0.200	10.682	0.000	1.417
	权衡需求1	0.013	0.003	0.102	4.618	0.000	1.981
	权衡需求2	0.021	0.003	0.166	6.977	0.000	2.281
	权衡需求3	0.020	0.002	0.169	7.976	0.000	1.811
	权衡需求4	0.010	0.003	0.076	3.826	0.000	1.575
	网龄	0.017	0.012	0.024	1.431	0.152	1.139
	上网频率	−0.016	0.010	−0.034	−1.607	0.108	1.762
	上网时间	−0.033	0.012	−0.064	−2.845	0.004	2.025
模型5	常数项	1.428	0.071		20.028	0.000	
	年龄	0.034	0.006	0.094	5.852	0.000	1.054
	家庭经济水平（参照类：无车）	0.004	0.024	0.003	0.167	0.867	1.012
	感知流行	0.217	0.020	0.198	10.640	0.000	1.417
	权衡需求1	0.012	0.003	0.096	4.328	0.000	1.987
	权衡需求2	0.019	0.003	0.147	6.161	0.000	2.332
	权衡需求3	0.017	0.003	0.142	6.541	0.000	1.918
	权衡需求4	0.011	0.003	0.082	4.179	0.000	1.582
	网龄	0.018	0.012	0.025	1.511	0.131	1.139
	上网频率	−0.016	0.010	−0.033	−1.581	0.114	1.762
	上网时间	−0.030	0.012	−0.058	−2.596	0.069	2.030
	信息技术教育	0.069	0.013	0.094	5.263	0.000	1.296

模型摘要	R	R^2	ΔR^2	R^2 变化量	F 变化量	显著性 F 变化量	p	德宾—沃森
1	0.149[a]	0.022	0.022	0.022	64.842	0.000	0.000[b]	
2	0.153[b]	0.023	0.023	0.001	3.500	0.061	0.000[c]	
3	0.536[c]	0.287	0.286	0.264	212.426	0.000	0.000[d]	
4	0.541[d]	0.293	0.290	0.005	4.193	0.001	0.000[e]	
5	0.547[e]	0.299	0.296	0.007	27.702	0.000	0.000[f]	2.020

五个阶层回归模型 R^2 变化量是 0.022（$p = 0.000$）、0.001（$p = 0.000$）、0.264（$p = 0.000$）、0.005（$p = 0.000$）与 0.007（$p = 0.000$），并达到了显著水平。模型 1 中，自变量为年龄，对留守儿童网络信息评价能力的解释程度为 2.2%。模型 2 中，自变量为年龄与家庭经济水平，解释力为 2.3%，模型 3 中，自变量加入感知流行与权衡需求，解释力（ΔR^2）达到 28.6%，模型 4 与模型 5 分别加入网络接触与信息技术教育支持度，模型的解释力（ΔR^2）分别为 29.0%、29.6%。

　　在分层回归方程中，模型 4 中上网时间对留守儿童网络信息评价能力具有显著影响（$p = 0.004$），但加入信息技术教育支持度之后，上网时间对网络信息评价能力的显著性消失（$p = 0.069$），其显著效应性被信息技术教育支持度所代替。基于留守儿童网络信息评价能力模型 5 研究数据，年龄（$p = 0.000$）对留守儿童网络信息评价能力构成显著影响，性别不存在显著影响，因此，假设 5c 部分成立。家长文化水平、家庭经济水平（$p = 0.867$）不对留守儿童网络信息评价能力构成显著影响。因此，假设 6c 不成立。同时，留守儿童网龄（$p = 0.131$）、上网频率（$p = 0.114$）与上网时间（$p = 0.069$）不对留守儿童网络信息评价能力构成显著影响。因此，假设 8c 未得到验证。而主观心理感知与信息技术教育支持度对网络信息评价能力具有统计学意义。因此，假设 7c、假设 9c 得到验证。

　　4. 网络信息创造能力

　　留守儿童网络信息创造能力的多元阶层回归方程拟合情况如表4-23所示。该回归方程的 Durbin-Watson 检验值为 2.026，说明整体模型拟合度较好。方差膨胀因子（VIF）均小于 10，该阶层回归方程不存在多元共线性问题。

　　五个阶层回归模型 R^2 变化量分别是 0.014（$p = 0.000$）、0.002（$p = 0.000$）、0.327（$p = 0.000$）、0.001（$p = 0.000$）与 0.004（$p = 0.000$），均达到了显著水平。模型 1 中，自变量为年龄，对留守儿童网络信息获取能力的解释程度为 1.4%。模型 2 中，自变量为年龄与家庭经济水平，解释力为 1.5%。模型 3 中，自变量加入感知流行与权衡需求，解释力（ΔR^2）达到34.1%，模型4与模型5分别加入网络行为与信息技术教育支持度，模型的解释力（ΔR^2）分别为34.2%、34.5%。

表4-23　　　　　　留守儿童网络信息创造能力的回归分析

网络信息创造能力		B	SE	Beta	t	p	VIF
模型1	常数项	3.047	0.037		82.548	0.000	
	年龄	0.043	0.007	0.119	6.399	0.000	1.000
模型2	常数项	3.011	0.040		74.616	0.000	
	年龄	0.043	0.007	0.118	6.358	0.000	1.000
	家庭经济水平（参照类：无车）	0.063	0.028	0.042	2.245	0.025	1.000
模型3	常数项	1.622	0.062		26.139	0.000	
	年龄	0.020	0.006	0.055	3.601	0.000	1.017
	家庭经济水平（参照类：无车）	0.016	0.023	0.011	0.706	0.480	1.005
	感知流行	0.205	0.020	0.185	10.525	0.000	1.353
	权衡需求1	0.020	0.003	0.149	7.019	0.000	1.965
	权衡需求2	0.024	0.003	0.186	8.154	0.000	2.270
	权衡需求3	0.021	0.002	0.177	8.721	0.000	1.805
	权衡需求4	0.008	0.002	0.060	3.339	0.001	1.421
模型4	常数项	1.626	0.064		25.562	0.000	
	年龄	0.022	0.006	0.060	3.839	0.000	1.054
	家庭经济水平（参照类：无车）	0.017	0.023	0.011	0.743	0.458	1.009
	感知流行	0.215	0.020	0.194	10.781	0.000	1.417
	权衡需求1	0.020	0.003	0.149	7.006	0.000	1.981
	权衡需求2	0.024	0.003	0.185	8.071	0.000	2.281
	权衡需求3	0.021	0.002	0.177	8.659	0.000	1.811
	权衡需求4	0.010	0.003	0.072	3.808	0.000	1.575
	网龄	-0.004	0.011	-0.006	-0.349	0.727	1.139
	上网频率	-0.011	0.010	-0.022	-1.089	0.276	1.762
	上网时间	-0.012	0.011	-0.023	-1.075	0.283	2.025

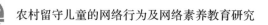

续表

网络信息创造能力		B	SE	Beta	t	p	VIF
模型5	常数项	1.502	0.070		21.564	0.000	
	年龄	0.021	0.006	0.059	3.774	0.000	1.054
	家庭经济水平（参照类：无车）	0.012	0.023	0.008	0.505	0.614	1.012
	感知流行	0.214	0.020	0.193	10.739	0.000	1.417
	权衡需求1	0.019	0.003	0.144	6.767	0.000	1.987
	权衡需求2	0.022	0.003	0.170	7.375	0.000	2.332
	权衡需求3	0.018	0.002	0.155	7.417	0.000	1.918
	权衡需求4	0.010	0.003	0.078	4.093	0.000	1.582
	网龄	-0.003	0.011	-0.005	-0.290	0.772	1.139
	上网频率	-0.010	0.010	-0.021	-1.065	0.287	1.762
	上网时间	-0.010	0.011	-0.019	-0.865	0.387	2.030
	信息技术教育	0.055	0.013	0.074	4.317	0.000	1.296

模型摘要	R	R^2	ΔR^2	R^2 变化量	F 变化量	显著性 F 变化量	p	德宾—沃森
1	0.119[a]	0.014	0.014	0.014	40.950	0.000	0.000[b]	
2	0.126[b]	0.016	0.015	0.002	5.041	0.025	0.000[c]	
3	0.585[c]	0.342	0.341	0.327	284.663	0.000	0.000[d]	
4	0.586[d]	0.344	0.342	0.001	1.205	0.304	0.000[e]	
5	0.590[e]	0.348	0.345	0.004	18.637	0.000	0.000[f]	2.026

　　通过分层回归方程，我们可以发现模型2中家庭经济条件对留守儿童网络信息创造能力具有显著影响（$p=0.025$），但加入其他变量之后，家庭经济条件对网络信息创造能力的显著性消失。基于留守儿童网络信息创造能力模型5研究数据，年龄（$p=0.000$）对留守儿童网络信息创造能力构成显著影响，性别不存在显著影响，因此，假设5d部分成立。家长文化水平、家庭经济水平（$p=0.614$）对留守儿童网络信息创造能力不构成显著影响。因此，假设6d不成立。同时，留守儿童网龄（$p=$

0.772）、上网频率（$p=0.287$）与上网时间（$p=0.387$）并未对网络信息创造能力构成显著影响，因此，假设8d未得到验证。而主观心理感知与信息技术教育对网络素养具有统计学意义，其中主观心理感知具有较强的解释力。因此，假设7d、假设9d得到验证。

基于以上研究数据，年龄对网络素养构成显著影响，而性别对网络素养不构成显著影响。网络接触相对复杂，但大多数网络接触对网络素养不具有统计性意义。而感知流行、权衡需求与信息教育支持度对网络素养具有显著影响，其中，感知流行、权衡需求对网络素养具有最大程度的统计性意义。

（三）留守儿童与非留守儿童的比较

本研究将留守儿童与非留守儿童的网络接触行为、网络素养进行比较，两个儿童群体所处的社会环境相同，但家庭情况迥异，对两个群体的比较能凸显留守儿童网络接触行为与网络素养的现状与影响因素，并有助于探索两个儿童群体网络接触行为与网络素养的差异性以及造成差异性的原因。

1. 留守儿童与非留守儿童网络接触影响因素的比较

本研究对非留守儿童的网龄、上网时间与频率等五个网络接触影响因素进行多元线性回归。五个该结构方程的解释力（ΔR^2）分别为9.7%（$p=0.000$）、9.7%（$p=0.000$）、9.8%（$p=0.000$）、5.5%（$p=0.000$）、18.4%（$p=0.000$），并都具有统计性意义。

通过对两个儿童群体网络接触的影响因素比较（如表4－24所示），有以下几点发现。

第一，年龄对留守与非留守儿童网龄、上网频率与上网时间的影响具有一致性。年龄对非留守儿童群体的网龄（$B=0.109$，$p=0.000$）、上网频率（$B=0.111$，$p=0.000$）、上网时间（$B=0.092$，$p=0.000$）都产生显著正向影响，随着年龄的增长，网龄、上网时间与上网频率都会随之增加。通过两个儿童群体网络接触的对比，我们发现年龄对留守儿童与非留守儿童的网龄能产生显著影响，但性别对两个儿童群体不存在显著影响。

表4-24　留守儿童与非留守儿童网络接触影响因素的回归分析

项目	网龄 留守儿童 B	网龄 留守儿童 p	网龄 非留守儿童 B	网龄 非留守儿童 p	上网频率 留守儿童 B	上网频率 留守儿童 p	上网频率 非留守儿童 B	上网频率 非留守儿童 p	上网时间 留守儿童 B	上网时间 留守儿童 p	上网时间 非留守儿童 B	上网时间 非留守儿童 p
常数项	0.942	0.000	1.065	0.000	1.222	0.000	1.031	0.000	0.343	0.041	0.298	0.103
性别（参照：男）	—	—	—	—	-0.066	0.109	-0.015	0.685	-0.099	0.060	-0.083	0.087
年龄	0.087	0.000	0.109	0.000	0.023	0.023	0.111	0.000	0.063	0.000	0.092	0.000
父母文化水平（参照：小学）												
初中	—	—	—	—	0.031	0.758	0.034	0.661	-0.079	0.383	0.031	0.763
高中	—	—	—	—	0.027	0.808	0.066	0.449	0.032	0.749	0.204	0.076
大学	—	—	—	—	0.373	0.015	0.251	0.040	0.120	0.380	0.059	0.712
家庭经济条件（参照：无车）	0.091	0.019	0.054	0.156	—	—	0.044	0.255	—	—	—	—
信息技术教育	—	—	-0.049	0.024	0.134	0.000	-0.050	0.020	—	—	-0.096	0.001
感知流行	0.112	0.001	0.122	0.000	0.016	0.002	0.119	0.000	0.455	0.000	0.461	0.000
社交权衡需求	0.014	0.004	0.009	0.044	-0.017	0.001	0.010	0.041	-0.003	0.611	0.005	0.412
信息权衡需求	-0.007	0.161	-0.007	0.112	-0.005	0.285	-0.008	0.108	-0.009	0.184	-0.005	0.451
学习权衡需求	0.001	0.798	-0.005	0.260			-0.004	0.324	-0.002	0.674	-0.012	0.035
娱乐权衡需求	0.021	0.000	0.031	0.000	0.040	0.000	0.030	0.000	0.077	0.000	0.068	0.000

续表

	网龄				上网频率				上网时间			
	留守儿童		非留守儿童		留守儿童		非留守儿童		留守儿童		非留守儿童	
	B	p	B	p	B	p	B	p	B	p	B	p
R^2	0.072		0.097		0.167		0.055		0.203		0.184	
ΔR^2	0.070		0.094		0.164		0.053		0.200		0.181	
F	31.948***		39.146***		57.319***		24.342***		72.755***		55.025***	

第二，家长文化水平对留守儿童与非留守儿童网龄、上网频率与上网时间的影响具有一致性。家长文化水平对非留守儿童的上网频率存在一定影响，相对于家长文化水平为小学的非留守儿童，家长文化水平为大学的非留守儿童上网频率（$B = 0.251$，$p = 0.040$）显著频繁。而家长文化水平对非留守儿童的网龄、上网时间不存在显著负向影响。

同时，家庭经济水平对非留守儿童网龄（$B = 0.054$，$p = 0.156$）、上网时间与频率（$B = 0.054$，$p = 0.156$）不存在显著影响。与此相对比，家庭经济水平只是对留守儿童网龄产生显著影响，但对留守儿童上网时间与频率不存在显著影响。

结合调查数据，留守儿童与非留守儿童的网络接触程度不高，可以说，家庭经济水平和家长文化水平对网络接触并未产生太大影响。本研究认为，网络已经深入人们的日常生活之中，手机、计算机等上网工具较为普遍，这为儿童的网络接触提供了极大的便利，极大地降低了儿童上网的门槛，因此，家庭经济条件与家长文化水平不会对儿童网络接触影响产生太大影响。

第三，信息技术教育支持度对留守儿童与非留守儿童网络接触影响并不一致。非留守儿童的信息技术教育支持度对其网龄（$B = -0.049$，$p = 0.024$）、上网频率（$B = -0.050$，$p = 0.020$）与上网时间（$B = -0.096$，$p = 0.001$）产生显著负向影响。也就是说信息技术教育支持度越高，非留守儿童的网络接触越少。但信息技术教育支持度对留守儿童网络接触不存在显著影响。这需要在研究中特别关注。

第四，主观心理对留守儿童与非留守儿童网络接触的影响大体一致。一方面，网络应用感知流行、社交和娱乐权衡需求都对两个儿童群体的网龄、上网频率与上网时间存在显著正向影响。可以看出，无论是留守儿童还是非留守儿童的网络接触，都受到周围人群网络使用的影响。而且，社交和娱乐的权衡需求也会促进两个儿童群体的网络接触，这说明网络社交娱乐是网络活动的主要内容。另一方面，信息与学习的权衡需求对两个群体的网络接触具有负向影响，但大部分不具有显著影响。从数据可以看出，两个儿童群体的网络学习和网络信息查询活动并不多，甚至学习活动与信息查询的需求会削减他们的上网时间和频率。

综上，通过比较，我们可以发现：

（1）留守儿童与非留守儿童网络接触影响因素存在较大一致性。年龄、网络应用的感知流行与娱乐权衡需求是留守儿童与非留守儿童网络接触的共同影响因素。这三个因素对两个儿童群体的网络接触存在显著正向影响。另外，家庭经济条件和家长文化水平对两个儿童群体的大多数网络接触的影响不明显。

（2）信息技术教育支持度对两个儿童群体网络接触影响存在较大差异。信息技术教育支持度对留守儿童的网络接触不存在影响，但对非留守儿童网络接触存在显著负向影响。

2. 留守儿童与非留守儿童网络素养影响因素的比较

本研究对非留守儿童网络素养影响因素进行分层回归，分别将网络信息获取能力、分析能力、评价能力与创造能力作为因变量，年龄、家庭经济水平、主观心理感知（感知流行与网络社交、信息、学习、权衡、娱乐需求）、网络接触行为（网龄、平时与节假日的上网时间与频率）与信息技术教育支持度作为自变量，依次纳入回归方程，并生成五个回归模型。留守儿童与非留守儿童网络素养影响因素的比较如表4-25所示。

留守儿童与非留守儿童网络素养影响因素的最终模型（模型5）均包括年龄、家庭经济水平、主观心理感知（感知流行与网络社交、信息、学习、权衡、娱乐需求）、网络接触行为（网龄、平时与节假日的上网时间与频率）与信息技术教育支持度四组变量，且各个模型均具有统计性意义（$p=0.000$）。可以说，两个群体网络素养影响因素具有较强的一致性。

第一，年龄是留守儿童与非留守儿童的网络素养的影响因素。除去留守儿童的网络信息获取能力之外，年龄对留守与非留守儿童的其他几种网络素养都产生显著正向影响。年龄对留守儿童网络信息获取、分析、评价与创造能力的解释力（ΔR^2）分别为0.9%、1.8%、2.2%、1.4%，对非留守儿童四种网络信息能力的解释力（ΔR^2）为1.6%、2.1%、3.3%、

表4-25 留守儿童与非留守儿童网络素养影响因素的回归分析

| | 网络信息获取能力 | | | | 网络信息分析能力 | | | | 网络信息评价能力 | | | | 网络信息创造能力 | | | |
| | 留守儿童 | | 非留守儿童 | | 留守儿童 | | 非留守儿童 | | 留守儿童 | | 非留守儿童 | | 留守儿童 | | 非留守儿童 | |
	B	P	B	P	B	P	B	P	B	P	B	P	B	P	B	P
常数项	1.546	0.000	1.682	0.000	1.387	0.000	1.552	0.000	1.428	0.000	1.468	0.000	1.502	0.000	1.534	0.000
年龄	0.008	0.097	0.019	0.000	0.025	0.000	0.028	0.000	0.034	0.000	0.045	0.000	0.021	0.000	0.028	0.000
家庭经济水平	0.006	0.764	0.027	0.195	0.010	0.650	0.014	0.524	0.004	0.867	0.021	0.375	0.012	0.614	0.043	0.067
感知流行	0.288	0.000	0.201	0.000	0.235	0.000	0.188	0.000	0.217	0.000	0.161	0.000	0.214	0.000	0.169	0.000
社交权衡需求	0.003	0.272	0.008	0.001	0.007	0.006	0.012	0.000	0.012	0.000	0.020	0.000	0.019	0.000	0.027	0.000
信息权衡需求	0.018	0.000	0.018	0.000	0.021	0.000	0.021	0.000	0.019	0.000	0.013	0.000	0.022	0.000	0.019	0.000
学习权衡需求	0.040	0.000	0.030	0.000	0.022	0.000	0.020	0.000	0.017	0.000	0.014	0.000	0.018	0.000	0.011	0.000
娱乐权衡需求	0.008	0.000	0.011	0.000	0.010	0.000	0.007	0.003	0.011	0.000	0.010	0.000	0.010	0.000	0.004	0.092
网龄	0.018	0.083	0.002	0.865	0.034	0.002	0.017	0.106	0.018	0.131	0.017	0.148	-0.003	0.772	0.021	0.070

续表

各预测变量的回归系数（B、p）

	网络信息获取能力 留守儿童		网络信息获取能力 非留守儿童		网络信息分析能力 留守儿童		网络信息分析能力 非留守儿童		网络信息评价能力 留守儿童		网络信息评价能力 非留守儿童		网络信息创造能力 留守儿童		网络信息创造能力 非留守儿童	
	B	p	B	p	B	p	B	p	B	p	B	p	B	p	B	p
上网频率	0.017	0.054	0.017	0.048	−0.007	0.430	−0.003	0.728	−0.016	0.114	−0.003	0.789	−0.010	0.287	0.003	0.776
上网时间	0.011	0.263	0.013	0.172	−0.013	0.225	−0.009	0.356	−0.030	0.069	−0.024	0.027	−0.010	0.387	−0.017	0.118
信息技术教育支持度	0.039	0.001	0.075	0.000	0.092	0.000	0.083	0.000	0.069	0.000	0.090	0.000	0.055	0.000	0.068	0.000

各模型拟合指标（R^2、ΔR^2、F）

	网络信息获取能力 留守儿童			网络信息获取能力 非留守儿童			网络信息分析能力 留守儿童			网络信息分析能力 非留守儿童			网络信息评价能力 留守儿童			网络信息评价能力 非留守儿童			网络信息创造能力 留守儿童			网络信息创造能力 非留守儿童		
	R^2	ΔR^2	F	R^2	ΔR^2	F	R^2	ΔR^2	F	R^2	ΔR^2	F	R^2	ΔR^2	F	R^2	ΔR^2	F	R^2	ΔR^2	F	R^2	ΔR^2	F
模型1	0.009	0.009	25.139	0.016	0.016	48.926	0.018	0.018	52.043	0.021	0.021	52.043	0.022	0.022	64.842	0.033	0.033	99.599	0.014	0.014	64.842	0.021	0.021	62.267
模型2	0.011	0.002	15.454	0.021	0.004	30.945	0.020	0.002	29.101	0.024	0.003	29.101	0.023	0.001	34.199	0.036	0.003	54.084	0.016	0.002	34.199	0.026	0.005	38.652
模型3	0.460	0.449	348.69	0.390	0.370	267.63	0.347	0.327	217.48	0.327	0.303	217.48	0.287	0.264	165.10	0.267	0.231	152.21	0.342	0.327	165.10	0.285	0.259	166.46
模型4	0.463	0.003	205.62	0.392	0.002	157.13	0.350	0.003	128.43	0.328	0.001	128.48	0.293	0.005	98.594	0.270	0.003	90.149	0.344	0.001	98.594	0.288	0.003	98.318
模型5	0.465	0.002	191.39	0.401	0.008	150.16	0.363	0.013	125.22	0.339	0.010	125.22	0.299	0.007	93.991	0.282	0.012	88.123	0.348	0.004	93.991	0.294	0.006	93.552

2.1%。需要指出，性别对两个儿童群体网络素养不产生显著影响。

第二，家庭经济水平具有留守儿童与非留守儿童四种网络素养的变异解释力，但其解释力较弱。在模型2中，家庭经济条件对留守儿童四种网络素养分别具有0.2%、0.2%、0.1%、0.2%的解释力，对非留守儿童四种网络素养分别具有0.4%、0.3%、0.3%、0.5%的解释力。但是需要指出，在最终回归模型中，家庭经济条件对两个儿童群体的四种网络素养均不产生显著影响。家长文化水平对留守与非留守儿童的网络素养不构成显著影响。

第三，主观心理感知对留守儿童与非留守儿童的网络素养具有显著正向影响，并具有最高的网络素养变异解释力。对留守儿童四种网络素养分别具有44.9%、32.7%、26.4%、32.7%的解释力，对非留守儿童四种网络素养分别具有37.0%、30.3%、23.1%、25.9%的解释力。

第四，大多数网络接触对留守与非留守儿童的网络素养未产生显著影响，而且各个网络接触对网络素养变异力具有较弱的解释力。对留守儿童四种网络素养分别具有0.3%、0.3%、0.5%与0.1%的解释力，对非留守儿童四种网络素养分别具有0.2%、0.1% 、0.3%与0.3%的解释力。

第五，信息技术教育支持度对留守儿童与非留守儿童的网络素养具有正向显著影响，并对网络素养变异力具有一定解释力。根据模型5的数据，信息技术教育支持度对留守儿童四种网络素养分别具有0.2%、1.3%、0.7%与0.4%的解释力，对非留守儿童四种网络素养分别具有0.8%、1.0% 、1.2%与0.6%的解释力。

通过对留守儿童与非留守儿童网络素养影响因素的比较，我们发现两个儿童群体的网络素养影响因素大致相同。网络应用的感知流行、社交、信息、学习与娱乐的权衡需求都会对网络素养产生显著影响。

（四）"留守情况"的调节效应

本研究将"留守情况"作为调节变量，将留守儿童与非留守儿童的相关数据合并起来统一分析，考察农村儿童的"留守情况"在网络接触与网络素养影响关系中的调节作用，进一步对留守儿童与非留守儿童的网络接触与网络素养的区别进行研究。

1. "留守情况" 在网络接触及其影响因素关系中的调节效应

（1）"留守情况" 在网龄及其影响因素中的调节效应

本研究将网龄作为因变量，性别、年龄、家庭经济水平、感知流行和社交需求、信息需求、学习需求与娱乐需求作为自变量，"留守情况"在网龄及其影响因素中的调节效应如表4－26所示。

表4－26　　　　"留守情况"在网龄及其影响因素中的调节效应

因变量	调节变量 β_1	自变量 β_2	β_1	β_2	交互项 β_3
网龄	留守情况	性别	0.067 *	− 0.061 *	0.024
		年龄	0.035	0.111 ***	0.024
		家庭经济水平	0.061 *	− 0.103 ***	0.035
		感知流行	0.054 *	0.248 ***	0.025
		社交需求	0.054 *	0.026 ***	− 0.003
		信息需求	0.055 *	0.014 ***	− 0.008
		学习需求	0.060 *	0.009 ***	− 0.010 *
		娱乐需求	0.055 *	0.038 ***	0.007

调查数据显示，留守儿童与非留守儿童的性别、年龄、家庭经济水平、感知流行、社交需求、信息需求、学习需求与娱乐需求均对网龄存在显著影响，留守情况（留守 = low，非留守 = high）在学习需求对网龄影响中的调节效应显著（β_3 = − 0.010 *）。但 "留守情况" 对网龄发挥的是负向调节，也就是在学习需求对网龄的影响过程中，留守儿童比非留守儿童的受影响程度更大。调节效应如图4－1所示。

（2）"留守情况" 在上网频率及其影响因素中的调节效应

本研究将上网频率作为因变量，性别、年龄、家庭经济水平、家庭文化、感知流行、社交权衡需求、信息权衡需求、学习权衡需求、娱乐权衡需求与信息技术教育支持度作为自变量，"留守情况"在上网频率及其影响因素中的调节效应如表4－27所示。

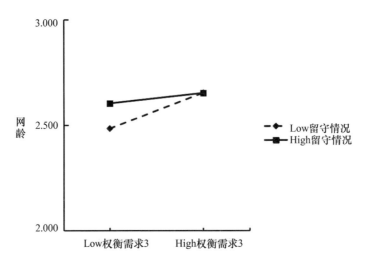

图 4 - 1　留守在学习权衡需求对网龄的调节效应

表 4 - 27　　　"留守情况"在网龄及其影响因素中的调节效应

因变量	调节变量 β_1	自变量 β_2	β_1	β_2	交互项 β_3
上网频率	留守情况	性别	0.065	- 0.145 ***	0.007
		年龄	0.033	0.101 ***	0.026
		家庭经济水平	0.055	- 0.151 ***	- 0.121
		家庭文化	0.063	0.123 ***	0.024
		感知流行	0.029	0.708 ***	0.001
		社交权衡需求	0.042	0.045 ***	- 0.003
		信息权衡需求	0.039	0.029 ***	- 0.012
		学习权衡需求	0.050	0.018 ***	- 0.015 *
		娱乐权衡需求	0.036	0.096 ***	- 0.005
		信息技术教育支持度	0.066	- 0.055 **	- 0.117 **

　　调查数据显示，留守儿童与非留守儿童的性别、年龄、家庭经济水平、家庭文化、感知流行、社交权衡需求、信息权衡需求、学习权衡需求、娱乐权衡需求与信息技术教育支持度均对上网频率存在显著影响，但留守情况（留守 = low，非留守 = high）在学习需求（β_3 = - 0.015 *）、

信息技术教育支持度（$\beta_3 = -0.117^*$）对上网频率影响中的调节效应显著。但"留守情况"在其中发挥的是负向调节，也就是学习需求与信息技术教育支持度对上网频率的影响过程中，留守儿童比非留守儿童的受影响程度更大。调节效应如图4-2、图4-3所示。

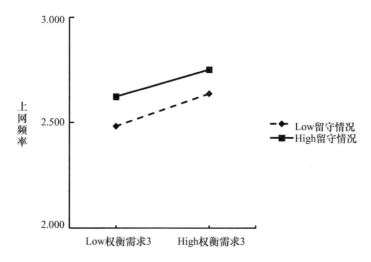

图4-2　留守在学习权衡需求对上网频率的调节效应

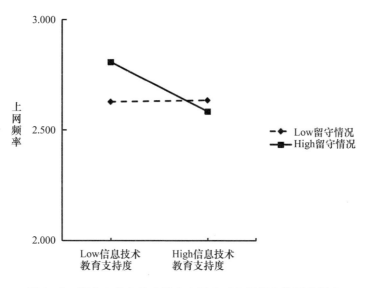

图4-3　留守在信息技术教育支持度对上网频率的调节效应

（3）"留守情况"在上网时间及其影响因素中的调节效应

本研究将上网时间作为因变量，性别、年龄、家庭经济水平、家庭文化、感知流行、社交权衡需求、信息权衡需求、学习权衡需求、娱乐权衡需求与信息技术教育支持度作为自变量，"留守情况"在上网频率及其影响因素中的调节效应如表4－28所示。

表4－28　"留守情况"在上网时间及其影响因素中的调节效应

因变量	调节变量 β_1	自变量 β_2	β_1	β_2	交互项 β_3
上网时间	留守情况	性别	0.104 **	− 0.139 ***	− 0.013
		年龄	0.070	0.111 ***	0.029
		家庭经济水平	0.095 *	− 0.116 **	− 0.047
		家庭文化	0.101 **	0.109 ***	0.024
		感知流行	0.068	0.692 ***	0.036
		社交权衡需求	0.079 *	0.050 ***	− 0.004
		信息权衡需求	0.078 *	0.030 ***	− 0.006
		学习权衡需求	0.090 *	0.016 ***	− 0.008
		娱乐权衡需求	0.075 *	0.097 ***	− 0.007
		信息技术教育支持度	0.106 **	− 0.062 **	− 0.046

调查数据显示，留守儿童与非留守儿童的性别、年龄、家庭经济水平、家庭文化、感知流行、社交权衡需求、信息权衡需求、学习权衡需求、娱乐权衡需求与信息技术教育支持度均对上网时间存在显著影响，但各个变量与留守情况的交互项均没有呈现出显著性，说明"留守情况"在这些影响中不存在调节效应。

总体看，"留守情况"在学习权衡需求对网龄、上网频率上具有调节效应，"留守情况"在信息技术教育对上网频率上具有调节效应。因此，本研究的假设10a、假设10b未得到验证，假设10c、假设10d得到部分验证。

2. "留守"在网络素养及其影响因素中的调节效应

本研究将网络信息获取能力、分析能力、评价能力与创造能力进行合并，并将其作为因变量，将年龄、家庭经济水平、感知流行、社交权衡需求、信息权衡需求、学习权衡需求、娱乐权衡需求与信息技术教育支持度作为自变量，"留守情况"在网络素养及其影响因素中的调节效应如表4-29所示。

表4-29　　"留守情况"在网络素养及其影响因素中的调节效应

因变量	调节变量 β_1	自变量 β_2	β_1	β_2	交互项 β_3
网络素养（合成变量）	留守情况	年龄	0.047**	0.051***	0.012
		家庭经济水平	0.058***	0.076***	0.020
		感知流行	0.042**	0.421***	-0.068**
		社交权衡需求	0.039**	0.056***	0.000
		信息权衡需求	0.020	0.059***	-0.006**
		学习权衡需求	0.034*	0.053***	-0.006**
		娱乐权衡需求	0.051**	0.042***	-0.003
		信息技术教育支持度	0.035*	0.219***	-0.016

调查数据表明，年龄、家庭经济、感知流行、社交权衡需求、信息权衡需求、学习权衡需求、娱乐权衡需求与信息技术教育支持度与网络素养之间均存在显著影响，同时留守情况（留守 = low，非留守 = high）在网络应用的感知流行（$\beta_3 = -0.068^{**}$）、信息权衡需求（$\beta_3 = -0.006^{**}$）、学习权衡需求（$\beta_3 = -0.006^{**}$）对网络素养的影响中产生显著调节效应。调节效应如图4-4、图4-5、图4-6所示。

三个交互项系数均为负值，也就是说，"留守情况"对儿童网络应用感知流行、信息权衡需求与学习权衡需求与网络素养的影响过程中均产生了负向效应。对非留守儿童（high 留守情况）网络素养的影响小，对留守儿童网络素养的影响更大。从效应图上可以看出，留守儿童的网络素养变化更大。

可见，本研究的假设11c"'留守'在儿童的主观心理感知与网络素养关系中存在调节作用"得到部分验证，而假设11a、假设11b、假设11d、假设11e未得到验证。

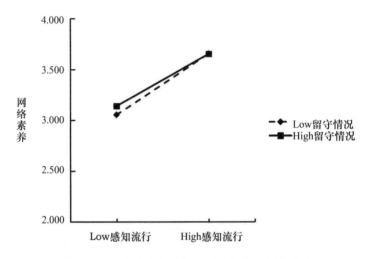

图4－4　留守在感知流行对网络素养的调节效应

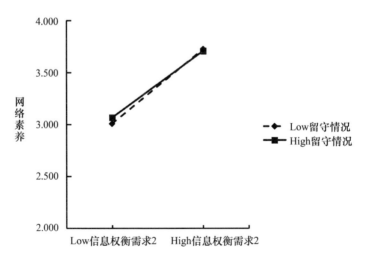

图4－5　留守在信息权衡需求对网络素养的调节效应

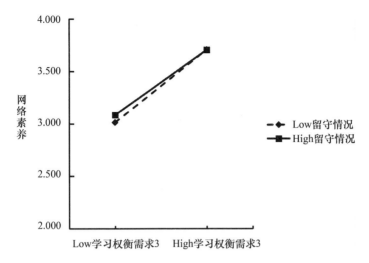

图 4-6　留守在学习权衡需求对网络素养的调节效应

第三节　调查结论与理论讨论

一　调查结论

本研究基于留守儿童与非留守儿童的对比，对留守儿童的网络接触与网络素养进行调查，并探索它们的影响因素，得出如下结论。

（一）留守儿童网络接触情况及影响因素

1. 留守儿童网络接触的平均水平不高

本研究发现，手机是留守儿童上网最主要的工具，高达90%的留守儿童采用手机上网。本研究从网龄、上网频率与上网时间三方面对网络接触进行调查研究。留守儿童的网龄均值为 2.05 年，网龄大致在 3 ± 2 年。调查对象的平均年龄为 12 岁，可以推断留守儿童大约 9 岁接触网络。留守儿童的上网频率均值为 2.63 分，处于 1 次/周和多次/周之间，上网时长均值为 2.34 时，每周上网时间在 3 小时以内。通过对比发现，留守儿童群体的网龄与上网时长均显著低于非留守儿童的网龄与上网时长，两者的上网频率不存在显著差异。

本研究根据留守类型对网络接触进行差异分析。通过事后检验分析得知，留守儿童网龄接触水平均低于非留守儿童，特别是仅父亲外出留守儿童的网龄、上网频率与上网时间处于最低水平，均显著低于非留守儿童网络接触水平。另外，根据"留守情况"对留守儿童与非留守儿童网络接触及其影响因素之间的调节效应的分析，留守儿童的学习权衡需求对其网龄与上网频率影响更大。

总体看，留守儿童的网络接触水平不高。根据访谈，许多学校限制学生携带手机进校，在校期间无法使用网络，而教师也不鼓励学生课后使用手机。如有老师说，"学生控制不住自己的手机使用""一碰手机、电脑就想玩游戏"。而在许多寄宿学校，学生不能使用手机，也无法接触网络。因此，学生只有周末或假期在家里能使用手机接触网络。而在各自家庭中，父母或监护人对他们的网络使用也大多存在不同程度上的管束。除了完成作业，农村儿童还要帮家长处理家务与农活。而父亲外出的留守儿童要面对更多的家务。有留守儿童说道："爸爸在家的时候，我不怎么干（家务），爸爸不在家，我得帮妈妈干活。""也就是晚上能玩会手机。"可以说，这些原因的叠加导致了留守儿童网络接触机会并不多。

2. "自然状态"的留守儿童网络接触行为影响因素

根据以往研究，本研究假设年龄、性别、家庭经济水平、家长文化程度与信息技术教育支持度对留守儿童网络接触形成影响。但本研究调查发现只有部分因素对留守儿童网络接触构成显著影响。

第一，留守儿童的网龄与年龄、家庭经济水平、网络应用的感知流行与社交权衡需求、娱乐权衡需求存在显著正向影响，而与性别、信息与学习权衡需求、信息技术教育支持度不存在显著关系。第二，留守儿童上网频率与年龄、家长文化水平、网络使用的感知流行、娱乐权衡需求存在显著影响。而性别、家庭经济水平、学校信息技术教育支持度，以及社交、信息与学习三方面权衡需求并不对上网频率构成显著影响。第三，留守儿童上网时间与年龄，网络应用的感知流行，社交、信息、学习与娱乐权衡需求对上网时间存在显著影响。性别、家长文化水平、家庭经济水平、学校信息技术教育支持度并不对上网频率构成显著影响。

而留守儿童的家庭经济水平、家长文化水平与信息技术教育支持度对留守儿童的网络接触并不存在显著影响。同时，农村非留守儿童的网络接触影响因素大致相同，年龄、网络应用的感知流行、娱乐权衡需求对非留守儿童网络接触构成显著影响。不同的是，学校信息教育对非留守儿童网络接触形成显著负面影响。

因此，留守儿童网络接触的影响因素都是他们成长的"自然条件"，包括留守儿童身心发展的自然成熟、周围环境的影响以及自身的娱乐的需求。其中，年龄是生理基础。随着年龄增长，网络应用技能越高、应用范围越大，网络接触程度也随之越高。网络感知流行则反映了周围人对留守儿童个人网络应用的影响，周围人应用网络程度越高，留守儿童的网络接触程度也越高。娱乐权衡需求与留守儿童网络接触的显著影响则表明娱乐是留守儿童网络接触的主要活动。游戏娱乐是儿童的天性，网络游戏与娱乐活动自然成为留守儿童重要的网络活动内容，而信息与学习方面的需求则显得不甚重要。访谈中，有留守儿童认为，"玩手机主要是玩游戏，或者跟同学聊聊天""玩游戏打发时间，没事干，觉得怪无聊"。

另一方面，学校信息技术教育与家庭合理引导的缺失也引发了留守儿童网络接触行为的偏失。由于网络普及，留守儿童网络接触门槛在逐步降低，特别是新冠疫情背景下，线上教学成为学校教育的常态，手机也成为留守儿童的工具。但留守儿童却不知道如何用网络进行学习和信息查询。有儿童说："不知道用网络怎么学习，老师也不说（如何用网络学习）""电脑课（信息技术课）也没有教我们怎么用网络学习"。甚至有老师也说："不想让学生用网络，网络内容复杂，用手机学生上瘾，干脆不提倡他们用网络。"

（二）留守儿童网络素养状况及影响因素

1. 留守儿童网络素养水平偏低

本研究从网络信息获取能力、分析能力、评价能力与创造能力对留守儿童网络素养进行调查研究。

研究数据表明，留守儿童网络素养整体水平相对较低。留守儿童的网络信息获取能力（$M = 3.59$）、分析能力（$M = 3.33$）、评价能力（$M = 3.19$）与创造能力（$M = 3.27$）的均值都不足 4 分，说明留守儿童的网络素养能力水平处于一般到良好之间。而且，留守儿童四种网络素养水平均显著低于非留守儿童的网络素养水平。而且，本研究根据留守类型对网络素养进行差异分析。通过事后检验分析得知，三种类型的留守儿童网络素养均低于非留守儿童；父母均外出留守儿童、仅父亲外出留守儿童的网络信息分析与评价能力均显著低于非留守儿童。

通过访谈得知，留守儿童的网络获取能力尚可，能从网络中找到所需要的信息，并会用搜索引擎进行简单信息的检索。百度是他们最常用的搜索引擎，百度的使用也最为熟练。"在这个框（搜索框）里输入要找的东西，就能找到。"但面对复杂的内容则显得较为吃力。比如，几个调查对象都能搜索到"2008 年北京奥运会开幕式时间"，但面对问题"谁是 2008 年奥运会获得金牌最多的运动员"的问题，大部分留守儿童却不会搜索。留守儿童网络信息分析、评价与创造能力较弱。调查者让几名留守儿童对几条网络信息的来源与权威性进行分析与评价，而人多数回答并不准确或含糊其词。"我觉得它们（网页内容）说的都是真的，网页很漂亮。"对于网络信息创造能力，留守儿童表示能在网上发布照片、文字，比如发朋友圈、在 B 站发弹幕，但留守儿童的信息创造也局限于此。

2. "主观性"的网络素养影响因素

本研究对留守儿童网络素养影响因素进行分层回归，留守儿童的性别、家庭经济水平、家长文化水平以及网络接触（网龄、上网频率与时间）不对留守儿童网络素养形成显著影响。而其年龄、网络应用的感知流行、社交权衡需求、信息权衡需求、学习权衡需求与娱乐权衡需求与学校信息技术教育则能对四种网络素养产生显著影响。根据网络素养影响因素的分层回归，留守儿童主观心理（感知流行与四种权衡需求）对回归方程的拟合度指数（ΔR^2）最大，说明该组自变量对网络素养的解释力最大；而信息技术教育对回归方程的拟合度指数（ΔR^2）较小，说明该变量对网络素养的解释力较小。可以说，主观心理是留守儿童网络素养最关键的影响因素。

鉴于留守儿童的四种网络素养的影响因素基本一致，本研究将网络素养合并，考察"留守情况"对留守与非留守儿童网络素养及其影响因素之间的调节效应。研究发现，"留守情况"在感知流行、信息权衡需求和学习权衡需求上，对留守儿童网络素养具有显著的调节效应，说明相对于非留守儿童，感知流行、信息权衡需求与学习权衡需求对留守儿童的网络素养影响更大。

网络素养作为一种习得能力，学校教育应发挥重要作用。网络应用是信息技术教育的重要内容，网络素养也是信息技术教育的重要目标。但是农村信息技术教育不是升学考试科目，该课程普遍不受重视，课程内容偏重软件操作，而且实际课时量小，还经常被其他课程挤占，更有学校不开设相关课程。这也是学校信息技术教育对留守儿童网络素养影响较小的一大原因。

网络应用的感知流行与权衡需求对留守儿童网络素养构成了最大程度的解释力。留守儿童的内部心理需求能促成其网络行为，进而促进网络素养的生成。特别是基于信息与学习两种权衡需求，留守儿童需要完成网络信息与学习内容进行查询、处理与传输等活动。这能在很大程度上促进网络素养的提升。同时，本研究调查发现，留守儿童的社交（$M = 10.83$，$SD = 5.66$）、信息（$M = 12.05$，$SD = 5.74$）与学习（$M = 14.85$，$SD = 6.04$）三方面权衡需求显著低于非留守儿童社交（$M = 11.22$，$SD = 5.47$）、信息（$M = 12.75$，$SD = 5.80$）与学习（$M = 14.85$，$SD = 6.04$）权衡需求。可以说，留守儿童权衡需求的加强能促进其网络素养水平的提升。

二　讨论

（一）留守儿童网络接触行为的讨论

在网络接触方面，本研究调查发现留守儿童最主要的上网工具是手机，网龄在 3 年左右。通过对比发现，留守儿童网龄与上网时长显著低于非留守儿童。本研究调查结论与现有研究并不完全一致。有研究指出初中生网龄两年左右，大部分调查对象是一周几次上网水平，小于 1 次／天。这些结论与本研究具有相似性，但该研究同时指出，留守初中生上网时长远比普通初中生群体更长[①]，与本研究结论并不一致。

需要指出的是，仅父亲外出的留守儿童的网龄与上网时长处于最低值。仅父亲外出的留守儿童在留守儿童群体中占比例最大。访谈中得知，由于父亲外出，很多留守儿童要在家帮助妈妈干家务，"爸爸在家时候，我不用干家务，爸爸不在家，我得帮妈妈干家务""妈妈管得严，提溜我干活""干完活，妈妈让玩会手机"。可以说，与非留守儿童相比，留守儿童要在家庭中承担一部分成人家庭义务与家庭角色，家庭时间会对网络接触构成影响，家庭环境是影响他们网络接触的不可忽视的要素。

（二）留守儿童网络素养的讨论

在网络素养方面，本研究指出留守儿童学校信息技术教育和个体的主观心理对网络素养的影响。这在一定程度上与现有研究保持相同或相似的观点。

首先，学校教育是儿童成长过程中的最重要影响因素。学校教育具有明确的教育目的、完整的教育内容与过程以及有力的组织管理保障，儿童在教师指导下能得到最有效的发展。学术界普遍认为学校教育是提高留守儿童网络素养的重要途径，并对基于学校教育的网络素养培养路径进行探讨。比如，李宝敏基于对儿童网络素养教育现状的反思，对"为什么"以及"如何"开展基于探究的网络素养教育进行论述。[②]学校可采用媒介素养教育与常规课程相"捆绑"的方式，逐步将媒介理念融入到课堂中去，全方位多角度培养留守儿童的媒介素养。[③]

其次，本研究指出留守儿童的网络素养与其个体感知流行和权衡需求两方面的主观心理存在密切联系。一方面，感知流行在网络使用过程

---

① 蔡雷：《初中生网络使用情况的调查研究》，硕士学位论文，延边大学，2018 年。
② 李宝敏：《基于探究的网络素养教育：为何、是何与如何》，《教育发展研究》2014 年第 Z2 期。
③ 段永利：《农村留守儿童的媒介素养教育研究》，硕士学位论文，西南大学，2012 年。

中发挥重要作用，人们的行为会受到社会或周围人看法和期许的影响。如果留守儿童感觉到其网络应用在同辈、周围人群中是流行的，那么他们可能会受到周围人的影响，增加网络应用的可能性。由于父母监管的缺失，留守儿童容易受到同辈与周围人的影响。很多留守儿童为了寻求同辈群体间的归属感和认同感，会在网络使用方面选择盲目从众。当他们获得同辈群体的认可后，留守儿童的虚荣心会进一步刺激这些行为的重复模仿，久而久之，他们便认为聚在一起上网、玩手机、打游戏等行为是正常的。① 观察学习理论在留守儿童网络应用和网络素养形成方面具有强大的解释力。

同时，权衡需求反映了留守儿童个体的网络应用心理需求，这也与现有研究大体相一致。比如，郑素侠指出，新闻资讯偏好、人际交流偏好以及网络游戏偏好等是留守中学生与小学生网络素养的影响因素。② 马超指出媒介接触的"知识型"动机可以正向预测媒介素养中的"获取能力""分析能力"和"评估能力"三个维度。③ 这些研究都从个体心理角度探讨网络使用动机对网络素养的影响。

最后，本研究发现留守儿童的性别、家庭经济水平、家长文化水平以及网龄、上网频率与上网时间等均不对网络素养形成显著影响。本研究的结论与现有一些研究结论存在不一致的情况。比如，路鹏程等人的调查研究发现，留守儿童的网络技能在年龄上存在高度的显著差异。④ 杨彩英指出，年龄、监护人文化程度、家庭收入对留守儿童媒介素养存在显著的正向影响。⑤郑素侠指出，年龄、上网频次、性别等因素是留守儿童网络素养的影响因素。⑥ 有研究指出，电脑的使用频率对媒介素养中

---

① 姜玢竹：《湖北农村留守儿童媒介素养研究》，硕士学位论文，武汉大学，2020 年。
② 郑素侠：《农村留守儿童的媒介使用与媒介素养教育》，社会科学文献出版社 2017 年版。
③ 马超：《媒介类型、内容偏好与使用动机：媒介素养影响因素的多维探析》，《全球传媒学刊》2020 年第 3 期。
④ 路鹏程、骆昊、王敏晨：《我国中部城乡青少年媒介素养比较研究——以湖北省武汉市、红安县两地为例》，《新闻与传播研究》2007 年第 3 期。
⑤ 杨彩英：《留守儿童媒介素养影响因素及有关调节效应的实证研究》，硕士学位论文，华中师范大学，2019 年。
⑥ 郑素侠：《农村留守儿童的媒介使用与媒介素养教育》，社会科学文献出版社 2017 年版。

"获取能力""分析能力"和"创造能力"三个维度产生显著的正向影响，而手机的使用频率仅仅对媒介素养中的"评估能力"产生正向影响。[1]

本研究认为，网络接触未必能提升网络素养，特别是留守儿童许多网络接触表现在网络游戏、打发时间等方面，这些无效的网络接触并不能引发留守儿童网络素养的提高。随着网络技术的普及，特别是手机已经成为人们日常沟通交流的必备工具，网络应用的门槛逐渐降低，儿童的网络应用也日益广泛，家庭经济水平不对网络素养产生显著影响。对于农村家长而言，学历水平普遍较低，留守儿童家长的最高学历为初中的占三分之二，他们的教育理念较为一致。而且，他们也并不具备良好的网络素养。有些家长甚至说道："小孩玩玩手机，随便玩去吧，我都玩。""一天玩不超过 2 小时，不闹事就行。"可以说，家长囿于自身的文化水平、网络认识和素养水平，往往不会对儿童的网络应用进行合理指导，并不会对留守儿童的网络素养形成显著影响。

特别需要指出的是，相当多的研究认同家庭经济地位对儿童的网络素养发展存在直接影响。比如，社会经济地位较高的家庭可以将其丰富的经济和文化资本转化为儿童的成长资源，从而促进网络素养的发展。比如有研究指出，网络使用并不是由学校教育系统的教育因素和技术因素所决定的，家庭经济水平较高的学生更易于形成互联网学习偏好。[2]父母媒介使用习惯、家庭经济状况是影响儿童媒介接触和使用的家庭因素。[3] 但本研究强调农村儿童，包括留守与非留守儿童的网络素养与家庭经济文化水平不存在显著影响。

---

① 马超：《媒介类型、内容偏好与使用动机：媒介素养影响因素的多维探析》，《全球传媒学刊》2020 年第 3 期。

② 龚伯韬：《"互联网＋"教育公平的起点、过程与结果——基于中学生互联网获得、使用及其学业影响的全国性数据分析》，《华南师范大学学报》（社会科学版）2022 年第 2 期。

③ 王倩、李昕言：《儿童媒介接触与使用中的家庭因素研究》，《当代传播》2012 年第2 期。

三 理论讨论

本研究发现，农村留守与非留守儿童的网络素养与其主观心理、学校信息技术教育存在显著影响，而不与其家庭经济条件、家长文化程度存在显著关系。这在一定程度上挑战了布迪厄的"文化再生产"理论。

布迪厄文化再生产理论认为，文化再生产不是单一的学校教育造成的，而是家庭、教育、社会三个因素共同造成的。教育实际上是社会控制过程，而且只是间接的、文化性的过程，而非直接、强制性的。学校是文化再生产过程的"中转器"，它发挥家庭资本和社会结构进行复制的功能。教育的实质是一种"以'遗传'的方式生产和再生产社会不平等，并使此类不平等正当化和永久化的必要手段"[①]。简言之，布迪厄强调家庭资本的重要性，认为学生背后的家庭文化资本会影响儿童学校的选择，并会对儿童的学业成就产生直接影响，家庭资本决定学校教育的质量和程度。布迪厄指出，"那些来自更有文化教养的家庭的学生，不仅具有更高的学术成功率，而且在几乎所有领域中，都表现了与其他家庭出身的学生不同的文化消费和文化表现的类型"[②]。

可以说，布迪厄文化再生产理论深受结构主义影响，充满家庭决定论的悲观主义色彩，将家庭经济资本与文化资本看作儿童成长的决定要素。布迪厄的文化再生产理论在我国也引起广泛的关注，甚至被用来解释我国教育不公平现象。布迪厄的理论在我国学术界产生了较大影响力，但他弱化了学校的作用，把学校看成是再生产过程中的"转换器"，并流露出"寒门难出贵子"的宿命论调。

与布迪厄的文化再生产理论相类似，科尔曼教授（James Samuel Coleman）向美国国会递交的《关于教育机会平等性的报告》（"科尔曼报告"）认为，学生的家庭社会经济背景是影响学业的主要因素。特别是"当家庭社会背景这一变量被控制时，学校因素对学生的学业成就的

① 朱伟珏：《一个揭示教育不平等的社会学分析框架》，《社会科学》2006年第3期。

② ［法］布迪厄、［美］华康德：《实践与反思——反思社会学引论》，李猛等译，中央编译出版社1998年版，第212页。

影响就变得微乎其微"①。可见，"科尔曼报告"也强调家庭背景因素对学生学业的影响。

本研究发现，留守儿童与非留守儿童的个体主观心理和学校信息技术教育对网络素养影响构成显著因素，而家庭经济水平和家长文化水平对儿童网络素养并不具备显著影响。因此，本研究否定了家庭背景对儿童网络素养发展的决定性影响。家庭背景是儿童发展的先赋性因素，但不是决定性因素。而个体的主观能动性和学校教育在儿童发展中发挥主要作用。本研究与布迪厄等西方理论并不一致，布迪厄强调文化资本的文化再生产作用在于西方社会文化的阶级区隔性和优势文化资本享有的教育优势。

这与中国的社会情境不尽相同。一方面，本研究否定了儿童成长中的"家长决定论"。笔者认为家庭作为儿童成长的先赋性因素，并非决定性因素。在中国社会发展现实中，每个家庭处于迥异的社会结构或社会地位之中，不同阶层的家庭社会资本、经济资本等存在较大差异，但我国的家庭文化资本的再生产作用与社会流动作用同时存在，家庭文化资本并无明显的阶层区隔性与排他性。② 而且，我国家庭中的文化资本也并非静态与僵化的，它具备先赋性动力、道德化思维以及学校化的心性品质等独特文化资本形态。③ 可以说，中国家庭具备促进自身发展的流动性文化资本系统，并能通过其他途径弥补家庭资本的不足。

另一方面，本研究也对布迪厄的"学校再生产论"提出质疑。布迪厄把教育过程看成一个社会控制过程，只不过它是间接的、文化的过程，

① Coleman, J. S., et al., *Equality of Educational Opportunity*, Washington, D. C., U. S. Government Printing Office, 1966, p. 21.

② 余秀兰、韩燕：《寒门如何出"贵子"——基于文化资本视角的阶层突破》，《高等教育研究》2018 年第 2 期。

③ 程猛、康永久：《"物或损之而益"——关于底层文化资本的另一种言说》，《清华大学教育研究》2016 年第 2 期。

而非直接的、强制的过程。① 这实质上漠视了学校的作用,将学校作为家庭背景的延伸。我国一些学者也有类似的研究结论,比如,李春玲的研究结果有力地支持了再生产理论。②

但是,我们发现学校教育在弥合儿童互联网鸿沟方面发挥极为关键的作用,而且学校的作用并未受到家庭背景的影响,并彰显出文化上的独立性功能。实际上,学校是传递知识和促进儿童全面发展的最重要场所,学校教育具有教书育人的自主性与能动性。"一个社会若按自身的形象来塑造其成员,最有力的工具便是教育……如果我们考虑到在孩子第一次上学后,他们身上所发生的那些重大变化,我们就会认识到,孩子们的存在方式已经改变了,甚至连他们的天性几乎都改变了。"③

我国学校教育坚持社会主义办学方向,并受到统一的国家政策和教育制度的保障,特别是在课程与教学方面,基础教育呈现较为鲜明的"一体化"特征。这与布迪厄等西方学者所处的社会环境及其教育体制截然不同。因此,学校能有效弥补家庭资本的不足,能为留守儿童发展提供有力支持。

① 朱国华:《文化再生产与社会再生产:图绘布迪厄教育社会学》,《华东师范大学学报》(哲学社会科学版)2015 年第 5 期。

② 李春玲:《教育不平等的年代变化趋势(1940—2010)——对城乡教育机会不平等的再考察》,《社会学研究》2014 年第 2 期。

③ [法]涂尔干:《教育思想的演进》,李康译,上海人民出版社 2003 年版,第 2 页。

第五章　农村留守儿童网络应用场景及社会生态系统

本书运用定量研究的方式对留守儿童的网络使用与网络素养进行调查研究，并对他们的网络使用与网络素养的现状和影响因素进行了回归分析，有助于我们从总体上把握留守儿童网络应用情况，但是还缺少对留守儿童具体网络活动丰富而细致的理解。因此，本研究为了更好地了解留守儿童网络应用状况，运用质性研究，搜集具体的案例并对其进行观察与访谈，描述留守儿童网络应用的现状，并对农村留守儿童网络应用的社会生态系统进行分析。

第一节　质性研究问题与方法

一　调查问题与方法

本研究将留守儿童网络应用看作一个动态的过程。网络应用的动态过程可以看作一种独立的解释变量和意义源泉，并能展示一种动态情境的研究视野。本研究的研究问题表现为以下三个方面。

第一，留守儿童网络应用呈现何种应用场景。研究通过访谈、观察等方式描绘留守儿童网络应用的具体细节，了解留守儿童是如何在日常生活中使用网络的，进而通过留守儿童具体使用行为的多样性和丰富性理解留守儿童网络应用的意义。

第二，留守儿童的自我认同现状。网络文化基于网络媒介技术的应用，并演化出其自身独特的文化行为、价值观念和思维方式。网络文化能对受众产生极强的吸引力，但也引发留守儿童的自我认同危机，比如因沉溺网络游戏而荒废学业。同时，网络文化已经深入社会的每一个角落，它也是留守儿童网络应用的土壤，并会对留守儿童成长产生潜移默化的影响。因此，本研究还将考察留守儿童的网络文化认同。

第三，留守儿童网络使用的影响机制。本研究将留守儿童网络应用放置于其所处的社会生态系统中进行探讨。根据社会生态系统理论，将留守儿童的生态系统分为微系统、中系统与外系统三个层次，并通过这三个子系统对留守儿童网络应用的影响进行分析。

本研究采用质性研究方法。质性研究是以研究者本人作为研究工具，在自然情境下采用多种资料收集方法对社会现象进行整体性探究，使用归纳法分析资料和形成理论，通过与研究对象互动对其行为和意义建构获得解释性理解的一种活动。① 相比量化研究，质性研究具备自身独有的特征。它是通过研究者和被研究者之间的互动对事物进行深入、细致以及长期的体验，对事物的本质得到一个比较全面的解释性理解。质性研究方法适合在微观层面对个别事物进行细致、动态地描述和分析，擅长对特殊现象进行探讨，以求发现问题或提出新的看问题的视角。它注重研究者的心理状态和意义建构，重视研究者对研究过程和结果的影响，要求研究者对自己的行为进行不断地反思。②

参照质性研究范式，研究者应从原始素材中寻找经验或现象的要素，并把这些要素联结起来以建构新理论，并对特定情境下现象本质及意义进行理解。留守儿童的网络行为具有情境性和复杂性，我们不能仅透过他们的上网频率、上网时间等调查数据下结论，还应在具体的社会情境下对留守儿童网络活动进行充分理解，才能进行更准确、更全面地理解。"情境式媒介技术研究恐怕是最接近特定人群生活真相的一种研究方法和视角，只有通过这种视角，才能真正发现新媒体技术如何嵌入

---

① 陈向明：《质的研究方法与社会科学研究》，教育科学出版社 2006 年版，第 12 页。
② 陈向明：《质的研究方法与社会科学研究》，教育科学出版社 2006 年版，第 12 页。

在人们的日常生活世界中以及在特定场景中技术被赋予的特殊的功能与意义。"① 因此，本研究走出预设的理论框架和假设，运用质性研究方法对留守儿童进行自然、广泛的访谈，关注他们网络行为与网络素养的认知、情感和行为，并对他们的网络活动和所处的社会环境进行意义理解和深入探究。

在访谈中采用半结构或无结构访谈来收集信息，研究者首先根据研究的目的和相关文献设计出访谈大致的方向和纲要，再选择受访对象进行访谈，深度访谈的对象包括留守儿童、留守儿童家长与留守儿童所在学校的教师三个类别。

二　理论基础

农村留守儿童问题是一个综合性的问题，不仅涉及留守儿童本人，还涉及家庭、学校教育，甚至农村发展的大背景。因此，我们必须从系统性、整体性的视角对留守儿童网络应用和网络素养进行分析。

本研究基于社会生态系统理论对留守儿童网络应用和网络素养问题进行研究。社会生态系统理论兴起于 20 世纪 70 年代，美国心理学家尤瑞·布朗芬布伦纳将生态理论纳入到人类行为的研究中。他指出，人类个体行为并不是孤立存在的，而是与周围的生态环境相互依赖、相互作用。根据布朗芬布伦纳的观点，个体与生态环境之间存在有规律的、主动的双向交互作用，当这种互动过程变得越来越复杂时，就产生了发展。

布朗芬布伦纳提出了同心圆结构的五个环境系统，其中，按照从私密到一般的环境顺序，将人的活动生态环境分为微观系统、中观系统、外在系统、宏观系统。这四个系统就像层层嵌套的同心圆结构，将发展的个体包围在中间。而时间是该系统的第五个要素。微观系统指在某种环境下关于行为、角色和人际关系的模式，这些环境对个体产生直接影响。通常的微观系统包括家庭、学校、同辈群体等。中观系统指个体的

---

① 丁未：《流动的家园——"攸县的哥村"社区传播与身份共同体研究》，社会科学文献出版社 2014 年版，第 39 页。

两个或两个以上微观系统之间的相互作用，如社区与家庭之间、学校与家庭之间的相互联系。外在系统与中观系统相似，由两个以上的关联的环境组成，但至少一个环境不是个体直接接触或参与的。宏观系统是指所有的文化模式，比如价值观、信仰、习俗以及经济和社会体系。这些因素通过各种方式渗透到个体日常生活当中。①

美国社会工作学家查尔斯·扎斯特罗（Charles Zastrow）进一步阐述了人的行为与社会环境的关系，将个体行为依赖的社会生态系统分成微观系统、中观系统、宏观系统三个层次。微观系统指的是个人，个人是具有生物、心理和社会系统的系统类型。中观系统指任何小规模的群体，包括家庭、职业群体和其他社会群体。宏观系统关注社会、政治和经济的状况和政策。社会环境背景下的所有问题都应在微观、中观和宏观系统的角度被评估。② 扎斯特罗的社会生态系统理论模型在社会领域得到广泛应用。

社会生态系统理论把人置于环境系统中加以考察，强调人与环境的相互作用及影响，为探究人类行为与社会环境交互关系提供了良好的理论视角。社会生态系统理论在留守儿童研究中得到重视。同雪莉将留守儿童的生态系统分为微系统、中系统与外系统三个层次：微系统包括生理基础、心理基础和社会认知三个要素；中系统包括留守儿童的家庭与扩大家庭；外系统指的是家庭外环境，比如学校和社区。③ 姚蕊以生态系统理论为分析视角，考察留守儿童家庭教育现状及问题，并从微观系统、中观系统、宏观系统方面对造成留守儿童家庭教育问题的成因进行研究。④

对于留守儿童网络应用与网络素养问题而言，首先，它是留守儿童

　　① ［美］黛安娜·帕帕拉、萨莉·奥尔茨、露丝·费尔德曼：《发展心理学：从生命早期到青春期》，李西营等译，人民邮电出版社2013年版，第48—49页。

　　② ［美］查尔斯·扎斯特罗、卡伦·柯斯特－阿什曼：《人类行为与社会环境》，师海玲等译，中国人民大学出版社2006年版，第15—18页。

　　③ 同雪莉：《抗逆力——留守儿童研究新视角》，中国社会科学出版社2017年版。

　　④ 姚蕊：《生态系统理论视角下社会工作介入农村留守儿童家庭教育的应用研究》，硕士学位论文，山东大学，2020年。

的一个技术行为，涉及留守儿童的网络认知、应用能力等生理与心理发展，不同身心发展阶段的儿童，其网络能力会有所差异，也涉及留守儿童所处的社会条件和因素。其次，家庭与学校是留守儿童网络应用中观系统的重要构成因素。家庭和学校是留守儿童接触与活动时间最多的场所，家庭是儿童成长的最重要场所，会对儿童成长与行为提供最直接的影响和最有力的支撑条件，学校教育是儿童能力培养的重要途径，并能培养学生网络使用的认知能力。最后，留守儿童网络应用还反映了时代文化的变迁。留守儿童网络应用不仅是信息文化的产物，还应考虑到当前的农村文化背景。面对现代文化的冲击，农村陷入了较为严重的文化危机、伦理及秩序危机，直接导致了乡村儿童精神世界的荒芜，加剧了留守儿童身上所表现出的问题的严重性。① 因此，留守儿童网络应用会受到乡村文化与信息文化的双重影响。

三　调查地点及对象

本研究对山东省的柳庄进行实地调研。该村坐落在鲁中腹地，汶河上游河畔，地处泰山和蒙山连接地带，属于典型温带季风季候，土壤肥沃，适合耕种。同时，该村紧邻鲍叔牙故居，距孔子故居不足一百千米，民风淳朴，深受儒家思想影响，并具备传统的躬耕乐道的乡村耕读文化。

该村村民集中居住，整个村落呈现正方形，占地约10公顷。常住居民大约380人，其中60岁以上老年人大约90人，16岁以下的儿童38人，而外出务工者多达150人。可见该村老龄化、空心化问题较为严重。

本研究对该村12名留守儿童进行访谈，考虑到样本的代表性，采用分层抽样，根据性别、年龄、留守类型对留守儿童划分为若干子群体，并从不同子群体中随机抽样，以尽量保证样本代表性。对留守儿童的调查采用的是半结构访谈，研究者事先拟定好调查问题，比如：你在家如何用网络的，一天大约用多久？在什么时间、地点用网络？你上网都干什么？家长对你上网有什么意见？学校信息技术课如何开展？

---

① 江立华：《乡村文化的衰落与留守儿童的困境》，《江海学刊》2011年第4期。

每次访谈持续 30 分钟以上，确保研究者与被访者能对相关问题进行充分的沟通。

同时，本研究对多位留守儿童家长进行访谈，对留守儿童的家庭生活、家长与儿童关系、儿童上网情况进行沟通交流。在访谈过程中，秉持弹性和开放的态度，研究者与家长以"唠家常"的方式进行交流，尽可能地对家长的意见态度保持现象学"悬置"的观点，让留守儿童的家庭生活和网络活动得以"本真的显现"。

表 5 - 1　　　　　　　　　　留守儿童访谈基本信息

	编号	性别	年龄	留守模式	地点
1	AXG	男	12	父亲外出	柳庄
2	HXG	女	13	父亲外出	柳庄
3	HRH	男	9	父亲外出	柳庄
4	HYB	男	10	父亲外出	柳庄
5	LFX	男	14	父母外出	柳庄
6	LYC	男	12	父亲外出	柳庄
7	LDD	男	12	父亲外出	柳庄
8	LXY	女	13	父母外出	柳庄
9	WYW	男	12	父母外出	柳庄
10	WBB	女	15	父亲外出	柳庄
11	WST	女	10	父亲外出	柳庄
12	WXY	女	13	父亲外出	柳庄

表 5 - 2　　　　　　　　　　留守儿童家长基本信息

	编号	身份	年龄	儿童的留守类型	地点
1	M - 1	妈妈	40 岁左右	爸爸外出	柳庄
2	M - 2	妈妈	40 岁左右	爸爸外出	柳庄
3	N - 1	奶奶	60 岁左右	父母外出	柳庄
4	M - 3	妈妈	40 岁左右	爸爸外出	柳庄
5	N - 2	奶奶	60 岁左右	爸爸外出	柳庄

续表

	编号	身份	年龄	儿童的留守类型	地点
6	M – 4	奶奶	60 岁左右	父母外出	柳庄
7	M – 5	妈妈	40 岁左右	爸爸外出	柳庄
8	B – 1	爸爸	40 岁左右	爸爸外出	柳庄

表 5 – 3 　　　　　　　　　受访教师基本信息

	编号	学校	学历	课程	地点
1	T – 1	S 小学	本科	数学、信息科技	S 小学
2	T – 2	R 初中	本科	物理、信息科技	R 初中
3	T – 2	R 初中	本科	生物、信息科技	R 初中

第二节　农村留守儿童网络应用"场景展示"

本节通过质性研究对柳庄留守儿童网络应用进行现场访谈，描绘柳庄留守儿童网络应用具体场景，并对留守儿童的自我认同与网络文化认同进行深层次的解析。

一　柳庄留守儿童的网络行为的场景

人的行为总是在一定时间里发生的，而时空的新观念将随着新媒介及其作用方式而发生变化。曼纽尔·卡斯特在对网络社会时空结构分析时指出，网络社会形态的本质特点在于它的"流动性"。"流动空间"是一种网络时代的新空间逻辑，"乃是通过流动而运作的共享时间之社会实践的物质组织"①。手机以其便捷性、个体性与整合性等技术特征，改变了人们的生活方式，能使人们从固定的时空关系中解放出来，也再造了人们的网络交流的流动性时空格局。

---

① ［美］曼纽尔·卡斯特：《网络社会的崛起》，夏铸九等译，社会科学文献出版社 2001 年版，第 505 页。

手机是留守儿童主要的上网工具，留守儿童的手机大多是家长淘汰的智能手机，包括华为、小米等市场主流品牌手机，而平板、笔记本等智能设备则使用较少。也有留守儿童用家长手机，特别是为了应对新冠疫情期间的线上教学，家长的手机就成了他们线上学习的主要工具。访谈还发现，初中生几乎都有自己的上网工具，或者是家长淘汰的二手智能手机，或者是为儿童购买的手机或上网工具。而小学生特别是10岁以下的小学生，大多数没有自己的上网工具，家长的手机则成为留守儿童的上网工具。

一位儿童说道，"我没有手机，用到的时候，用妈妈的，我们班同学也没有""妈妈说我还小，等长大了，才给我买个手机"。（HRH，男，9岁）

留守儿童的网络应用呈现其特殊的时空特征，卧室是留守儿童网络应用的最主要的场景。手机具有使用的便捷性、流动性与个体性等特征。因此，留守儿童手机的实用特性决定了其在手机使用上呈现出强烈的自主化特征。私人媒介所带来强大的介入作用，无论是在家庭客厅公共空间还是卧室私密空间，都形成了一个个私人化的虚拟空间①，极易让人沉迷在这个私密空间中。

本研究发现，"晚上躺在床上玩手机"似乎成了一幅留守儿童生活的典型写照。随着农村居住条件的改善，儿童都有自己的卧室。这也成为留守儿童玩手机绝佳的私人空间。特别是在睡觉前半个小时到1个小时的这一段时间，几乎成为留守儿童玩手机的"黄金时段"。手机依赖的现象在周末与假期更为严重，手机几乎成了留守儿童整日形影不离的"电子玩伴"。

游戏是留守儿童玩手机的最主要项目。游戏是一种儿童娱乐方式，也是一种文化形态。儿童游戏充溢着、释放着一种自由自在、无比轻松与愉悦的精神状态，儿童也在游戏中体验着自由、享受着自由、追求着自由，并能展现生命存在与活力。② 访谈发现，留守儿童日常玩得最多

---

　　① 罗轩瑶：《移动互联网时代家庭传播场景研究》，硕士学位论文，湖南大学，2020年。

　　② 杨晓萍、李传英：《儿童游戏的本质——基于文化哲学的视角》，《学前教育研究》2009年第10期。

的手机游戏包括"王者荣耀""和平精英"等，而玩游戏多与伙伴或者网友组团游戏。多位儿童表示对手机游戏有上瘾的感觉，玩手机游戏占用很多时间，但却控制不住玩手机游戏的冲动。

"玩游戏确实很爽"（AXG，男，12岁）；"玩起游戏，就管不住时间"（HXG，女，13岁）；"妈妈也经常说我，可我控制不住"（WYW，男，12岁）。

另外，除了玩手机游戏，刷抖音、哔哩哔哩以及微博等App也是留守儿童较为常见的手机网络活动。留守儿童具有强烈的好奇心，他们玩手机的目的是满足好奇心、消遣时间、寻找快感。特别是抖音短视频对留守儿童的吸引力尤其明显。抖音短视频本质上是短视频的综合体，这类视频都短小精悍，但能用音乐、特效、视频与文字等各种形式为受众带来新的体验，同时能满足留守儿童舒适与放松的需求，使他们获得情感上的共鸣。[①] 留守儿童大多喜欢搞笑视频、体育运动类以及影视片段，搞笑视频多以个性化的表演为主，能给留守儿童带来轻松和乐趣，体育类运动视频能成为儿童社交的谈资。

LFX（男，14岁）说道："我喜欢梅西进球的视频，他带球很漂亮，我那些同学也喜欢看这些，有喜欢C罗的。"

同时，在访谈中得知，留守儿童都不用网络进行学习，他们也不知道网上有网络课程或学习视频。他们都表示"老师没说网上有学习资料"。可以看出，留守儿童网络应用的网络游戏需求最为突出，而他们的网络活动几乎不涉及网络学习。

家长对留守儿童的这种手机行为并没有有效的监管方法。一些留守儿童为了玩手机，会采取一些小伎俩躲避家长约束。有儿童说道，"等妈妈睡觉后，玩游戏""蒙头在被子里玩，这样妈妈就看不到手机的光了，还以为我在睡觉"（LYC，男，12岁）。家长对此并无有效的对策，甚至感到无可奈何，有个别家长采取极端的做法，比如断网线，没收手

---

① 王随芳、方慧：《使用与满足理论视角下新媒体视频传播中的体育迷需求研究》，《新闻爱好者》2022年第6期。

机，但效果并不明显，甚至产生了家庭矛盾。特别是受新冠疫情的影响，网上学习成为常态，家长也默许了儿童的手机行为。他们多采用叮嘱的方式督促儿童注意时间，"晚上都睡觉了，他偷着玩，只能提醒他早睡觉"（M－3）；"玩会就行，不能耽误第二天上学"（M－2）。某种程度上，手机使用虽然使个人获得了极大的便利与自由，但也使家庭陷入隔阂与分裂。

本研究对几名父亲外出与父母都外出的留守儿童进行访谈，以了解他们的网络应用情况。几名父亲外出的留守儿童表示网络应用行为相对较少，特别是身为长子或长女的留守儿童，他们的网络应用似乎更少，在网络上花费时间并不多，"帮妈妈干家务"是他们共同的回应，甚至"还要看弟弟或妹妹"。可以说，父亲外出的留守儿童承担着更多的家庭责任。虽然他们对手机游戏也充满期待，也会时常沉浸在网络之中，但现实却让他们变得更加"懂事"。

同时，本研究选择了父母都外出的儿童进行访谈。由于父母都外出务工，他们由爷爷奶奶在家监护。祖辈能照料留守儿童的日常生活，但缺乏对儿童的教育和引导，对留守儿童的网络应用则持任其自然的态度。他们认为儿童玩手机"不惹事"。

"他爸妈都去新疆了，他在家难为不着，俺也不懂怎么教育，在家老老实实玩手机吧，俺也省心了。"（N－1）

"小孩挺听话，不乱跑，手机能拴住他。玩手机也行，比上墙爬房强。"（N－2）

"也不指望小孩能干啥，以后能安安稳稳的，好好过日子就行。"（N－3）

二 柳庄留守儿童的手机涵化现象

涵化理论认为受众潜移默化地受到媒介影响，并影响着人们的现实社会观。网络打造了一个全民娱乐的时代，娱乐掀动了大众话语狂欢，并逐渐演变为一种文化精神。皮亚杰认为，儿童从出生起就会解释、组织并利用环境中的信息……他们也逐渐能够建构起关于他们身处的物理与社会世界的心智结构这样的理论认知。① 可见，手机媒介所呈现的娱乐化内容及其蕴含的价值观，极易影响儿童对客观现实的判断，并导致他们对虚拟象征性现实与客观现实的混淆。留守儿童对网络中的新事物分辨力不足，且缺少家长监管，更容易受到网络涵化效应的影响，导致了留守儿童较低的自我教育期望与学习投入。

被访谈者中大多数没有明确的学习目标和人生理想，"不知道以后要干啥"，几名被访谈者表示要"当网红主播"。本研究发现，在网络娱乐侵染下，留守儿童逃避了对现实的深度思考，从肤浅的娱乐中寻求精神慰藉，而一些手机视频与网络流行语或段子也成为他们模仿的对象。有位被访谈者说，"网络主播很耀眼，她们长得很漂亮，有很多人打赏，坐在那里就能赚钱""我玩游戏时候的主播，就很厉害，很多人跟着他打游戏，我想跟他一样"（WXY，女，13 岁）。

同时，手机娱乐及其构筑的信息茧房影响了他们的学习投入，在访谈中，我们发现多位被访谈者缺乏学习的主动性，他们表示没有学习兴趣、爱好与特长，在学习过程中更多的是被动地完成老师布置的作业。而且，被访谈者中不存在主动运用手机进行学习的现象。多位儿童表示"不知道怎么用网络学习，找不到要学的东西"。另外，过度的手机行为也占用了儿童的学习时间，晚上玩手机容易导致白天上课精力不集中与学习成绩下滑。有名访谈对象的学习成绩从班里前十名下滑到二十名，"课上老师经常点名回答问题，他看我快要睡着了"（WST，女，10 岁）。根据这名儿童的访谈资料，她经常在家里背着家长玩手机游戏，看手机视频。

三　柳庄留守儿童的自我认同

网络媒介已经渗透到留守儿童的日常生活，抖音、微信、微博与 QQ 等社交媒体消解了传统媒介的符号权力与传播垄断，并能实现个体的信

---

① ［美］威廉·A. 科萨罗：《童年社会学》，程福财等译，上海社会科学院出版社 2014 年版，第 12 页。

息查询、社交、娱乐和学习的自主。詹姆斯·凯瑞认为，传播是一种生产、维系和转变社会现实的符号过程，媒介正是通过符号影响人的行为而使社会现实得以维持。[①] 在媒介使用过程中，个体的自我意识在媒介使用过程中发挥主导作用。而个体的自我意识很大程度上依赖网络媒介中的即时的社交互动，在网络场域中发生新的自我体验与建构，并改变着个体的自我认同。

认同涉及个体"我是谁"的问题。不同学术派别对认同的认识存在不同界定。心理学认为，认同是一种心理过程。在这个过程中，主体吸收另一个主体的某个方面，根据那个主体提供的模式全部或部分地被改造，个性或自我则是在一系列的认同中形成的。[②] 而社会学则把认同看成一个社会性的过程。吉登斯指出，认同是"个人依据其个人的经历所反思性地理解到的自我……就是这种作为行动者的反思解释的连续性。它包括人的概念的认知成分。成为一个'人'，而不仅仅是一个反思行动者，还必须具有有关个人（如用到自我和他人时）的概念"[③]。而米德强调自我体现在"主我"与"客我"两方面，自我身份是在个体与他人进行社会交流互动中形成的。因此，个体具备多重身份，身份受到个体和社会等因素的多重交织影响，身份认同既由主体自身建构，也由客观社会建构。也就是说，我们从别人那里认识到我们自己。但主体建构与社会建构之间的矛盾构成了身份认同困境，这会引发身份认同问题。[④]

媒介中介化理论认为，每一个人心中的那个自以为是的"我"，都是中介化法则下生成的自我。而这个自我又是在媒介影响下逐渐建构起来的。与现实不同，媒介建构的自我可以不受道德、伦理甚至法规的约

---

① ［美］詹姆斯·凯瑞：《作为文化的传播》，丁未译，中国人民大学出版社 2019 年版，第 21 页。

② ［美］乔纳森·卡勒：《当代学术入门——文学理论》，李平译，辽宁教育出版社 1988 年版，第 118 页。

③ ［英］安东尼·吉登斯：《现代性与自我认同》，赵旭东等译，生活·读书·新知三联书店 1998 年版，第 58 页。

④ 杨茂庆、史能兴：《身份认同理论观照少数民族流动儿童的城市社会融入与身份建构》，《民族教育研究》2018 年第 3 期。

束。在网络媒介中，信息呈现网络发散状，人与人之间交织着各种复杂关系，个体处在由各种随意性联结而成的流动空间中。现实社会中的权威和等级虽然得到消解，个体表达的自由得到释放，但网络媒介的流动性与开放性也容易导致个体信仰、习俗、道德的缺失，极易迷失于信息和欲望之中。本来是用于抚慰当代流动社会中空虚不安的"自我"，但经由网络媒体放大的自由性，却使现实生活中受制的"自我"变得膨胀和骄纵，"我执"在快速互动中得以强化，生命沉沦于虚妄的"自我"建构之中。①

面对网络媒介影响，留守儿童似乎缺乏相应的素养应对网络文化的冲击。他们沉浸于网络带来的感官刺激，但似乎游离在网络文化之外。可以说，在网络媒介与"留守状态"的双重挟持下，留守儿童的生活秩序开始瓦解，自我同一性失去了稳固的基础，留守儿童会面临角色多元分裂式和身份的再选择与再确认。

留守儿童手机应用较为普遍，网络游戏、抖音短视频等网络娱乐几乎占据了留守儿童大量的网络时间。有采访对象关注抖音网红，定期收看网红的视频内容，也有采访对象表示是随机观看抖音推送的小视频。而草根明星视频、搞笑类与体育运动类等短视频备受留守儿童的关注。这些抖音短视频都具有强烈的娱乐功能，发挥着"解压阀"作用，能让留守儿童达到放松、娱乐目的。但是，网络娱乐类内容往往是"纯娱乐化"，并会让受众陷入"娱乐至死"。所谓"纯娱乐化"就是指节目纯粹为了娱乐大众，节目格调不高，除了娱乐大众不会使大众收获太多别的有用信息。这样的节目占用了大众有限的时间，除了耽误大众获取有效信息以外，久而久之，甚至可能会导致大众审美鉴赏能力的退化和文化水平的下降。②留守儿童往往出于娱乐需要，极其容易被这些高度符号化与形象化的网络内容所吸引，沉浸在快感之中。

"我在抖音刷视频，碰到喜欢的就看，搞笑类的，电视剧片段都喜

---

① 郭讲用：《自媒体中的自我建构与文化认同》，《当代传播》2015 年第 3 期。
② 王立君、郭建鹏、杨瑞瑞：《从鲍德里亚的后现代传媒看综艺节目的流行》，《新闻界》2016 年第 12 期。

欢。"（LXY，女，13岁）

"最近看一个'六六教练'的视频，内容挺搞笑，一个男的学车，追一个驾校女教练。"（LDD，男，12岁）

"我就是随便刷东西，也没多少特别的爱好，能打发时间，平时挺无聊，看这些段子挺搞笑。"（LFX，男，14岁）

同时，有些访谈对象痴迷游戏，并感觉网络游戏能带来满足感。有访谈者认为，跟同伴合作感到快乐，"我一直跟同学们玩'王者荣耀'，玩这个最主要是在和队友合作，赢得胜利从而获得快乐……通过玩游戏磨炼游戏技术也是很开心的事情"（AXG，男，12岁）。也有访谈者认为是网络游戏升级能带来快感，"王者荣耀分好多的等级，青铜、白银、黄金、铂金、钻石、王者、星耀这些等级，我是钻石等级，比较牛了，能制裁对手一些角色"（LFX，男，14岁）。

但是，网络视频与网络游戏却导致了留守儿童娱乐至上的人生观和价值观，不仅影响到学习，弱化了思考问题、分析问题和判断问题的能力，还影响他们的日常交往，甚至有"玩物丧志"的危险。访谈中，有访谈者提起自己的游戏玩伴的情况，"老师布置的作业净抄我……以前学习还行了，最近玩游戏玩多了，上课还睡觉，经常打盹，没人能管住他"（LXY，女，13岁）。

还有访谈者描述道："我经常跟李××玩王者荣耀，玩游戏时候挺能说的，指挥我们跟敌人对打，但平时他不怎么跟别人说话，也不跟其他人玩……打游戏输了，还发脾气，脾气很暴躁，不能说他啥……还打人，上一次把王××揍了顿，拉都拉不住……打完人，他也知道不对，但他当时控制不住自己。"（WYW，男，12岁）

可以说，网络媒介创构了信息丰富的虚拟世界，易使留守儿童沉浸其中不能自拔，特别是随着抖音短视频的崛起而愈演愈烈。留守儿童好奇而空虚的心灵受控于网络，感官上的欢娱刺激逐渐侵蚀了心灵的成长，其实质是自我的异化与迷失。而且，有些留守儿童过度沉迷于网络，他们沉浸在网络这个虚拟世界之中，而对现实生活却采取冷处理或暴力方式，从而导致人际关系的紧张，沦为负能量的代言人。

四 柳庄留守儿童网络文化认同

曼纽尔·卡斯特指出："认同的建构所运用的材料来自历史、地理、生物、生产与再生产制度、集体记忆及个人的幻想、权力机器及宗教启示等。但是个人、社会群体及社会，根据源于其社会结构及时间、空间架构所产生的社会意志及文化计划，处理了这些材料，并重新安排了它们的意义。"① 可以说，认同是建立在个体与他人、社会与周围环境相互建构、相互作用的基础上，并且是一个自我反思和理解的过程。

Nach 和 Lejeune 指出 ICT 的使用对个人认同和社会认同会产生影响，并且认为 ICT 使用可能成为自我认同的一种重要拓展。② Whitley 认为 ICT 使用和自我认同之间有相互作用，信息技术正在改变个人、群体和组织对自我认同的定义。③ 从某种意义上说，网络文化认同是网络文化中个体与网络媒介互动过程中产生的一种新的认同。网络文化赋予了个体以往所不具备的能力，从而让个体产生了新的自我认识。

因此，本研究将留守儿童网络文化认同聚焦在"网络文化中我是谁"的问题。参照相关研究④，本研究从情感、依赖、关联三个维度考察留守儿童网络文化认同的机制，探讨留守儿童网络文化认同现状。

首先，留守儿童的网络文化情感。情感指人们对技术的一种由体验、感受而产生的情绪反应。人们如果技术认同是肯定的，会对技术表现出积极的情感取向，产生技术赞赏、技术崇拜等情绪反应。反之，人们会

① ［美］曼纽尔·卡斯特：《认同的力量》，曹荣湘译，社会科学文献出版社 2003 年版，第 3—4 页。

② Nach H. , Lejeune A. , "The Impact of Information Technology on Identity：Framing the Research Agenda", *Journal of Social Science Electronic Publishing*, 2010, p. 30.

③ Whitley E. A. , Gal U. , Kjaergaard A. , "Who Do You Think You Are? A Review of the Complexinterplay between Information Systems, Identification and Identity", *Journal of Information Systems*, Vol. 23, No. 1, 2014, pp. 17 –35.

④ 徐俊通：《社交媒体使用行为影响因素研究——基于信息技术认同视角》，硕士学位论文，暨南大学，2020 年。

表现出消极的情感取向，产生憎恶、鄙视、技术恐惧等情绪反应。① 留守儿童的网络文化属于较浅的情感体现。他们把网络作为自己的娱乐工具，满足自己的娱乐需求。

"我喜欢网络，网络好玩，上网可以打游戏，可以跟同学聊天。"（LDD，男，12 岁）

"平时也无聊，玩玩手机游戏，经常玩王者荣耀，还有一些小游戏，消消乐这样的。"（WST，女，10 岁）

"我没有用网络学习过，或者干什么事，没有其他感觉……也没有成就感。"（WXY，女，13 岁）

按照仇德辉的情感层次分类，留守儿童的情感满足只是停留在"温饱类情感"与"安全与健康类情感"两个层次，并没有上升到"自尊与人尊类情感""自我发展与自我实现类情感"两个相对高层次情感体验。② 可以说，留守儿童并不讨厌网络文化，并具有相对较为肯定的情感，但这种情感体验尚处于低层次。

其次，留守儿童网络文化依赖。媒介依赖理论认为受众依赖的媒介能提供必要的信息满足他们的需求，并有助于他们达到目标。简言之，人们通过使用媒介或其他手段获得满足或达成目标，如果缺乏其他替代性方式而由媒介完成特定的满足，那么他就会形成媒介依赖。而且这种媒介依赖程度越高，媒介对个人的影响也越大；反之，媒介依赖程度越低，媒介对个人的影响也就越小。网络文化具有强大的感染力，能将人裹挟其中，并产生依赖感。

调查发现，玩手机游戏、刷视频等娱乐活动是留守儿童玩手机最主要的网络活动，留守儿童对网络游戏会产生一定程度的沉迷，在其他方面并未产生明显的网络依赖现象。

"平时玩手机游戏，刷刷抖音，也会跟同学聊聊天，其他没啥了。"（HYB，男，10 岁）

---

① 陈凡、刘玉劲：《社会公众的技术心理及其调适——论技术社会化过程中的社会心理问题》，《自然辩证法通讯》1993 年第 2 期。

② 仇德辉：《数理情感学》，中共中央党校出版社 2018 年版。

"查信息嘛，也就看看新闻，会用百度查信息，平时没啥查的。"（HXG，女，13 岁）

"晚上玩会手机，也没啥，就说玩玩，不玩睡不着。"（WYW，男，12 岁）

"学习上有问题，在网上找到答案，也看不懂，不如问老师。"（WXY，女，13 岁）

根据 Rubin 对受众使用媒介的形态分类，受众对媒介使用分为"仪式性使用"和"工具性使用"两类。仪式性使用指一种固定的或习惯性的行为。比如，打发时间、娱乐休息而使用媒介；工具性使用指使用特定媒体时都有其功利性的目的。[①] 留守儿童的网络使用属于仪式性使用，娱乐是他们网络应用的最主要目的。可以说，留守儿童与网络之间的依赖关系大多是仪式性非利益关系。

最后，留守儿童网络文化的关联。关联是指自我对网络文化产生连通的感觉的程度，当个体与网络文化的互动融为一体时，就会对网络文化产生强烈的关联感。个体与网络文化的关联表现为网络文化的"融入"。"融入"意味着公民资格，意味着社会成员不仅在形式上，而且在生活中拥有民事权利、政治权利以及相应的义务，还意味着机会以及社会成员在公共空间中的参与。[②] 网络已经渗透到人们生活的方方面面，成为人们生活的工具和平台。在某种程度上，网络也塑造了人们的网络化的存在方式。因此，本研究认为，判断一个人是否具有网络文化的关联，在于其生活方式与思维方式是否适应并融入了网络文化。

调查发现，在一定程度上，留守儿童受到网络亚文化的影响。留守儿童都理解并会用"老铁""宝""666""芭比 Q""YYDS"等网络用语。

"我们也会用这些词，它们很有意思，会使我们的生活变得更为有

---

① Alan, M., Rubin, "Ritualized and Instrumental Television Viewing", *Journal of Communication*, Vol. 34, No. 3, 1984, pp. 67-77.

② ［英］安东尼·吉登斯：《第三条道路——社会民主主义的复兴》，郑戈译，北京大学出版社2000 年版，第107 页。

趣。王××就是个妈宝男，哈哈哈。"（WBB，女，15 岁）

"打游戏时候用得多，'开黑'就是一块玩游戏，五个人就能开黑……不是'开黑店'，跟武侠小说的说法不一样。"（HYB，男，10 岁）

"不光是网上聊天，平时也用这些语言聊天，我们都懂什么意思，觉得有意思……芭比 Q 就是完蛋的意思"。（HRH，男，9 岁）

尼尔·波兹曼指出："一种重要的新媒介会改变话语的结构。"[1] 网络语言是这种变革最明显的体现。这些网络"暗语"是人类语言的抽象化、符号化的特殊语言媒介。而且网络语言流动性强、形象生动，更容易传播，极易被留守儿童接受。从一定意义上而言，网络暗语的产生是他们追求拥有话语权和影响力的行动表达，是他们彰显个性、展现自我、宣泄情感的重要方式，也迎合了他们追求个性独特的内心向往，更是一种同辈筛选、彼此确认的重要机制。[2] 这在某种程度上体现了留守儿童对网络文化的一种认同。

但是，留守儿童并未完全融入网络文化。除了网络游戏之外，还存在少量的社交和网络信息活动，网络生活、网络学习等活动相对更少。

"也就是跟几个比较熟悉的同学聊聊天而已，不跟陌生人聊天。"（LXY，女，13 岁）

"我没有特别多的网友，网上聊得比较多的也就是几个比较熟悉的人，有家里人，有同学，有亲戚。"（HXG，女，13 岁）

"没用过淘宝，收货不方便。附近没有快递点，买东西还是去附近的小商店。"（AXG，男，12 岁）

"家里的其他事，不怎么用得着我们……很多老年人是在手机上不会找健康码，可他们不出门，平时用不着健康码。"（WXY，女，13 岁）

由此得知，留守儿童与网络文化的关联也较弱。网络虽然具备重塑世界的潜能，也已经成为留守儿童的技术媒介工具，但并未为留守儿童生存和生活提供强有力的支持，网络只是强化了他们原有的社会关系，

---

① ［美］尼尔·波兹曼：《娱乐至死》，章艳译，中信出版社 2015 年版，第 33 页。
② 周凯、段月月：《网络亚文化圈层视域下的青年网络暗语探析》，《思想教育研究》2022年第 8 期。

并未改变生活方式。进一步说，留守儿童并未意识到网络的重要性，只是作为娱乐工具，在学习与其他社会参与中并未发挥网络应有的重要作用。而且，现代社会依然被成人掌控，儿童被看作是发展"不成熟"的人，他们没有话语权，处于社会的边缘。

综上可见，留守儿童的网络文化认同感较弱。首先，留守儿童的网络情感认同较低，更多停留在"温饱类情感"满足与"安全与健康类情感"满足的两个层次。其次，留守儿童网络文化依赖也表现在网络游戏与娱乐等活动之中，而在其他方面并没有产生明显的依赖感。最后，留守儿童与网络文化关联较弱，并未真正融入网络文化之中。他们只是游走在网络文化的边缘地带，他们虽然对网络具有天然的亲和力，也会在网络游戏中流连忘返，但并未有效地和真正地融入网络文化。

第三节　留守儿童网络应用的社会生态系统

依据查尔斯·扎斯特罗的社会生态系统理论模型从宏观系统、中观系统、微观系统三个层次的分析方法，本研究将对柳庄的乡村文化变迁、家庭教育观念、学校信息技术教育和留守儿童个体因素开展质性研究，探讨三个系统对留守儿童网络应用的影响。

一　柳庄的乡村文化变迁

在宏观层面上，本研究对柳庄的乡村文化变迁进行调查。文化渗透在个体日常生活当中，是人的一切活动领域和社会存在领域中内在的机理性的东西，是从深层制约和影响每一个体和各种社会活动的生存方式。留守儿童及其现象处在特定的历史文化背景之下。因此，留守儿童网络应用的考察应考虑其所处的乡村文化。

（一）柳庄传统乡村文化衰落的写照

中国社会结构呈现鲜明的城乡二元结构。首先表现为以大工业生产的城市经济与小农生产的农村经济并存的二元经济结构，并在制度和文化呈现出城乡二元化结构。随着我国现代化建设，城乡二元发展格局不仅依然存在，城乡之间的差距也逐渐拉大，城乡之间的鸿沟逐渐加深。其中，城乡二元结构在深层次上表现为文化失调。"文化失调"是梁漱溟在20世纪30年代进行乡村建设时提出的理论。"中国问题并不是什么旁的问题，就是文化失调；——极其严重的文化失调。"① 他认为，20世纪初的中国，随着西方文化的入侵和政治局势的混乱，沿袭千年的社会格局已经从根本上发生了崩溃，传统以伦理本位的社会局面与职业分立的社会也被破坏。而且，固有文化失败摇坠不堪收拾，但新秩序未得建立，于是中国社会陷入"极严重的文化失调"②。在他看来，文化失调是当时中国问题的根本所在。

乡村是以血缘关系和地缘关系为纽带形成的共同体，村民世代栖居其中，使用共同的语言，遵守相同的习俗与规范，并形成相似的思维和价值倾向，从而凝结成一定的乡村文化。而乡村文化反过来能对乡村社会发挥整合、规范功能，并能维系乡村社会发展的秩序。中华民族在长期的发展过程中形成了浓重的乡村土地情结。乡村文化是中华文化的核心组成部分，也是中华文明的源头。但是，乡村发展存在乡村文化衰落的局面。特别是随着我国城市化的深入，城市建设发展成为发展的重心，乡村社会处于劣势地位。出于追求更好生存与生活富裕目标，大量农村青壮年进城务工，远离乡村社会。而乡村年长者却难以适应社会发展，逐渐被边缘化。乡村文化秩序处于快速瓦解之中，乡村社会失去了独有的文化精神内涵。有研究指出，乡村社会面临着载体消失、主体缺位、价值认同危机与话语体系残缺的发展困境，非但未能发挥其应有的凝聚、引领作用，甚至成为掣肘乡村振兴进程的短板。③

柳庄的农村改造工作相对较为成功，积极落实"村村通""户户通"

---

① 梁漱溟：《梁漱溟全集》（第二卷），山东人民出版社1990年版，第164页。
② 王旭瑞、陈航行、杨航：《乡村的文化失调与农民的弱势地位——质性社会学视角下当前乡村社会质量的两个问题》，《兰州学刊》2017年第11期。
③ 杨华、范岳、杜天欣：《乡村文化的优势内核、发展困境与振兴策略》，《西北农林科技大学学报》（社会科学版）2022年第3期。

工程以及卫生文明建设，泥泞道路都改造成了水泥路。但是，青壮年的外出务工使得昔日热闹的村落显得"空荡荡"。"空荡荡的大街"是村里老人们最直观的感受，昔日的绿树成荫变成了钢筋水泥，但似乎少了一些生活气息。

本村一位村民说道："修了水泥路了，可不如以前热闹了，街上没大有人了。年轻的都出去了，要么考学考出去了，要么出去打工了，我今年都62了，算年轻的了。"

柳庄正遭受"空心化"的危害。一位留守儿童的奶奶说："能干的都忙着出去挣钱了，在家种地没前途，一年到头来还不够家里的零花。小孩撇在家里，郎当着上学呗……他爸在家能管得住，我管不了他。"

同时，柳庄面临着自然生态恶化的局面。柴汶河沿岸建设几家小型化工厂、洗煤厂、屠宰场。这些小企业虽然带动了地方就业，但也极大地破坏了当地的生态环境。村民因而失去了精神栖息地。

当地村民反映说："20年前，一到夏天，大人小孩去河边凉快，逮鱼，黏知了。现在都没了，附近化工厂排放的污水都把河水污染了。你看，河里的水都成了黑水了，没法下河了。河边上的树林也没了，承包给个人种果园了。"

农村青壮年层流向城市，削减了乡村发展的可持续力量，也削弱了乡村家庭文化传递功能，导致儿童发展的不确定性。对儿童来说，"无所事事"成了他们的心理写照，网络成为他们方便快捷的消遣方式，走出农村成了人生的"理想"。

"在家也没事干，老师布置的作业不多，看看手机""他爸爸小时候，小孩还多，还一块打牌、下棋，黏知了。现在的小孩光在家窝着，都撵不出去"（N-1）。

"我以后也出去赚大钱，去城里去住。农村太偏僻了，买东西都不方便。"（LDD，男，12岁）

可以说，文化既体现于物化为文本、器物中的符号创设，更表现为现实世界中的生命活动，是活的、流动的、自我演进的生命体，文化构建了人安身立命的意义世界。如吉登斯所言，现代性是一种断裂，把人们从传统的文化关系中连根拔起，让人们生活在一种无根与不确定的状态中，并在人们的心理上产生震荡。可以说，现代化发展虽然给乡村带来了物质财富，但也在很大程度上加速了乡村文化的衰落，使得农村固有的精神气质与弥足珍贵的价值成分逐渐消弭。

（二）柳庄的数字文化贫瘠

网络技术的发展和应用打破了传统的地缘关系与血缘关系，构造了一个开放的、虚实结合的"电子时空"。网络还催生了"无时间之空间"和"无空间之时间"等现象，极大地减少了时空对人们活动的制约，不同地域的人们的相互往来空前频繁，相互依赖空前增强，全球化不断加强，世界真正变成一个休戚与共的"地球村"[1]。技术的进步会引发社会及其文化理念的变革，重塑人们的社会交往和行动。

梅罗维茨在《消失的地域：电子媒介对社会行为的影响》中提出了"新媒介—新场景—新行为"的关系模型，他认为新媒介技术的使用能重构新的场景，并能产生适应新的社会场景的行为。[2] 网络作为一种交互性、个体性、便捷性极强的技术，以其动态的连接、开放的平台与流动的自组织创造了前所未有的社会场景，并把人们裹挟其中。特别是Web 2.0 与 Web 3.0 的技术运作使每个人成为一个相对独立的"传播基站"，个人的能动性、创造性、附着资源得到了前所未有的激活，而"自由活动的空间"与"自由流动的资源"的大量释放，使个人对国家、组织的依附程度减弱。[3] 同时，网络引发了"公民文化传播权利"的重新阐述，完整的公民权由信息、知识、表征与参与四类基本的文化资源与权利所支撑。[4] 首先，受众可以通过网络获取他们日常生活和工作中所需要的相关信息。其次，受众能基于获得的信息将事件放进情景，赋

① 孙伟平、赵宝军：《信息社会的核心价值理念与信息社会的建构》，《哲学研究》2016年第9期。

② ［美］约书亚·梅罗维茨：《消失的地域：电子媒介对社会行为的影响》，肖志军译，清华大学出版社2002年版，第36页。

③ 喻国明、马慧：《互联网时代的新权力范式："关系赋权"——"连接一切"场景下的社会关系的重组与权力格局的变迁》，《国际新闻界》2016年第10期。

④ 单波、石义彬主编：《跨文化传播新论》，武汉大学出版社2005年版，第21页。

予解释，做出反应和解答，从而形成知识。再次，受众有权将他们的生活、信仰和愿望进行准确而公正地表达。最后，受众有权成为文化生产者，并能积极地参与公共文化事务，合理地表达公共观念。

调查发现，这些高度规范化、理论化的网络文化阐述，在柳庄却并不具有适用性。网络媒介对柳庄发展的渗透较为有限，村民的网络参与行为更为稀少。首先，村民日常网络应用中，手机是最主要的网络工具，浏览网络新闻、网络社交与网络娱乐是最主要的网络活动。微信、抖音、今日头条等是村民最常用的手机软件。其中，微信社交是柳庄村民最普遍应用的网络活动。

几位受访村民说道："微信跟别人联系，微信挺方便，能视频，都不用打电话了。我也看看朋友圈，看看其他人干了啥事。遇到有意思的朋友圈，也点赞。"

"上网看看新闻，上今日头条，看看外面有什么动静。再就是用手机看看天气预报，看看有没有下雨刮风的。抖音也挺有意思，各种各样的视频都有。俺村有个在抖音直播的，他也没多少粉丝。"

调查发现，第一，柳庄一些岁数稍微年长的人并不使用智能手机，而是用功能相对简单的"老年机"。他们觉得智能手机"用起来麻烦"，日常生活中也不需要智能手机。"在家里，不出门，用不上'上网手机'。"

第二，该村村民很少进行网络购物，即使年轻人也较少网络购物。本村地理位置相对较为偏僻，没有物流快递点，村民寄件与取件需要到附近镇上的快递点。可以说，网络购物并不方便，这在很大程度上影响了村民网络购物的意愿。本村有小卖部，提供了支付宝与微信支付方式，但村民大多还是选择现金支付的方式。小卖部老板说："一天网上付款也就大几十块、百十块，四分之一都不到，还都是年轻人或回乡人使用。本村老年人都不会操作，支付宝还得绑定银行卡。"

第三，在公共事务方面，村民唯一的网络接触就是微信的"村两委工作服务群"。该群实际上起到的是通知的作用，其中的绝大多数信息都是村干部发的通知，村民只是收看通知。而村委日常工作事项依赖传统工作方式。比如，对于一些重要事项，村干部还需要通过村委扩音器向全村广播。每年的村委会工作总结与财务总结，依然在政务公告栏里张贴公示。可以说，柳庄村民的公民文化传播权利停留在"信息"层面，他们只是被动接受信息，并不具备知识、表达、参与等其他权利实施的渠道。

第四，后喻文化在柳庄也未得到体现。后喻文化被认为是网络文化一个鲜明的时代特征。面对网络的冲击，年长一代会有些迷茫，但年青一代则能充分享受到网络所带来的自由和便利，并影响着年长一代的社会参与行为和话语表达方式。年青一代成为新媒介和网络技术的创造者和使用主体，他们也是丰富多元的青年亚文化和价值观的创造者。[1] 但是，该村并没有出现后喻文化的现象。原因可以概括为以下两点：其一，由于青年人大量外出，几乎每家都有男青年外出务工，造成该村"空心化"与"老龄化"，文化传承受到一定限制。其二，该村青年也未受到网络文化的浸染，留在村里的青年人依然延续传统的生活方式。网络发挥通信、社交和娱乐功能。其三，老人话语在该村依然占据主导地位，年轻人的活动空间受到限制。"辈分"在该村社会生活秩序中依然发挥重要作用。即使村里遇到难以解决的事，村干部依然需要请一些德高望重的老人出面解决。

综上所述，柳庄面临乡村文化衰落与数字贫困的双重困境。从经济形态看，柳庄是典型的"半工半耕"[2] 经济结构，青壮年村民，特别是男性劳力外出务工，而老年人留守务农。这样既能为家庭带来经济收入，又能维持原有的生活方式。可以说，柳庄依然维持着自然经济下相对封闭、自给自足的传统生活方式。即使在严重的新冠疫情封控期间，该村村民的生活并没有受到太大影响。与此同时，柳庄地理位置限制，基础建设还存在欠缺，这在很大程度上影响着网络文化的渗透。而且，在当地传统的乡土观念与惯习的影响下，网络更多的是发挥通信社交以及娱

---

① 刘建平：《"后喻文化"时代的价值危机与新青年》，《学术界》2022 年第 1 期。
② 夏柱智：《半工半耕：一个农村社会学的中层概念——与兼业概念相比较》，《南京农业大学学报》（社会科学版）2016 年第 6 期。

乐的功能，网络文化并没有对柳庄构成实质性影响。

可以说，乡村生活失去了独有的精神内涵和文化魅力，失去了对儿童的凝聚力、吸引力。面对文化的衰落，网络媒介能为留守儿童带来文化心理空虚的"补偿"，但是"补偿性的媒介并不比最初的媒介本身更能'无噪音'地解决问题。相反，他们扮演了一个重要角色，带来的'噪音'比带走的要多——通过提供一个陷阱而不是绝对的进步"①。但需要指出，在乡村文化整体衰落的局面下，网络媒介显然并不能给留守儿童带来真正的心理慰藉。

二　柳庄家庭教育扫描

家庭是留守儿童最重要的生活场所，家庭教育对留守儿童发展发挥至关重要的作用。一个人必须经过完整的生活教育，才能被塑造成合格的社会成员，这当中离不开健康的家庭生态。② 乡村文化衰落也引发了家庭教育的危机。其中，拜金心理越来越严重，财富越来越成为一种衡量人与家庭地位的标准。而且，"读书无用论"思潮重新抬头，中国社会"万般皆下品，唯有读书高"的传统观念受到严重挑战。一些农村家长和学生认为上学是白费时间，不如打工赚钱，对学校教育持消极态度。但是，从农村走出的优秀学子不在少数，"寒门贵子论"依然具有说服力，农村学生并没有失去社会流动与阶层跨越的希望。

柳庄地处鲁中腹地，深受儒家文化浸染，"上大学"是该村传统的价值取向与儿童成长的追求。最近二三十年，该村有十余名学生考取大学，甚至有学生考取研究生，获得硕士、博士学位。但最近几年，柳庄外出务工青壮年逐年增多，留守儿童比例较大，该村学生的入学势头却明显下降，特别是留守儿童的中考、高考升学率均不理想。本研究对柳庄家庭教育进行质性研究，考察家庭教育对留守儿童成长的影响。

---

① ［美］保罗·莱文森：《数字麦克卢汉——信息化新纪元指南》，何道宽译，社会科学文献出版社 2001 年版，第 16 页。

② 杨岭、毕宪顺：《乡村文化变迁视野下的农村留守儿童教育》，《当代青年研究》2017年第 3 期。

（一）柳庄家长基本情况

本研究选择了八位留守儿童家长（监护人）进行访谈，包括五名留守儿童的妈妈，两名留守儿童的奶奶，一名外出务工临时返乡的留守儿童的爸爸。对柳庄家长基本情况进行了大致了解。三名妈妈的学历是小学文化，一名爸爸与一名妈妈的学历为初中文化，一名妈妈是高中文化，两名奶奶均是文盲。八名家长一般在家务农，农闲的时候也会到附近小工厂做临时工。八位留守儿童的家庭条件尚可，不存在家庭经济困难。

（二）柳庄家庭教育理念的基本类型

本研究对柳庄的家庭教育现状进行调查，发现该村家庭对留守儿童的教育理念不尽相同。教育期望与教育投入均有所差别。教育期望是父母所持有的对子女未来学业成就所做出的信念或价值判断。[①]　家长投入是指家长与学校、社区和子女所进行的互动，其主要目的是促进子女的学业成功，比如，参加相关的亲子教育活动、辅导子女学习和家校沟通等活动。[②]　根据家长期望与投入的不同，可以把家庭教育理念分为以下四种类型。

1. "精养型"：高期望，高情感

"精养型"家庭对孩子的学习充满信心，也充满期望，并积极进行各种教育的投入。这类家庭深信"教育改变命运"，并存在"望子成龙"或"望女成凤"的意愿，愿意为孩子读书成长而付出努力。家庭不仅给儿童以物质支持，还情感投入和精神鼓励。

一位留守儿童妈妈说道："小孩上学还行，自己也有目标，以后上高中考大学。想上辅导班，买参考书，都支持。只要是学习上的要求，我们就是砸锅卖铁也得支持。"（M－1）

"我就经常鼓励他，好好学习，上学才能走出这个村庄，走出农村，在农村没有出息，要到城市里发展。我就以×为例子，考上大学了，考

---

① Yoko Yamamoto, Susan D., "Holloway Parental Expectations and Children's Academic Performance in Sociocultural Context", *Journal of Educational Psychology Review*, No. 3, 2010, pp. 189－214.

② 曾庆玉、吴妮妮、姚梅林：《家长投入及其影响子女学业成就的机制探析》，《北京师范大学学报》（社会科学版）2010年第6期。

上研究生了，在济南××医院上班，比在家种地打工强多了，差别是天上地下之分。"（M－1）

在留守儿童群体中，精养型家庭一般爸爸外出务工，妈妈在家监管儿童。家庭收入较为可观，家长未必具备较高的文化水平和学历，但都具备一定的教育意识和情怀。家长对儿童成长赋予了较高期望，并往往以鼓励为主。同时，家长还会为儿童成长树立一个"榜样"。这些榜样往往是家庭、家族或亲戚朋友中的"成功者"，并以他们为榜样鼓励儿童的学习。

"他一个表哥就考上了一个'211'大学，家里人都感到很高兴……我对×××说，你也要跟你表哥一样，考上大学，考上个'211'就行，家里人也没白忙活。"（M－1）

可以说，农村留守儿童家庭具有强烈的儿童教育愿望，并将这种意愿转换到儿童成长，期待儿童改变自身命运。有研究称这种文化资本为"先赋性动力"①，它具有一种基于情境的内在创造性和突破能力，并赋予了留守儿童家庭不懈向上的教育动力。而且，家长的教育方式多以鼓励或激励为主，这为留守儿童成长提供了较为良好的家庭环境。

2. "焦虑型"：高预期，低投入

"焦虑型"家庭对儿童的成长充满期望，也期待孩子能成才，但他们对儿童的投入却存在不足。这类家庭在财力上或者情感上，都存在不足之处。特别是情感上多以粗暴的态度对待儿童的成长。对于孩子成长，时常感到有心无力。

调查时也发现有儿童沉迷于手机游戏，晚上忘记了做作业，被妈妈"一顿暴打"。"被妈妈打，我觉得妈妈很凶，我没有一点自由，学习不用功就打就骂""我妈妈经常骂我，不给我面子，天天嚷嚷，她一嚷嚷全村的人都听见了。"（LFX）

家长往往对儿童也是采用粗暴语言和行为。调查者就耳闻目睹到一

---

① 程猛、康永久：《"物或损之而益"——关于底层文化资本的另一种言说》，《清华大学教育研究》2016 年第 4 期。

位母亲训斥自己孩子。

"你个××××，不是让你学习的么，天天玩手机，把眼睛都玩瞎了。"（M-2）

这位母亲其实对自己孩子也充满期望，但看到孩子"不服管"的样子，自己很着急。"我也希望他能好好上学，家里要啥给他啥。×××都考上高中了，可他调皮，让他学习，他也不用功，骂他也不管用。"（M-2）

实际上，这个留守儿童日常表现还不错，在校学习成绩还是不错的，只不过没有达到母亲的预期，这位母亲显得异常焦虑，并经常迁怒于孩子。而且，这位母亲似乎不懂教育孩子的正确方法，一味地靠打骂或"家法"约束孩子。

焦虑型家庭往往具有家长"专制"色彩，家长虽然也存有望子成龙的愿望，能对儿童给予一定的物质保障和财力投入，但情感上却采用简单粗暴的方式，甚至有"不打不成器"的落后教育观念。更进一步说，焦虑型家长延续了我国封建家长制的作风。家长在家中享有至尊的地位，并具有主宰权，不仅掌握着家庭的经济大权，还掌握着教子、惩戒及其他一切家庭事务的权利，运用礼教和家法迫使子弟听命。子女的情感、意志、个性和见解也就在这一绝对服从中消失殆尽。①

3. "忽视型"：低期望，低投入

"忽视型"家庭对儿童成长不抱有期望，也不存在应有的物质和情感投入。家长对儿童的发展持无所谓的态度。

一位留守儿童的妈妈说："他以后能干啥就干啥吧，他不是那块料，学习不行，没有希望，我也管不了。想玩就玩吧。在学校上上学就行了，其他的不用花钱，辅导班上了也没用，还不知道哪天就回家了（辍学），跟着干活就行了。"（M-3）

一般来说，"忽视型"家庭的儿童学习成绩较差，而且没有学习动机。家长自身的经济水平、文化程度也相对较低，并在某种程度上存在

---

① 王建军：《论中国古代家庭教育思想》，《华南师范大学学报》（社会科学版）2001 年第 2 期。

"读书无望论"或者"读书无用论"的观点。对于这些家长而言，他们对自己子女的教育前景不抱有希望，也清楚当前的基本的教育机会分配格局和社会流动机会决定了什么是可能的、什么是不可能的，又通过当前的社会实践获得社会化经验，并内化为个人对教育的态度和倾向。[①]

4. "放任型"：低期望，高投入

放任型家庭对儿童成长没有期望，但物质或情感投入较高，甚至是对儿童的成长要求达到"有求必应"的地步。

这类家庭的家长对孩子成长表现得较为"宽容"。调查发现两种原因导致了家庭对儿童成长的放任型教管：一是由于儿童有上进心，有努力目标，家长对自己孩子感到很放心，只需要提供物质和情感支持，为儿童成长创造宽松环境；二是家长不关心儿童学习与教育，对儿童成长放任自流。

"小孩挺自觉懂事的，自己知道上进，也体谅我们。我也不用操心。"（M－4）

"学校那些事我不懂，他以后能学成什么样，就什么样吧。考上学挺好的，考不上也无所谓。花多少钱，我能支持。"（B－1）

这类家长对儿童成长没有高预期，他们对孩子成长抱着"树大自然直"的观念。他们的日常生活与儿童的生活截然分开，家庭之间缺乏情感和心灵的交流。

（三）家庭理念对留守儿童网络应用的影响

家庭是儿童成长的最初课堂，家长是儿童的首任教师。家庭教育理念及家长采用教育方式会对留守儿童产生重要影响。有研究表明，父母给予儿童以支持、温暖、理解等积极的教育会促进儿童成就动机的发展。[②] 在不同的家庭教育理念影响下，柳庄留守儿童网络应用呈现不同的样态。

---

① 谢爱磊：《"读书无用"还是"读书无望"——对农村底层居民教育观念的再认识》，《北京大学教育评论》2017 年第 1 期。

② 赵可云、刘冠玲、陈宁、伦志君：《教养方式对农村留守儿童成就动机的影响研究》，《中国电化教育》2022 年第 12 期。

1．"有限度"的网络使用

家长具有相对较高的家庭教育意识和素养，能为儿童成长树立正确目标，并能对留守儿童网络应用采取相对较为合理的管控。有些家长不排斥儿童的网络游戏，认为网络娱乐也是一种娱乐方式，能丰富儿童的课余生活。这种网络使用类型在"精养型"家庭中得到最为明显的体现。

一位留守儿童的妈妈这么说："小孩玩玩也行，不能过度，不让他玩，也坐不住。在家里也没事干，不玩憋得难受，玩一会反而跟解放了一样。我也规定好了，一次不能超过半小时，还要跟保护眼睛。"（M－1）

调查发现，留守家长具备一定的网络素养，也会跟孩子一起上网查询信息，甚至跟儿童一起进行网络学习。"遇到问题查作业帮、百度，我也会跟小孩一块查网络。"

可以说，这类家庭儿童的网络应用相对较为合理，家长支持儿童有限度地使用网络，不排斥网络娱乐，家长以协商的态度对待网络，儿童也很少出现网络沉迷现象，而且网络还能成为留守儿童的信息查询和学习的工具。

2．"躲避式"的网络使用

有些留守儿童采用"躲避式"的网络使用方式，躲避家长的监管和责备。特别是"焦虑型"家长对儿童要求相对苛刻，将自身"焦虑"转化为严苛的要求来约束孩子，这类家长会将网络视为"洪水猛兽"。如果儿童使用网络不当或者存在令家长不满意之处，便会遭到批评、打骂甚至更为极端形式的惩罚。

有个家长（M－5）表示："手机摔了好几个了，光知道玩手机，上网课用我的手机，上完网课就没得玩了。"

但是，这类家长又不能为儿童提供有效的指导或支持，"上网"在家长的观念中成了"不学习"的代名词。因此，面对网络的诱惑，留守儿童表现出既顺从又反抗的网络应用行为，往往会避开家长的视线上网，比如，夜里在被窝里玩手机。而且，由于缺乏家长合理的引导和管控，留守儿童网络接触和网络素养水平显得较低。

3. "沉溺式"的网络使用

调查发现，有些留守儿童的网络应用呈现沉溺趋势。特别是"忽视型"与"放任型"家庭对儿童的教育期望较低。特别是祖辈监护的状况，"养"而不"教"的情况更为明显，家长往往只注重日常的养育，而不注重教育引导。而家长放纵式管理也在无形之中助长了留守儿童不合理的网络行为。

调查发现这两种类型的留守儿童网络应用存在较大一致性。这类儿童普遍存在"无聊"的心理状态。可能是由于家庭交流或沟通机会偏少，这类家庭的留守儿童网络接触时间相对较多，也存在某种程度上的网络沉迷现象。"王者荣耀""和平精英"等游戏是留守儿童常玩的游戏，他们对游戏行为的控制基本上靠个人自觉，网络成为他们的社交工具和娱乐工具。

"平日挺无聊的，玩玩手机挺有意思。"（HYB）

"学习不太用网络，上网是为了玩，打发时间，跟着视频'哈哈笑'。"（WST）

总体上说，柳庄家庭教育"精养型"家庭并不多，大部分留守儿童家庭属于焦虑型、忽视型、放任型。因此，该村家庭教育氛围并不理想，家长大多处于"有心无力"或"无心无力"的"佛系"心理状态。可以说，家庭监管与教育的失位，使得大多数留守儿童得不到良好的家庭支持，家长对留守儿童的网络应用也不加节制，甚至手机在很多家庭充当"电子保姆"角色，这为留守儿童成长埋下了隐患。

三　柳庄留守儿童的学校信息技术教育

教育是有目的、有意识培养人的活动。学校教育对人的发展发挥着主导作用。目前，我国已经普及中小学信息技术教育，并开设信息技术课程。信息技术教育旨在培养学生的信息素养。2022年3月，教育部颁布了《义务教育信息科技课程标准》，将义务教育阶段的《信息技术课程》更名为《信息科技课程》，并规定为义务教育阶段的必修课。新课程标准凸显了信息科技教育的重要性，也带来了新的教育理念。可以说，学校是中小学网络素养教育的主阵地。

在量化研究阶段发现，学校信息技术教育对网络素养影响最大。研究对柳庄留守儿童所在学校的信息科技教育进行考察。受到"撤点并校"政策的影响，该村的小学早已撤掉，全部小学生在该镇的 S 小学就读，初中生在该镇的某 R 中学就读。本研究对 S 小学与 R 中学进行了走访调研，对两所学校的三位教师进行了信息科技教学的访谈。

通过对这两所学校的走访，发现了一些共性问题。信息科技课及其前身信息技术课一直不是考试科目，也不纳入升学分数。因此，信息科技课在中小学一直不受重视，该课地位尴尬，教学效果不好。研究者通过对两所学校三位教师的访谈发现，网络素养教育存在的具体问题表现为以下四方面。

第一，留守儿童问题并未引起学校的关注。近些年，青壮年外出打工现象较为普遍，留守儿童也较多。但这并未引起学校及管理部门的重视。有位老师（T2）说："所谓的留守儿童，本地是有些，但这些孩子的表现并不是特别异常，学校也没当回事。教育局也没相关的管理规定。再说，父母外出打工的孩子多了去了，学校也没法解决这些问题。""学校重点关注的是'问题儿童'，也就是那些特别调皮的，有不良行为的、打架的孩子。"

可以说，学校及管理部门忽视了留守儿童问题，这一方面是客观原因造成的，学校师资薄弱，人力物力投入也较少，管理工作捉襟见肘，没有充足的力量面对留守儿童问题。另一方面，学校及管理部门并未意识到留守儿童问题，没有主动认识并化解留守儿童问题。

第二，信息科技课的教育理念认识存在误区。教育理念是教学行为的先导与基础，是对教育活动的一种持续和相对稳定的范型。信息科技教师并没有正确认识信息科技课程的重要意义。有位老师（T1）说，这门课就是教学生"学会操作计算机，能用办公软件，会网络操作"。实质上，这种教育理念误读了信息科技课程的培养目标，也忽略了素养的培养，或者把素养的培养简化为技能操作的学习。

第三，信息科技课的教学方式滞后。该校信息科技课通常在机房上课，任课教师在讲台讲解课堂教学任务，剩下时间由学生自己操作。而且，在机房这种相对宽松的环境和教学要求下，学生没有约束感和纪律感。如有学生所言，"机房秩序很不好，放羊一样"。学生大部分时间是放任自流。可以说，教学方式出现严重滞后现象，并不能有效提升学生的素养。

第四，信息科技的师资力量与课时存在严重不充足的现象。信息科技教师并不是专职教师，通常身兼其他课程，或者说，信息科技课只是教师的兼职课程。课时是教学任务的重要保障，但信息科技课并不一定按照既定课时完成。"信息科技课的课时要求是一周一次课，上课地点在学校机房，可这门课不要求考试。到了考试相对集中的时候，比如期中、期末，就停课了，把时间留给其他主课。"而且，信息科技课没有学习成绩等考核要求，使得这门课程更加边缘化。网络素养在这两所学校更无"容身之处"。

在没有硬性学习要求的情况下，学生的信息科技学习效果更依赖自身的学习主动性和积极性。一位老师（T2）说："有些学生比较积极，遇到问题会主动解决，跟同学交流，问老师，学习效果就好。有些学生就不主动，学习效果那就很差了。""教学内容基本上在教科书范围内，但要真正吃透教科书需要下点功夫。"

可以说，农村学校信息科技课得不到重视，一方面是由课程性质决定的，信息科技课不是考试科目。另一方面，是由农村学校办学理念决定的，如一位老师（T3）反复强调，"不要用城市思维来衡量农村学校""升学是农村孩子的希望，升学率是农村学校的生命线"。换言之，与升学考试无关的，都不会得到重视。这就不难理解信息科技课的尴尬地位了。

更进一步说，农村学校发展确实面临着教育"城市化"冲击与"在乡性"危机。乡村文化教育原本就是乡村学校的教育特色，在乡村学校城市化发展之前，乡村文化教育是自然存在的。但在"教育城市化"的冲击下，乡村教育特色逐渐式微。农村学校既无法真切地扎根于传统乡土社会，又无法有效地被纳入现代城市社会。乡村教育发展的"内隐式逻辑"使得乡村教育处于劣势地位的同时，也使得乡村教育越来越不像自己。①

四　柳庄留守儿童个体因素

根据查尔斯·扎斯特罗的社会生态系统理论模型，生理与心理是微观系统的重要因素。已有量化研究通常把调查对象的年龄与性别等因素作为重要的控制变量，也有许多研究认为它们都对因变量形成显著影响。而本研究在量化研究中发现留守儿童的性别对网络接触与网络素养不存在显著影响，而年龄对两者存在显著影响。因此，本研究对柳庄留守儿童年龄与性别进行了考察。另外，网络意识是网络应用心理层面中的重要因素，本研究还对柳庄留守儿童网络意识进行了考察。

（一）柳庄留守儿童年龄对网络应用的影响

年龄作为一种时间标识，既是一种生物过程，又是一种社会过程，同时构成一种社会位置或社会角色。② 在很大程度上，年龄增长意味着人的心理、能力与经验的逐渐丰富。相关研究表明，留守儿童年龄对儿童媒介素养产生显著影响。本研究的量化研究也发现留守儿童的年龄对儿童网络接触与网络素养均能形成显著影响。

首先，留守儿童的年龄越大，网络需求也越高。需求是行为的动力因素。对于留守儿童而言，年龄越大，其网络需求似乎就越大。无论是他们的信息、社交、娱乐方面的网络需求，还是学习等方面的网络需求，都随年龄的增大而逐渐增强。

受访的留守初中生（LFX）说道："平时上上网，看看新闻，跟同学有的聊，不上网，啥也不知道""我对体育新闻感兴趣，男孩子都喜欢，我们平时也喜欢聊聊足球""老师要我们把作业发给他，把作业拍照片，用 QQ 发给他……碰到不会的问题，偶尔也会跟同学在 QQ 上讨论下"。而受访留守小学生（WBB）则并没表现出强烈的网络需求："新闻不怎

---

① 徐金海：《从历史走向未来：城镇化进程中的乡村教育发展》，《教育研究》2021 年第 10 期。

② 郑素华：《"年龄主义"与现代童年的困境》，《学前教育研究》2019 年第 2 期。

么看，要么在网上随便逛逛……我最喜欢玩'王者荣耀'""在家里跟奶奶一块玩，去地里拔草""（疫情期间）老师上课用'钉钉'上课，但没要求网上发作业"。

可以说，随着留守儿童的年龄增长，其社会化程度逐渐加深。儿童逐渐摆脱生物人的属性的依赖，发展出自身的社会属性，促进自身适应社会生活。网络媒介在这一过程中发挥了重要作用。"大众传媒给人们带来有关现代生活诸多方面的信息；给人们打开了输入新观念的大门；向人们显示新的行为方式；启迪并探讨纷呈多样的意见；刺激并加强对教育与流动性的期望。"[1] 特别是在农村相对封闭的环境中，留守儿童面对生活环境和物资相对匮乏的现状，网络媒介能促进留守儿童认知、行为等方面的改变，也推动他们社会化进程的加深。

其次，留守儿童自主性随年龄逐渐升高。自主性是个体在不依赖父母或缺少父母控制的条件下，规范自己的行为和对自己的决定进行选择和引导的能力。[2] 自主性表现为个体在思想、情绪和行为上独立。自主性会随儿童个体生理的成熟而逐步发展起来。

留守儿童不断发展的自主性对网络使用产生重要影响。随着自主性的提升，留守儿童试图摆脱家长的控制，并建立自己的世界。而家长也发现孩子不再是小孩子了，赋予了儿童更多的自我管理的机会。许多家长都称自己家的儿童"越来越不听话了"，跟家人的交流变得相对较少了。"小时候还听话，让他干啥就干啥，现在说了也不听了，自己捯饬自己，天天看手机，自己在小屋看手机……说多了，他还生气，不理人。"（N-1）

本研究同时发现，一些留守儿童存在网瘾现象。网络在本质上属于个人媒介，其使用具有更强的私密性或封闭性，是一种更无社会约束机制的行为。特别是步入青春期以后，一些留守儿童会产生青春期"闭锁"心理，在消极情绪控制之下，封闭与外界的心理交流，情绪情感激

---

① ［美］阿列克斯·英克尔斯、戴维·H. 史密斯：《从传统人到现代人——六个发展中国家中的个人变化》，顾昕译，中国人民大学出版社1992年版，第321页。

② ［美］纽曼：《发展心理学》，白学军等译，陕西师范大学出版社2005年版，第369页。

荡、表露而又内隐。而网络中海量的信息对留守儿童存在强大吸引力，能填补留守儿童现实交流的不足与空白，也使得很多留守儿童将自己封闭在网络世界。可以说，留守儿童，特别是已经步入青春期的儿童，他们的自主性相对更强，并存在摆脱家庭控制的心理状态，这在一定程度上会增加留守儿童网络接触的机会。

最后，年龄的增长意味着能力的提升。皮亚杰认知心理学认为，儿童心理发展呈现阶段性特征，各阶段都具有独特的心理结构，而且儿童智力发展具有建构性特点，客体只有在主体结构加工改造以后才能被主体所认识，主体对客体的认识程度完全取决于主体具有什么样的智力结构。[①] 也就是说不同的认识水平的儿童对同一个事件具有不同的理解与认识。同样，留守儿童年龄越大，认知能力与问题解决能力会得到发展，他们的网络素养能力会随之提升。

（二）柳庄留守儿童性别对网络应用的影响

社会文化准则对男女性别差异赋予了特殊要求和社会准则。社会文化准则要求女孩承担表达性角色，她们的感情更加细腻丰富，而男孩则被要求具有实干精神。[②] 这样的性别刻板印象也会影响儿童的网络使用。现有研究认为，性别对留守儿童媒介素养存在显著的影响。日常的刻板印象也表明男孩的素养比女孩素养要高。但本研究在问卷调查过程中，并未发现性别对网络素养构成显著影响。

对此，本研究对几位留守儿童进行访谈，从深层次发掘留守儿童性别与其网络素养的关系。受访儿童都表示网络操作不存在困难，会用百度等搜索引擎查询信息，也能利用社交软件进行正常沟通。

有位受访女童（HXG）表示："信息查询不难，我会用百度查询信息，在框里输入想要找的信息就可以搜索了。微信、QQ，我都有，我们班有 QQ 群，我们也用微信聊天，你知道么，打游戏的时候也能聊天。"

调查也发现，家长期望对男孩女孩没有显著差异。留守儿童的奶奶

---

①　张向葵、刘秀丽：《发展心理学》，东北师范大学出版社 2002 年版，第 63 页。
②　［美］戴维·谢弗、凯瑟琳·基普：《发展心理学》（第八版），邹泓等译，中国轻工业出版社 2009 年版，第 465 页。

（N-1）说道："现在男孩子、女孩子都一样，她爸爸也给她配手机了，别的孩子都有，现在手机也不贵，给孩子买个也负担得起……现在孩子少了，男孩女孩都一样对待。"

一方面，随着我国社会的发展，"重男轻女"的落后思想得到一定程度上的缓解，教育不平等的性别差异现象也有所减少，如有研究指出，随着家庭子女数的减少，受教育水平的性别平等化趋势越来越显著①；性别因素对机会不平等的贡献随年龄减小而逐渐降低，表明性别差异随时间推移而得到缓解。② 可以说，留守儿童性别之间的受教育机会趋于平等，女孩的教育也受到家庭的重视。另一方面，手机等网络设备价格相对低廉，成为人们日常生活的工具，网络设备接入门槛变得相对较低，男女童之间网络接触机会也趋于平等。而且，网络素养的实质是一种基于网络的技术操作以及网络文本阅读、创造的能力，并可以通过儿童后天学习努力达成的。因此，对于留守儿童而言，网络素养对于男女性别要求并不存在差异。

（三）柳庄留守儿童的网络意识对网络应用的影响

本研究从网络意识探讨心理因素对网络素养的影响。网络意识可以认为是个体对网络技术与信息的敏感度和价值的判断力。③ 网络意识越强，就越有意识养成网络思维，并能通过获取和使用网络技术与信息来开展，提升自身的学习、生活与工作效率。基于学者的观点，信息意识被看成信息素养的重要组成部分，信息意识是先导，它会影响信息素养的广度。因此，本研究认为，网络意识不同于外显的网络应用技能，可以看作是网络素养的内隐性要素。本研究从基于网络查找学习资源和问题解决两方面调查留守儿童网络意识。

首先，网络具有丰富的学习资源，能在很大程度上弥补学校教育的

---

① 郝娟：《受教育水平的城乡性别差异及其趋势的比较研究》，《教育科学》2018年第1期。

② 霍雨佳：《中国教育不平等的性别差异——基于代际流动与机会不平等分解视角》，《经济与管理研究》2021年第8期。

③ 明桦、林众、罗蕾、黄四林：《信息素养内涵与结构的国际比较》，《北京师范大学学报》（社会科学版）2019年第2期。

不足，也能满足不同儿童的学习需求和学习兴趣。调查发现，留守儿童网络意识普遍较弱。留守儿童从网上查询信息能力较强，但却普遍反映不会查找学习资源，而运用网络促进自身学习的网络意识更为薄弱。有留守儿童表示，他们能查找网络信息，会用百度搜索，会下载软件，会发邮件，但"不知道网上有讲课视频，老师也没教"（HYB）。几乎所有的儿童都表示"没有想到用网络来学习"。

其次，网络是问题解决的"百宝箱"。网络中丰富的信息资源与社会交往方式，能开拓留守儿童问题解决思路，促使他们运用相关知识生成问题解决的方案。留守儿童利用网络进行网络学习和日常问题解决的能力都较弱。但当他们遇到学习问题时候，都表示会向同学、老师或家长寻求帮助，但忽视了网络的问题解决功能。比如，"你平时用哪些学习APP""你知道如何预防新冠病毒"的问题，被访对象并未意识到利用网络带来的便利。可见，留守儿童的网络搜索能力相对较强，能满足一般性应用，但其他方面却存在严重不足。更进一步说，留守儿童熟悉手机应用，具备一定的网络搜索能力，但却不知道如何用手机来学习，只是把手机当作娱乐消遣的工具。

最后，网络提供了社交新方式，也拓展了人们的社交范围。美国社会学家格兰诺维特指出，人际关系可以分为强关系和弱关系两种类型。强关系指人与人之间的关系较为紧密，同质性也较强，反之则是弱连接。与强连接关系相比，部分弱连接关系通常游离于个体日常社交网络之外，更易成为连接不同个体社交网络的"关系桥"。弱连接是将个体的社交媒体网络与外界建立间接联系的纽带，是个体获取强连接关系无法提供的有价值知识的重要渠道①。

网络技术为人们提供了大量的弱连接，弱连接的合理应用是网络意识的体现，它能为人们提供意外的帮助。调查发现，柳庄留守儿童并未意识到网络弱连接的存在，也未有效利用网络弱连接。比如，有位留守

① 林向义、罗洪云、李秀成：《企业个体从社交媒体网络吸收异质性知识的过程机理：弱连接关系视角》，《情报理论与实践》2019 年第 3 期。

儿童的表哥在大学读书，但他（HYB）表示"从来没有请教过他（表哥）问题"。留守儿童更重视维持与建立同学、亲人之间的"强连接"，并未重视"弱连接"的利用。

<h2 style="text-align:center">第四节　调查总结</h2>

本研究对农村留守儿童网络行为与网络素养开展大范围的量化研究，随后以社会生态系统理论为理论基础在柳庄开展质性研究，探讨留守儿童网络应用具体场景，并从宏观系统、中观系统、微观系统三个层次探讨留守儿童网络应用的社会生态系统。

一　研究结论

量化研究包括对留守儿童的网络接触、网络素养现状及影响因素的调查。其中，网络接触包括网龄、上网时间与频率。网络素养包括网络信息的获取、分析、评价与创造能力。影响因素包括两个人口学统计变量（年龄、性别）、家庭社会经济变量（家庭经济状况与家长文化水平）、心理主观变量（感知流行与信息、社交、娱乐与学习四种权衡需求）。本研究得出以下结论：

1. 留守儿童的网龄与上网时间显著低于非留守儿童，两个群体的上网频率不存在显著差异。留守儿童的网龄在 3 年左右，9 岁左右接触网络，上网时间每周在 3 小时，上网频率在 1 周多次。虽然调查数据显示较低水平，但调查对象在校期间基本无网络接触。因此，这个数据反映了留守儿童实际在家的上网时间与频率。

2. 留守儿童的网龄、上网时间与频率的影响因素虽不尽相同，但都包括年龄、感知流行、社交与娱乐的权衡需求。这些因素与网络接触呈现显著正向影响关系。同时，研究发现，留守儿童的信息、社交、学习的权衡需求显著低于非留守儿童。

3. 留守儿童网络素养整体水平相对较低，而且四种网络素养均显著低于非留守儿童。留守儿童的年龄，网络应用的感知流行，社交、信息、学习与娱乐四方面的权衡需求与学校信息技术教育能对网络素养产生显著正向影响。而性别、家庭经济水平则不对网络素养形成显著影响。

4. 本研究考察"留守情况"对留守与非留守儿童网络接触、网络素养及其影响因素之间的调节效应。研究发现，"留守"在儿童的学习权衡需求与网龄、上网频率的关系中存在调节作用。"留守"在儿童的信息技术教育支持度与上网频率关系中存在调节作用。"留守"在感知流行、信息与学习的权衡需求对网络素养具有显著的调节效应，说明感知流行、信息与学习的权衡需求对留守儿童的网络素养影响更大。

5. 本研究在柳庄开展质性研究，对留守儿童网络应用进行实地考察。柳庄留守儿童主要应用手机进行网络活动。网络游戏、娱乐和社交是留守儿童主要的网络活动，他们基本不主动从事网络学习。卧室是留守儿童网络应用的最主要场所，睡前1小时左右是留守儿童网络应用相对集中的时间。柳庄留守儿童存在一定程度上的手机涵化现象，在一定程度上受到网络信息和"网红"的影响。有留守儿童在自我认同方面出现偏差，并没有处理好虚拟与现实之间的关系，流连在网络的虚拟空间之中。同时，留守儿童在情感、依赖、关联三个维度上的网络文化认同均处于程度较低水平，并未有效地、真正地体验、融入到网络文化中。

本研究在宏观层面考察柳庄乡村文化变迁。随着我国城市化和市场经济发展，农村大量青壮年外出务工，造成了农村发展的"空心化"。柳庄发展面临更严峻的形式，存在乡村文化衰落与数字文化的贫瘠的双重颓势。柳庄既失去了独有的精神内涵和文化魅力，也缺乏数字文化的滋养，留守儿童不仅失去了"生于斯，长于斯"的乡土，也没有数字文化的成长土壤，而网络媒介很难为留守儿童真正带来心理慰藉。

本研究在中观层面考察柳庄家庭教育观念和学校信息技术教育情况。根据家长的教育期望与投入，柳庄家庭观念可以分为精养、焦虑、忽视与放任四种类型，但是精养型家庭在柳庄屈指可数。可见，不恰当的家庭教育理念会对留守儿童成长产生制约，也会导致不合理的网络应用。同时，留守儿童所在的学校对网络素养教育并不重视，信息科技课的教育理念、教学方式以及课时安排方面都存在严重误区或不足。可以说，留守儿童的网络素养教育亟待加强。

本研究在微观层面对柳庄留守儿童年龄、性别与网络意识进行质性研究。研究发现，年龄越大的留守儿童，网络接触机会越多，网络素养随之提升；而性别对网络接触与网络素养不构成影响，家庭对男孩、女孩之间的教育投入并不存在显著差距。调查发现柳庄留守儿童的网络意识不强，并没有将网络作为学习、问题解决与建立广泛连接的工具。

更进一步说，农村留守儿童的网络使用呈现娱乐化特点。网络娱乐是留守儿童的主要网络活动，学习则是留守儿童较少的活动。尼尔·波兹曼在《娱乐至死》中表达了这样的观点，电视媒介将一切内容都以感性的、娱乐的方式加以呈现，人不知不觉地成为娱乐主义的消费者，并沦为"娱乐至死"的附庸。网络媒介更是如此，海量信息内容，多元化的表达方式无处不彰显着娱乐目的。对于农村留守儿童而言，生活环境物质并不充裕，身心发育不成熟但充满好奇。他们借助网络媒介不仅达到了娱乐的目的，还以此填补内心的空虚，缓解家庭、父母陪伴缺失。可以说，如果不能有效改善留守儿童网络使用的过度娱乐化的局面，提升他们的网络素养，网络将对留守儿童产生严重的负面影响。

二 农村留守儿童网络素养缺失原因分析

农村留守儿童网络素养提升是一个社会系统性问题。留守儿童网络素养缺失的原因可以总结为以下几点。

第一，学校网络素养教育不足。学校教育是网络素养教育的主阵地，但是本研究发现学校没有担负起这个责任。网络素养是信息科技课的重要内容，但由于信息科技课不是升学考试科目，在应试教育的影响下，农村学校对信息科技类教育普遍不重视，教学理念、教学方式、师资力量、课时投入等方面均存在不足，网络素养教育更是没有得到应有的重视。

第二，家庭网络素养教育缺失。留守儿童普遍面临家庭监管不到位、管"养"不管"教"的困境等问题。大部分农村留守儿童家长不具备良好的家庭教育理念和能力，对孩子的成长，他们要么充斥焦虑、忽视的态度，要么持放任态度，基本上没有意识到网络对儿童成长的作用。特别是祖父母监护的家庭，甚至将手机看成看护留守儿童的"电子保姆"。

第三，留守儿童个体网络意识淡薄。网络意识对个体网络使用与网络素养的提升发挥先导作用。农村留守儿童网络意识相对淡薄，而且留守儿童网络应用的权衡需求没有得到充分挖掘，对他们而言，网络更多的是发挥游戏玩具或社交工具的作用。而网络蕴含的学习机会和学习资源则未被有效利用。这在很大程度上制约了他们网络素养的提升。

第四，农村社会文化环境萧条。随着我国市场经济与城市化发展，农村大量青壮年涌入城市，农村留下大量老人、儿童，"空心化"现象严重。伴随着乡村文化的日趋衰落，数字文化并未兴起，网络只是人们的社交工具。农村地区面临文化"虽破不立"的尴尬局面。这使得留守儿童成长面临文化无根的境地。

更进一步说，农村留守儿童网络素养水平低下的问题反映了他们所面临的贫困文化代际传递的困境。这也是制约留守儿童成长的最根本因素。美国人类学家奥斯卡·刘易斯指出，贫困文化是指贫困人群的特定生活方式、行为模式及价值取向。贫困文化代际传递是指这些价值观、态度和习俗等因素由父母传递给子女，使子女在成年后重复父母的贫困境遇。① 贫困文化代际传递使得留守儿童在生活方式、心理特质、行为模式、性格养成以及价值倾向等方面，表现出与其父辈极强的相似性与继承性。

而且，贫困文化代际传递是制约留守儿童成长的一个重要因素，它不仅对留守儿童的身心发展产生影响，还会影响留守儿童的社会发展空间，制约留守儿童社会流动的可能性。由于先赋因素的不足，留守儿童得到的社会文化经济资本相对较少。这对其实现社会流动设置了较大障碍。"如果一个社会中社会成员的地位，先赋性因素决定性太强，向上

---

① 张屹山、杨春辉：《贫困代际传递的演化博弈与政策制度探析》，《社会科学战线》2019年第9期。

流动困难，代际流动趋于停滞，社会分层结构就会趋于封闭，形成阶层固化。"① 留守儿童家庭社会经济条件相对较弱，而且面临家庭监管缺失的问题，家庭并不能为其生长提供良好的氛围。留守儿童需要通过更多的后天努力来改变自己的命运。

---

① 周长城、张敏敏：《论阶层固化的成因与危害》，《人民论坛》2014 年第 11 期。

第六章　农村留守儿童网络素养
教育体系建构

留守儿童网络素养教育是一个社会性、系统性的问题，单一的视角并不能有效解决这个问题，还需要引起全社会的广泛关注。基于前文调查分析，农村留守儿童的网络接触与网络素养存在诸多不足，本章将在留守儿童网络素养现状与影响因素分析基础上，基于社会支持理论建构农村留守儿童网络素养教育体系，并从政府、学校与家庭三个层面提出农村留守儿童网络素养教育策略。

第一节　社会支持理论概述

社会支持理论的出现可上溯到法国著名社会学家涂尔干。涂尔干在研究个体自杀现象时，发现那些社会化程度较低或者被社会排斥的个体，较易出现健康问题，甚至可能出现自杀现象。起初，该理论被用在精神病学研究中，20世纪中期以来，社会支持理论在社会学、心理学等领域逐渐受到重视。

社会支持理论认为，社会成员的社会交往关系、社会环境会对人的心理成长与社会适应能力产生重要影响，有组织的人际关系网络能够帮助人们满足我们社会中的表达性和工具性的需求，并可防止不正当动机的产生。而且，社会支持可以从功能和操作两方面进行解读。其一，从功能上讲，社会支持主要来自家庭中父母、亲戚、朋友等重要他人，它属于个体从其所处的社会关系网络中所获取的物质、经济、精神等方面的支持；其二，从操作上讲，社会支持离不开社会关系对被支持个体的作用关系。[①] 近几年，社会支持理论已经发展成为一种社会科学研究的"范式"。社会支持是人类社会的内在需求和基本表征，人类在社会交往和活动中不断地建构和发展自身的社会支持网络，从而取得更有效的社会支持。

学界对"社会支持"的探讨不断深入。Caplan、Cohen 与郑杭生等学者对社会支持进行了较有代表性的界定。Caplan 认为，社会支持是持续性的社会聚合，是通过个人与其他人及社会网络的相互作用而成为支持系统，能满足个体需求或增进其适应的能力。[②] Cohen 等人认为，社会支持是个体周围的其他人所提供的，能帮助个体应对眼前的困难和压力的资源。[③] 我国学者丘海雄等认为，社会支持是个人、组织等基于一定社会网络对弱势者提供物质、信息或精神等帮助或服务。[④] 郑杭生认为，社会支持的实现是一个由政府组织行为、非政府组织行为、社区行为和个人行为组成的社会系统工程。[⑤]

而且，社会支持是一个复杂的系统，涉及许多因素。有研究指出，社会支持系统主要包括社会支持主体、社会支持客体和社会支持介体三个方面。社会支持主体即社会支持的实施者；社会支持客体即指社会支持的接受者；社会支持介体是社会支持内容和手段的统一，是联结社会支持主体与客体之间的纽带。社会支持的介体可分为情感支持、信息支持、友谊支持和工具性支持。[⑥]

———————————

① 赵磊磊：《农村留守儿童学校适应及其社会支持研究》，博士学位论文，华东师范大学，2019 年。

② M. E. Perkins, "Support Systems and Community Mental Health", *Journal of Public Health*, No. 11, 2015, p. 1250.

③ Sheldon Cohen, "Stress, Social Support, and the Buffering Hypothesis", *Journal of Psychol Bull*, Vol. 98, No. 2, 1985, pp. 310 – 357.

④ 丘海雄、陈健民、任焰：《社会支持结构的转变：从一元到多元》，《社会学研究》1998 年第 4 期。

⑤ 郑杭生等：《转型中的中国社会和中国社会的转型》，首都师范大学出版社 1996 年版，第 319 页。

⑥ 孙璐：《社会支持理论视角下居家养老服务问题探析——以南京市栖霞区为例》，硕士学位论文，南京大学，2015 年。

总体看，当前的社会支持研究可以归纳为两种研究取向，一种取向面向客观性支持，比如物质方面等可见的、现实性服务与支持；另一种取向面向主观性支持，比如个人在社会中被尊重以及情感体验的满足程度。

　　当前，学术界基于社会支持理论对儿童群体的帮扶研究进行了大量研究。比如，李燕平等将社会支持分为提供有用的信息或认知指导、情感支持、实际帮助三个类型，并从家庭、社区、社会层面对生活困难家庭青少年的社会支持状况进行了分析。[1] 崔丽娟等从社会支持系统视角对留守儿童社会适应不良问题进行分析，指出产生问题的主要原因不仅是父母长期外出，更在于自身社会支持系统的建构和利用不足，并对社会支持系统的建构提出对策。[2] 陈志其在厘清儿童家庭教育的社会支持主体、支持方式以及支持内容等问题的基础上，建构家庭教育的社会支持体系，形成社会多元主体共同参与的"混合式""普惠性"支持模式。[3]

　　总体看，社会支持成为一个具有高度普适性的概念，并在各种不同社会领域得到应用。对社会支持的普适性关注触及了具有哲学意味的价值判断问题。[4] 社会支持理论当前研究展现了社会支持的相关要素、内容与模式等。这为留守儿童网络素养教育的社会支持提供启发和理论支撑。

第二节　网络素养教育的范式理念

　　网络素养教育范式理念涉及"如何进行网络素养教育"的问题。虽

---

　　① 李燕平、马玉娜、文思君、高雅娟：《社会支持理论视角下生活困难家庭青少年的帮扶需求研究》，《中国青年社会科学》2019 年第 2 期。

　　② 崔丽娟、肖雨蒙：《依托乡村振兴战略改善社会支持系统：留守儿童社会适应促进对策》，《苏州大学学报》（教育科学版）2022 年第 1 期。

　　③ 陈志其：《家庭教育的社会转向及其支持体系建构——基于福利多元主义理论视角》，《基础教育》2021 年第 2 期。

　　④ 胡雪瑾：《论传播社会支持理论渊源与重构》，《中国出版》2016 年第 12 期。

然网络媒体具有自身独有的文化特质，也形成了自身的范式教育理念。但对留守儿童而言，他们的身心发育并不成熟，世界观、人生观与价值观尚未最终形成。网络虽然打开了留守儿童认识世界的一扇窗，但他们的网络应用过程中布满陷阱。因此，我们应对留守儿童网络应用保持一份清醒，对留守儿童的网络素养教育进行理性、务实的思考。本研究结合媒介素养教育相关理论对留守儿童网络素养教育进行探讨。

一 媒介素养教育范式演化

由于媒介素养教育的发展历史更为长久，也更为成熟，本研究在此将网络素养置于媒介素养讨论之中。一般认为，媒介素养教育最早起源于 20 世纪初的英国。英国文化研究学者李维斯和其学生汤普森出版的《文化与环境：培养批判的意识》首次提出"媒介素养教育"一词。经过近百年的发展，媒介素养教育经历了"免疫范式""分析范式""破译范式"与"赋能范式"。

（一）媒介素养教育的"免疫范式"

"免疫"是媒介素养教育的初衷。媒体传播与文化存在密切关系，"一种媒体的创制与推广，往往孕育了一种新的文化或文明。"[1] 20 世纪初以电影工业为代表的大众媒介得到迅猛发展，同时也催生了一种以大众媒介为载体的"大众文化"（mass culture）的发展。

但是，当时大部分电影涉及情爱、暴力犯罪等内容，也导致了当时流行的大众文化是一种"标准化的和向低水平对标的文化"[2]，而为数不少的青年儿童沉溺于电影中而无法自拔。因此，在英国社会掀起了一场关于大众文化的争论，其焦点在于电影对青年儿童产生的影响。媒介素养教育的提出则是从维护英国传统文化的角度，关注大众文化对传统精英文化的冲击，从而致力于提高受众的"免疫力"，以抵御媒介的负面

---

① 王政挺：《传播：文化与理解》，人民出版社 1998 年版，第 202 页。
② Leavis F. R., Denys Thompson, *Culture and Environment：The Training of Critical Awareness*, Greenwood Press, 1977, pp. 3 – 5.

影响。① 李维斯认为必须训练公民区分与抵制。基于这种保护主义的立场，李维斯对媒介素养教育进行论述并提出实践建议。他指出，"派遣文化传教士，就是一支小规模、秘密的文化知识分子队伍，在大学建立文化的前沿阵地，维护文学和文化传统，鼓励'它不断的复苏'。在学校武装学生，向野蛮的大众文化和大众文明发起进攻"②。在西欧的学校教育中，为中小学开设媒介知识的讲座或课程，在媒介教育过程中，大众媒体被看作是病毒一般的存在，以培养学生对大众媒介的批判或抵制意识，学生所接受的媒介教育就像打疫苗免疫。马斯特曼将这种针对媒介教育形象地称为"免疫式"媒介素养教育。

可见，20世纪初的英国媒介教育与英国保守的文化传统存在密切关系，英国文化传统注重其民族文化的纯洁性、社会精神格调。当新生而又低俗、粗陋的大众媒介文化对其保守的传统文化构成威胁时，"免疫式"媒介素养教育便成为最为自然的首选方式，以对其文化传统形成保护作用。教育内容强调少数人高雅的"文学文化"的作用，并通过高雅文学文化的教育，对当时流行大众文化进行实践批评，进而实现对英国的传统文化、道德和价值观的免疫式保护。

总体来说，"免疫式"媒体素养教育对大众媒介采取"抵制"态度，在某种程度上能捍卫、保护本国的传统文化和精英文化，保护儿童不受低劣媒介内容的影响，具有一定的价值和意义，但若将一切媒介都看作洪水猛兽，对它们进行全面、盲目的抵制，则过犹不及，乃至作茧自缚，对媒介创造的大千世界视而不见。

（二）媒介素养教育的"分析范式"

随着英国文化研究学派的崛起与成熟，人们对大众文化的认识产生了新观念，媒介教育在20世纪50年代发生了一次转折。

由于伯明翰大学的英国文化研究学派，受到当时西方社会发展和马克思主义影响，反对当时传统的精英文化的立场。它们认为文化不再是

---

① 袁军：《媒介素养教育论》，中国传媒大学出版社2010年版。
② ［英］约翰·斯道雷：《文化理论与通俗文化导论》，杨竹山等译，南京大学出版社2001年版，第45页。

精英阶层的特权，而是"全部的生活方式"，具有人类学意义。因此，大众文化被赋予了全新的意义，人们必须重视审视大众文化，也必须重新确定对待大众文化的载体大众媒介的态度。① 因此，文化学派反对"李维斯主义"文化立场，如文化学派代表人物威廉斯指出，"对于文化这个概念，困难之处在于我们必须不断地扩展它的意义，直至它与我们的日常生活几乎成为同义的"②。

在此背景下，学校的媒介素养教育理念发生了转变，从全面地抵制与批判转型为"分析欣赏"大众媒介，媒介素养教育的"分析范式"由此成形。媒介素养教育着眼于利用学生对大众媒介的日常文化体验，认可非精英文化中也同样存在优秀文化的元素。学生不再全面抵制大众媒介，而是分析大众媒介的内容，辨析优秀的、低劣的文化作品。

媒介素养教育转型也蕴含着受众观的转变。在免疫范式中，受众是被动地接受信息，受众受到大众媒介的操纵。在分析范式视野中，受众具有一定的主动性和能动性，可以对大众媒介内容进行分析批判，并将媒介内容为我所用。从某种程度上，分析范式与受众行为中"使用与满足理论"相吻合。可以说，分析范式推动了媒介素养教育的发展，让学生更清楚地认识媒介文化的权力本质，并能提高学生的媒介自觉性。

（三）媒介素养教育的"破译范式"

20 世纪 70 年代符号学的兴起为人们对大众媒介的解读提供了一种新视野。"符号"和"表征"是符号学的两个核心概念。符号是信息传播的载体，它不仅代表事物形式、被符号指涉的对象，还承载着对符号的意义解释。霍克斯指出："任何事物只要它单独存在，并和另一事物有联系，而且可以被'解释'，那么它的功能就是符号。"③ 从某种意义上说，传播实质就是符号的传播和理解。无论哪种媒介，其内容的表现

---

① 蔡骐：《论大众文化与媒介教育的范式变迁》，《现代传播》2002 年第 1 期。

② 罗钢、刘象愚主编：《文化研究读本》，中国社会科学出版社 2000 年版，第 7 页。

③ ［英］特伦斯·霍克斯：《结构主义和符号学》，瞿铁鹏译，上海译文出版社 1987 年版，第 132 页。

形式都是由符码构成的，都是由媒介加工者按某种规则生产出来，受众又遵循一定的方式去解读其中的内容和意义。

符号具有表征功能。人们在媒介上看到的内容都是符号的建构，而非事物本身。因此，人们处在已经被媒介化（mediated）的世界中。也就是说，人们所接触到的媒介内容都是经过加工过的、用符号建构的某种表征，人们也正是通过符号表征来认识世界。李普曼的拟态环境概念与此有异曲同工之妙。媒介为我们构造了一个拟态环境，并不是现实环境的镜子式的再现，而是传播媒介通过对象征性事件或信息进行选择和加工、重新加以结构化以后向人们提示的环境。"我们必须特别注意到一个共同的因素，就是在人与环境之间插入了一个拟态环境，他的行为是对拟态环境的反应。但是，正因为这种反应是实际的行为，所以它的结果并不作用于刺激引发了行为的拟态环境，而是作用于行为实际发生的现实环境。"①

分析范式下的媒介素养教育目的可以概括为两方面。一方面，媒介素养教育旨在让学生掌握大众媒介的编码、解码的过程与规则，能更好理解相关的媒介信息，并能在具体的社会历史语境中对媒介内容进行理解。另一方面，媒介素养教育要让学生了解所有的媒介内容是一种媒介象征，是由符号建构出来的表征，并不等同于事实本身，而且让学生知晓媒介背后有社会、有政府、有权力，有作为反映这种真实的媒体本身的局限，打破对媒介的神秘幻想，要于媒介的表现中自觉加以辨别，自主获取知识。②

（四）媒介素养的"赋权范式"

互联网媒介的发展和应用普及，改变了社会组织结构和人们的交往方式，也对权力结构发挥着消解和重构作用。因此，网络媒介不仅带来了海量信息，还能改善人的政治经济文化权利，"赋权"成为人们讨论的一个热词。赋权源于社会工作，在《社会工作词典》中，赋权指的是

---

① Lippman, Walter, *Public Opinion*, New York：Macmillan, 1956, p. 15.

② 袁军：《媒介素养教育论》，中国传媒大学出版社 2010 年版，第 16 页。

"帮助个人、家庭、团体或者社区提高其个人的、人际的、经济的或政治上的能力，而达到改善他们现状的目的的过程"①。它意味着被赋权的人增强了处理事件的能力和权力，并能改进社会权力结构和公共生活状况。

网络媒介出现时，尼葛洛庞帝就提出"数字化赋权"概念，并将数字化赋权与分散权力、全球化、追求和谐称为数字化生存的四个特质②。尼葛洛庞帝突出数字化赋权能使人容易进入、流动性以及引发变迁的能力。此后有许多研究者阐述网络赋权、媒介赋权等概念。通常，媒介赋权意指通过媒介为一些所谓的"边缘性"或"弱势"群体赋予媒介资源或权力，改善其自身处境和增强媒介应用能力，从而优化其主体权力结构，并实现自我价值。

在此基础上，赋权范式下的媒介素养教育就是要引导学生提高媒介应用能力，并能正确、合理地使用自己的媒介权利，针对公共议题发表个人见解，以此参与并改进公共生活状况，顺利完成自我赋权。③ 赋权范式下的媒介素养教育的基本理念以个体能力建构和权力提升为导向，并以完善公共生活为目标。英国学者 Livingstone 指出媒介素养内涵应得以扩充，使得受众能够通晓文本、能力与权力三者之间的关系，并提升自身的行动力。④ 詹金斯也认为媒介教育目标需要重新定位，让年青一代把自己看作是文化生产者和参与者，而非是危险的文化消费者。⑤ 赋权范式下的媒介素养教育并不依赖媒介知识的灌输，而是依赖个体不断地参与媒介生产和传播，并有效地、合理地进行媒介互动。虽然这种媒

① 黄月琴：《"弱者"与新媒介赋权研究——基于关系维度的述评》，《新闻记者》2015 年第 7 期。

② ［美］尼葛洛庞帝：《数字化生存》，胡泳、范海燕译，海南出版社 1997 年版，第 269 页。

③ 闫方洁：《从"释放"到"赋权"自媒体语境下媒介素养教育理念的嬗变》，《现代传播》（中国传媒大学学报）2015 年第 7 期。

④ Sonia Livingstone, "Media Literacy and the Challenge of New Information and Communication Technologies", *Journal of Communication Review*, Vol. 7, No. 1, 2004, pp. 3 – 14.

⑤ ［美］亨利·詹金斯：《融合文化：新媒体和旧媒体的冲突地带》，杜永明译，商务印书馆 2012 年版，第 49 页。

介素养教育仍处于发轫阶段，但也能激发社会大多数人的创造力、想象力和灵活性。

二 网络素养教育的"融合"范式

当前网络素养教育理念从保守型的"免疫范式"逐渐走向建设性的"赋权范式"。赋权成为儿童网络素养教育的新价值追求。有研究者指出，媒介素养教育不仅要培养大众对媒介负面功能的觉醒和反省能力，更要培养其有效运用媒体成长为民主社会中积极成员的能力，即媒介素养教育需要从"释放"走向"赋权"。[①]

但这实际上也只是一种美好的理论构想，儿童被看作是成人的"附属品"，没有独立的人格，没有机会表达自己的意愿，并未真正分享应有的社会权利。有研究者对留守儿童媒介素养"赋权之路有多远"进行审问。根据帕森斯赋权理论的三个层面，留守儿童的赋权只是集中在个人层面和人际层面，也就是留守儿童具备了个人自尊和自信的增长与大胆说出自己的观点并获得批判思考的能力，但是他们并没有在社会层面得到赋权，也就是没有在社会和政治决策过程中担当积极的角色。[②]

另一方面，学校网络素养教育似乎更多地停留在网络技能层面，也就是让儿童掌握网络信息获取、处理、传输等技能。而且，学校教育具有理想化、简单化的特点，为儿童学习和发展设置了一个理想的"保温箱"。而网络素养教育的根本目的并非网络技能的认知传授，而是为儿童提供有效手段形成对网络社会的分析与预测能力，以面向复杂的社会和不确定的未来。而且，留守儿童问题是我国社会转型过程中产生的问题，涉及社会发展的各个方面。因此，对于留守儿童网络素养教育的复杂性和长期性特征，我们还需要更深入地思考。

本研究认为，留守儿童网络素养教育应采用"融合"范式。总体而

① 闫方洁：《从"释放"到"赋权"：自媒体语境下媒介素养教育理念的嬗变》，《现代传播》（中国传媒大学学报）2015 年第 7 期。

② 郑素侠：《农村留守儿童的媒介使用与媒介素养教育》，社会科学文献出版社 2017 年版。

言，媒介素养教育的"免疫范式""分析范式""破译范式"与"赋权范式"都具有一定合理性，都是不同理论视角和社会发展阶段的产物。这四种媒介素养教育范式虽然在时间顺序上是依次递进出现的，但它们之间并不是排斥、否定关系，而是相互影响，相互补充，能共同促进留守儿童的网络素养教育发展。

一方面，面对良莠不齐的网络信息与纷繁复杂的网络世界，留守儿童身心发育并不成熟，他们很难抵御网络不良信息的诱惑，依然需要网络信息的"免疫能力"，并提升他们对网络信息的分析与批判能力。同时，培养留守儿童网络信息的鉴别能力、批判意识和对网络信息负面功能的抵御能力，能克服网络滋生的不良流行文化对我国优秀传统文化的冲击。另一方面，还应发挥网络的建设性功能，网络素养不应被简单地看作用来进行个人表达的技巧，还应注重留守儿童在网络社会中的生活适应能力。因此，网络素养教育应注重留守儿童在网络媒介中的共享、参与和创新等能力的培养。

总之，网络素养教育应走出非此即彼的思维方式，单纯某一范式并不能解决网络素养问题。我们应走向网络素养教育范式的融合，全面关照留守儿童的成长，让留守儿童能力得到全面培养，使他们成为网络社会中合格的一员。

第三节　农村留守儿童网络素养教育
社会支持体系建构

费孝通曾指出："孩子碰着的不是一个为他方便而设下的世界，而是一个为成人们方便所布置下的园地。"① 可以说，优越的社会环境与文化氛围是留守儿童健康成长的沃土。留守儿童成长是一个动态的过程，他们在与社会环境的交互中潜移默化地接受着周围文化影响与熏陶。依据

① 费孝通：《乡土中国》，生活·读书·新知三联书店1985年版，第146页。

社会支持理论，社会支持体系是一种融合社会关系网络及多方面帮助的多元支持系统，而且，社会支持体系的设计需综合考虑相应的社会环境、社会网络与实际帮助之间的整体性。[①] 留守儿童问题是一个社会问题，破解留守儿童问题需要全社会的关注。社会支持理论为留守儿童网络素养教育提供了良好的理论支撑，我们可以建构留守儿童网络素养教育的社会支持体系。

一　留守儿童网络素养教育社会支持系统的要素

留守儿童网络素养提升并不是一个依靠单个实体力量就可以独自有效解决的议题，需要政府、学校、家庭等多个主体的共同合作与努力。本研究认为，政府、学校、家长是最主要社会支持主体要素，他们对留守儿童施加教育与关怀等社会支持内容。

第一，政府是推动留守儿童发展最坚实的后盾，政府应发挥留守儿童网络素养教育主导者的作用，为留守儿童创设良好的成长条件与制度、文化环境，推动留守儿童网络素养教育的开展。

首先，政府应加强监管力度，发挥调控和补位功能，采取切实举措关爱留守儿童成长及困难家庭，并对留守儿童家庭、学习等情况进行全面了解，并进行动态化管理。比如，利用技术手段，建立留守儿童成长的电子档案和数据库。特别是乡镇和村镇级政府应加强对留守儿童的关爱，破除留守儿童生活、学习、情感等方面的困难，为留守儿童成长创设温馨的社会环境。

其次，政府应用制度净化网络环境，通过法律或政策手段促进留守儿童的网络素养的提升。乡镇政府、乡村与社区应积极推动社会组织和民间机构开展群众性的网络素养宣传教育活动，提高民众对网络的认识和网络素养的关注度，从而形成网络素养教育的社会网络和良好的社会认知氛围。比如，通过立法或出台政策合理规范儿童上网渠道、时间与

---

① 赵磊磊：《农村留守儿童学校适应及其社会支持研究》，博士学位论文，华东师范大学，2019年。

上网频率，并规限互联网公司运营方式，敦促网络内容审查，为儿童的网络活动创设晴朗的网络空间。

最后，政府还应发挥协调作用，协调留守儿童家庭、学校、乡镇等基层组织以及高校研究机构的关系，调动各方面积极力量，凝聚工作合力，共同推动留守儿童网络素养发展。比如，开办农民工家庭教育培训辅导，充分利用地方教育资源、优质网络教育资源或高校资源，转变或提升外出务工家长与留守儿童监护人的教育理念、方法和策略，营造积极向上的家庭教育氛围。

第二，学校是留守儿童网络素养教育的主阵地，也是关键枢纽。网络素养教育不应局限于网络媒介的认知与技能操作的教授，还应对留守儿童进行网络赋权，鼓励他们主动参与社会活动，树立正确的人生观、价值观，建构积极的自我认同与文化认同。因此，学校要正视网络素养教育的重要性，引导留守儿童能"知网、懂网、用网"，使网络成为留守儿童成长的阶梯。

具体而言，学校可以单独开设网络素养教育课程，也可以将网络素养贯穿学校教育整个过程，实现网络素养教育与学科教育的整合。另外，学校教育还可以设置各种网络素养教育活动，实现网络和现实的有机融合，以达到用网络促进儿童学习与生活、提高儿童生活质量的目的。在此需要指出的是，学校教育应革除"灌输式"的传统教育理念，教师应引导儿童合理上网，正确用网，从而释放儿童的能动性和主动性，使儿童成为网络活动的主体，具备承担社会责任和参与公共事务的能力与意识。

第三，家庭是留守儿童生活的港湾，也是成长的堡垒。家庭是留守儿童成长过程中的第一所学校，家长是儿童成长的启蒙者和奠基者，会为儿童的发展打上"底色"。留守儿童的网络素养教育需要家庭的配合，家长或监护人不仅能对儿童提供生活抚养，还应做到自己"知网""懂网"，具备监护的责任和意识。要正确认识网络对孩子成长的积极作用和不良影响，也要意识到孩子网络应用上自我管理的问题与不足，强化儿童防沉迷意识，既不能一味地视网络为"洪水猛兽"，也不能放任不管，而是要合理监管儿童的网络活动。而且，家长要积极配合学校教育活动，加强与学校、与教师的沟通，充分发挥家校共育的教育功能，不能一味放任或禁止孩子合理的上网要求，而是应采用疏堵结合，有条件地允许孩子使用网络，引导孩子健康上网、合理用网。

二 留守儿童网络素养教育社会支持体系的运行机制

本研究通过对留守儿童网络素养教育社会支持要素的考察，并综合媒介素养教育理念，建构留守儿童网络素养教育的社会支持系统，并对其运行机制进行探讨，如图 6-1 所示。

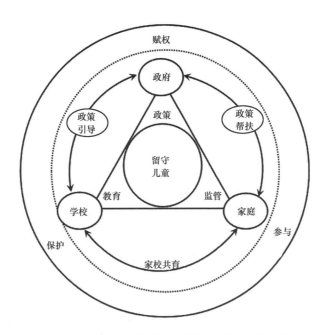

图 6-1 留守儿童网络素养教育的社会支持系统

第一，留守儿童是该网络素养教育社会支持系统的中心环节。政府、学校与家庭等社会支持系统要素应基于"以儿童为中心"的教育理念，围绕留守儿童开展网络素养教育活动。在这个系统中，政府通过政策手段影响学校、家庭，为留守儿童创设教育与成长的有利条件；学校则发挥教育功能，培养留守儿童的用网能力，使他们真正融入网络社会；家庭通过合理的监管手段引导留守儿童养成良好的网络习惯，克服留守儿童的网络沉溺现象。可以说，三者协同作用，引导留守儿童合理用网，"以网促成长"是留守儿童网络素养教育的核心目的。

第二，政府、学校与家庭之间存在相互影响关系。政府主要是通过政策手段影响学校教育，并为学校教育制订方案指导，提供经费投入，为留守儿童教育提供必要的人力、物力支持。学校应主动贯彻政府政策，积极推动留守儿童的教育和关爱。同时，政府通过政策帮扶影响家庭监管，在家庭和儿童之间建立"亲情热线"，促使家庭重视留守儿童的网络素养，调动家庭监管的积极性。政府还应协调社会各方积极关注留守儿童问题，为留守儿童网络素养教育提供必要帮助。

学校与家庭之间则建立家校共育关系。学校建立留守儿童成长档案，与家庭、监护人建立共育关系，共同关注留守儿童成长与网络素养的培养。家庭则应把"一切为了孩子，为了一切孩子，为了孩子一切"的观念作为自身行动参考，关注儿童成长和网络素养的提升，积极响应政府政策，配合学校教育活动，共同促进儿童发展。

第三，留守儿童网络素养的社会支持系统应践行"保护""赋权"与"参与"的网络素养教育理念。我们应立足我国社会发展与留守儿童成长的实际情况，抛弃"非此即彼"的教育口号，对他们的网络素养教育进行综合考量。网络素养的提升不仅仅是防御和批判，而是同时作为受众和传播主体的情况下，增强全方位的素养。

一是，虽然网络素养教育理念发生转变，但网络信息良莠不齐，网络活动极易戕害留守儿童成长。因此，我们依然强调对留守儿童网络活动的"保护"作用。儿童的心智就像一个白板，极易被各种信息"填充"与"涂抹"。因此，限制留守儿童的网络使用时间，并帮助他们养成良好的网络接触习惯是非常必要的。

家庭是留守儿童网络使用的最主要场所。家长或监护人应对留守儿童上网的时间、内容进行规定，或者让他们有选择地接触某些网络内容。比如，家长规定每次上网的时间不能超过 30 分钟，不能登录不健康的网站，不能浏览不适合儿童的网页信息。需要指出，家长可以采取技术的手段实现，或者经过家长与儿童的"协商"后采取手段。而且家长不能采取"专制"的手段，否则会适得其反，甚至会激起孩子的反抗。另外，政府、学校也应采取相应措施对留守儿童的网络接触实施"保护"，比如，政府通过行政法规或法律禁止 18 岁以下的儿童进入网吧，并开展宣传教育。学校对留守儿童开展网络素养教育，保障留守儿童良好的网络接触行为。

二是，我们还顺应网络社会的内在精神，对留守儿童"赋权"，为儿童提供足够的发展机会，提升他们网络活动的"权力"，并为他们网络参与活动创造条件与机会，鼓励他们"参与"网络活动。

赋权网络素养教育不应是传统的知识型教育，它依赖于网络使用个体不断地自我诠释和调适，并应面向网络使用过程，在过程中促进留守儿童的自我提升与自我实现。因此，政府、学校与家庭应为留守儿童提供足够的话语权与参与机会，帮助他们学会积极应用网络媒体维护自我权益，培养敏锐的认同意识和批判思维，强化留守儿童的个体认知和主体性。特别是学校教育应打破知识灌输的方式，大力开展各种网络素养教育活动，在网络活动与参与过程中，通过互动和对话，帮助他们发出声音、发展自我，以发掘他们的内在潜力，提升网络活动的能力和信心，以唤醒留守儿童的自我意识，促进他们的成长。

第四节　农村留守儿童网络素养教育的具体策略

本研究将政府、学校与家庭作为留守儿童网络素养教育的社会支持系统主体要素，每个社会支持主体要素应承担不同的职责，发挥各自功能责任。本研究从政府、学校与家庭三个维度出发，进一步探讨农村留守儿童网络素养教育的具体策略。

一　政府维度下的农村留守儿童网络素养教育策略

政府在留守儿童网络素养教育中发挥主导作用。政府作为留守儿童治理的主体，应当在留守儿童网络素养教育中承担顶层设计的职责，担负起长期规划、宏观统筹、制度设计与调配资源等责任，为留守儿童成长创设健全的生长环境与文化氛围。

首先，政府应大力支持农村地区的教育工作，提升农村学校的办学质量。教育是阻断贫困代际相传的最有效的手段，加强农村地区的教育投资，本质上是为了农村地区未来的长远发展。① 因此，各级政府应落实"以学生为本"的教育理念，为农村教育提供足够的教育经费与师资支持，保证农村学校良好的师生比和教学条件。这样才能推动新课程改革的实施，全方位提高学生素质；才能确保教师有充足的时间和精力去关心、关注每一位学生、每一个留守儿童。同时，政府应推动教学理念的变革与教学评价方式的转变，鼓励学校摆脱"应试教育"的束缚，重视信息科技等课程的开设，并指定专门教师指导留守儿童的网络行为，提升留守儿童网络素养，促进留守儿童的全面发展。

其次，政府可以组织"互联网＋帮扶"活动，采用网络直播、录播或者网络辅导陪伴等方式，对留守儿童进行针对性帮扶，诸如对留守儿童进行手工品制作、学习辅导、心理疏通等活动。开展网络帮扶活动，既可以打破时空限制，提高活动的便利性与操作性，也可以让留守儿童体验网络的社会连接和学习功能，提高他们对网络的认知和理解，提升他们的网络社会参与，还有助于使留守儿童感受到社会的关爱与帮助，使他们内心不再闭塞空虚，并能减少他们对网络的媒介依赖，缓解网络沉溺现象。

再次，政府应加强家长或监护人教育，加大留守儿童关爱宣传。通过讲座、张贴宣传、线上活动等方式加强对家长的教育，提升留守儿童家长或监护人的家庭教育能力与意识，提升他们的网络素养教育技能与

---

① 姜玢竹：《湖北农村留守儿童媒介素养研究》，硕士学位论文，武汉大学，2020 年。

方法。特别是乡镇政府与村委会应发挥自身在乡村管理中的优势，发挥政府、学校与留守儿童家庭之间的桥梁纽带作用。

最后，各级政府设计留守儿童关爱政策与制度，推动留守儿童的网络素养教育。比如，建立留守儿童帮扶机制，组织动员高校科研力量、大学生或其他行业人士对留守儿童进行帮扶活动，对留守儿童的网络行为和网络素养提供有针对性的帮助和辅助。政府还可以举办各种留守儿童公益活动，到各高校或科技场馆进行参观、体验或组织研学活动，让留守儿童感受城市、高校、科研机构的科学文化底蕴和氛围，激励留守儿童奋发图强，努力学习，树立良好的学习榜样和奋斗目标。

乡镇、村委员会应统筹留守儿童关爱工作，充分整合乡村内资源，比如建立图书阅览室、民俗活动室等场所，利用老人"传、帮、带"的作用，开展民俗活动，传承乡村文化，能丰富留守儿童活动，充实留守儿童的精神心灵。可以说，以乡村集体活力扭转留守儿童个体封闭的生活状态，为他们的成长创造温馨条件，有助于减少留守儿童沉溺网络的时间与密度，将留守儿童从技术设备的牢笼里解放出来，用心灵去感受这个世界的温度[1]，提升留守儿童家乡认同感和社会参与度。

二 学校维度下的农村留守儿童网络素养教育策略

"教化之本，出于学校"。学校教育对儿童发展具有重要影响。在家长监管缺失的情况下，学校对农村留守儿童培养的重要作用更加突出，也是农村留守儿童网络素养提升的主阵地。学校应发挥其教育的主导作用，重视网络素养教育，并积极利用各项教育资源组织开展多元化的教学活动，对学生进行网络素养教育。

（一）正确认识网络素养教育内涵

在家庭教育失位、教育资源相对缺乏的农村地区，学校是儿童成长过程中的关键因素，也是培养留守儿童网络素养教育的主阵地。但农村地区存在学校师资力量不足、教学设施不足与升学压力等问题，致使很

---

① 孙亚娟、梁华：《数字时代的童年危机与守护》，《当代教育科学》2022年第10期。

多学校根本不重视网络素养教育。当今世界已经步入网络社会，人们对网络素养需要重新认识。

如前文所述，人们对网络素养的认识是一个动态发展的过程，网络素养内涵逐渐丰富。网络素养的内涵由一般意义上的"文化素养"上升为人的生存技能或能力。网络素养不仅只是网络技术的外显操作性技能，还涉及"如何用网""怎样用好网"等内隐性问题，网络素养的目的在于提升人们在网络社会中的生存质量。

媒介问题本质上是文化问题，关涉的是思想、价值观、信念和趣味，而不是技术技巧。这才是理解素养含义的真正把手。应该让素养催生技巧，而不是相反，技巧这条小舟拉不动素养的大船。① 更进一步说，网络文明进一步丰富了人的存在方式，构成了人发展的更高层次基础，也是人的发展的内在要求。首先，网络素养体现为网络技术应用的知识与能力。技术是文明的物质层面，知识与能力反映了"做什么"的问题，个体通过具备必要的知识能力以掌握网络技术和信息的应用。否则，网络素养将无从谈起。其次，网络素养顺应网络文明的思维方式。思维方式关涉"如何做"，网络文明以去中心化和强交互性的技术逻辑为基础，强调人、事与物之间的开放与融合，并由此形成了新型的全空间连接方式，而且网络媒介技术对现代人的心理时间产生直接影响②。因此，个体应学会运用网络技术建立广泛联系，充分利用网络资源促进发展。最后，网络素养还应具备必要的价值取向，价值取向反映了"应当"的诉求，承载着目标引领和行为导向等功能。每一个技术社会形态都内蕴着自身特有的价值理念，"新技术改变我们的符号，我们赖以思考问题的符号要变化。新技术改变社群的性质，我们的思想发展的舞台要变化"③。网络的开放性与融合性更强调多元性、个性自由，这孕育了共

---

① 何雪莲：《超越解构主义：新媒体时代之媒介素养教育》，《教育发展研究》2012 年第 2 期。

② 吴志远：《论网络社会时代的新媒介技术观》，《北京理工大学学报》（社会科学版）2017 年第 3 期。

③ ［美］尼尔·波兹曼：《技术垄断——文化向技术投降》，何道宽译，北京大学出版社 2007 年版，第 10 页。

享、共生和创造等价值观念。它们是共通的文化符码，能穿越人们的心灵和映射人们的行为策略和美好愿景，并能提升人的生存品质。

因此，网络已经对人的生存产生重要影响，网络素养应面向人的发展，它是个体在网络社会中获得更好生存质量应具备的素养。这要求个体要掌握在网络社会生存所必要的基本生活知识和劳动技能，掌握网络活动所必需的社会规范和行为规则，树立一定的生活目标及价值观念。[1]从一定意义上讲，网络素养是"人的发展"的重要体现，也应成为学生发展的重要素养和学校教育的重要内容。

另一方面，由于地区的经济文化发展不平衡，互联网鸿沟日益加深。而且，网络已经在儿童群体中得到广泛应用，也引发了一系列身心健康问题、人际关系失调与网络沉溺等现象。因此，消除互联网鸿沟，提升学生特别是留守儿童的网络素养，应成为学校教育的重要宗旨。

（二）转变网络素养的教学方法

当前，学校网络素养教育是依托信息科技课程展开的，而且一般是在机房上课。课堂教学内容一般是对信息技术的相关操作技能进行训练。总体看，教师对这门课的教学不甚重视，学生学习兴趣不高，教学效果一般。因此，转变教学理念，激发儿童兴趣，树立儿童主体地位应成为网络素养教育的方法引领。

我国台湾学者吴翠珍和陈世敏将文本分析、情境分析、个案研究、改作与模拟、动手做作为促进媒介素养提升的教学手段。[2] 中国社会科学院卜卫教授曾提出"提问式教育"媒介素养教育方法，具体包括角色扮演、辩论会、情境分析、个案研究、实地采访、模拟报道、媒介监测、新闻报道评奖等，这些方法的共同特征是通过"提问题"以及辩论的方式来发展对问题的想法和实践。[3]

根据网络素养教育特点和留守儿童的实际情况，学校教育应创新网

① 赵克荣：《论人的社会化与人的现代化》，《社会科学研究》2001 年第 1 期。

② 吴翠珍、陈世敏：《媒体素养教育》，台北：巨流图书股份有限公司 2007 年版。

③ 卜卫：《关于媒介素养教育作为性别平等倡导战略的研究》，《妇女研究论丛》2011 年第 5 期。

络素养教育方法，构建"以儿童为中心"的教学模式。具体来说，教师要转变单向的、灌输式的、"教师讲、学生练"的技术训练方式，应有意识地创设真实的问题情景与真实问题，引导学生分析问题、探究问题。留守儿童通过体验探究活动获得网络知识，掌握合理的网络使用方法和技巧，并形成正确的网络使用兴趣和态度，在充满生机与活力的学习探究过程中，提高自身的网络素养。

当前，"基于项目的学习"（Project-based learning）成为学术界广泛探讨的一种探究性学习方法。教师设置学习项目，并为儿童准备学习资源，儿童会围绕这个具体项目展开学习，在实践体验中建构具体的知识和经验。基于项目的学习在实践中得到验证，并取得成功。成都市金牛区沙湾路小学突破了以往的一些媒介素养教育实践中灌输式的教育方法，运用项目式学习开展媒介素养教育，将教育主题设定为学生最感兴趣的话题，将学生组成项目学习小组，鼓励学生参与活动，通过合作促进学生对问题的解决与认识。① 可以说，项目学习能激发儿童的主体性，调动学习积极性，引导儿童完成网络素养经验认识与建构。

（三）将网络素养融入日常教学

在当前各国开展的网络素养教育中，既有单独开设网络素养教育课程的，也有与其他学科相融合的网络素养教育活动。比如，新加坡在中学教育中将网络媒介素养教育与艺术和音乐等课程相融合。其中，艺术选修课程（AEP）涵盖工作室实践和艺术欣赏，强调参与广泛的创意活动过程、媒体和技术；强化艺术课程（EAP）能让学生接触到创意产业中不同的艺术媒体、创意过程和实践。② 可以说，网络素养教育内容具有较强的兼容性，能与其他课程相融合。

我国中小学阶段课程规划中总体课时较为紧缺，考虑到我国农村中

---

① 王晓艳：《媒介素养教育在中小学的创新扩散策略——以成都市金牛区媒介素养教育项目为例》，《中国电视广播学刊》2022 年第 8 期。

② Ministry of Education, "Secondary of Education", 2021, https：//www. moe. gov. sg/-/media/files/se-condary/secondary-school-booklet-2021. pdf? la ＝ en&hash ＝ 8D0692AF583 4FEC4A1595ABCC27264737A498205.

小学校网络素养教育资源匮乏和师资力量相对不足的现状以及留守儿童的学习与身心成长特点，可以根据网络素养教育目标和内容，把网络素养教育渗透到精心设计的其他教学活动中。网络素养教育与相关活动相融合是比较合理的选择，具有较强的可行性。根据网络素养教育与其他课程的渗透方式的不同，网络素养教育融合策略可以分为学科课程的融合、开发校本课程、组建社团等方式。

网络素养与学科课程的融合是通过在学科课程母体中植入网络素养相关知识、技能与价值观，达到网络素养教育的目的。如以语文、信息科技、德育等课程为母体，嵌入网络素养教育内容推行网络素养教育。网络素养与学科课程的融合引发课程教学方式的变化。比如，有研究者提出初中语文阅读教学的培养策略。具体包括：第一，确立初中语文中媒介素养教育的教学目标，兼顾语文教学与媒介素养教育的目标，并使学生对媒介信息保持清醒的认识；第二，选择教学内容，语文教学内容可以渗透媒介素养的内容，比如新闻文本、影视文学作品、与网络相关的综合阅读等；第三，改变教学方法，从教师讲练变成学生主动参与、合作探究，课堂不再是单向的灌输，而成了获得意义理解和能力发展的场所；第四，教学评价偏向主体性评价和过程性评价，超越了以成绩为主的评价方式。[①]

开发校本课程也是学校网络素养教育的重要方式。校本课程是一种结合学校自身的特色、办学理念以及办学优势，充分利用校内外的有效资源，自主开发或选择以学校为本、立足本学校的课程[②]，校本课程是与国家课程、地方课程相并列的课程形式，它是服务于本校师生的课程，也是国家课程与地方课程的有力补充。

研究者以校本课程为载体，开发校本课程促进儿童网络素养发展。比如，领荣以"如何促进农村留守儿童面向社会化发展的网络素养"为主要问题，以徐州某中学为对象，开发实施校本课程，促进该校留守儿

①　谢芬：《初中语文阅读教学培养学生媒介素养的策略研究》，硕士学位论文，西南大学，2022 年。

②　郭乐静：《基于特色学校建设的校本课程开发》，《教育理论与实践》2018 年第 35 期。

童面向社会化发展的网络素养水平。① 四川沙湾路小学积极开发媒介素养教育校本课程，设置"关于如何辨别信息""辨别疫情期间的信息真假"等研究问题，不仅提升了儿童的媒介素养，也进一步丰富了媒介素养教育主题内容聚焦的本土化。②

可以说，农村学校围绕网络素养知识、网络文本、网络技术和伦理道德开发网络素养教育课程，并以此作为儿童网络素养教育的实践平台，既能把儿童对网络媒介的感性经验带到校本课程中，激发儿童网络素养的学习兴趣，还能以多渠道、多层次、多元化的方式探讨儿童发展。

三　家庭维度下留守儿童网络素养教育提升策略

家庭是儿童成长的第一所学校，也是影响留守儿童成长最根本的症结所在，留守儿童成长亟须家庭关怀和教育。行之有效的网络素养家庭教育对留守儿童至关重要，尤其在网络社会中，网络素养甚至可以影响儿童心智的成长。因此，家庭在留守儿童网络素养提升过程中作用应该加以重视。网络素养的家庭教育并不是可有可无的，留守儿童家长应认识到网络素养对儿童的重要性和影响，承担起网络素养教育的职责。配合良好有效的沟通加之自身的经验与不断的学习，帮助孩子建立正确的网络素养观，形成网络素养。本研究结合上述调查，提出以下建议。

（一）农村留守儿童家长应树立正确教育方式

良好的家庭教养方式是留守儿童生活质量与主观幸福感提高的保障，也是留守儿童成长的前提，家庭亲子关系失调、父母教育功能缺失都会弱化留守儿童的家庭教育功能。③ 本研究调查发现，农村留守儿童父母初中学历的比例最大，实际监护人一般由母亲或祖父母承担，他们的受教育水平不高，很多祖父母更是文盲水平，而且大多数家长存在不恰当

---

① 领荣：《面向社会化发展的农村留守儿童网络素养校本课程设计与实施》，硕士学位论文，江苏师范大学，2020 年。

② 王晓艳：《媒介素养教育在中小学的创新扩散策略——以成都市金牛区媒介素养教育项目为例》，《中国电视广播学刊》2022 年第 8 期。

③ 赵可云、刘冠玲、陈宁、伦志君：《教养方式对农留守儿童成就动机的影响研究》，《中国电化教育》2022 年第 12 期。

的教育方式。因此，留守儿童家长应树立正确的教育观念。

其一，留守儿童应具备角色意识。角色意识是指"个体在特定的社会关系中对自己所扮演角色的关系、地位、作用、规范、权利、义务、形象、行为等方面的认知、态度、情感的综合反映"①。实际上，家长角色意识是一种内在的价值取向，它影响着家长教养态度与行为。留守儿童家长不仅仅是孩子的生养者，也是对留守儿童实施教育的第一任教师。留守儿童家长应清醒认识到，孩子教育不仅是学校与教师的责任，家长的家庭教育与引导责无旁贷。具体而言，家长不仅要照顾儿童的日常生活，担负起儿童衣食起居的责任，还应担负起教育儿童的责任，并关注儿童的成长情况、情感变化以及心理需求，对他们身心发展发挥保驾护航的作用。2020 年全国妇联、教育部下发《关于印发〈家长家庭教育基本行为规范〉的通知》，从家庭教育理念、教育方法等角度阐述了家长角色职责与行为规范。可以说，《家长家庭教育基本行为规范》也是留守儿童家长应担负起的角色职责。

其二，父母还要对儿童产生合理的发展期望。皮格马利翁效应表明，期待、信任能改变人的行为，合理的期望能激发儿童内在的成就动机，产生积极向上的动力。但过高的期望不但不会产生激励作用，还会使儿童望而生畏，从而产生沉重的精神负担和畏惧心理，阻碍其身心健康成长。

留守儿童家长进城务工是经济考量，是为了更好的家庭生活，但也应对儿童发展充满信心。需要指出的是，在我国家庭本位价值观的影响下，儿童在家庭中通常处在被动和屈从的地位，甚至沦为家长的"私有物品"。留守儿童处境更加窘困，他们的主体性和主动性并不受重视，其个人价值、理想追求也较少得到家庭的平等对待。因此，留守儿童家长要承认并尊重儿童的主体性和主动性，赋予每一个儿童发展机会的期待，平等对待每个儿童的个性化和多样性，给予他们充分发展的权利和机会。也就是说，家长要考虑儿童自身的条件、社会的需要及发展目标

---

① 奚从清：《角色论——个人与社会的互动》，浙江大学出版社 2010 年版，第 178 页。

实现的可能性，克服不管不问、放任自流、"一切随他"的教育观，也要杜绝动辄打骂的不良教育方式，为儿童设计发展目标，并制订合理的发展计划。

（二）农村留守儿童家长提升自身网络素养

家长作为社会文化的载体，无时无刻不在影响着儿童的行为。根据社会学习理论，儿童通过观察、模仿家长的行为，来建立或改变自己的价值观念或行为方式。因此，家长应树立正确的网络媒介观，正确认识网络，并做到合理用网，为儿童的合理用网做出表率，并引导留守儿童合理上网，培养孩子良好的上网习惯。

首先，家长要能够正确地认识网络的重要作用。网络是时代进步的产物，是人类科学技术结晶。网络已经渗透到人们生活工作中的各个方面，人与网络的关系相当于蜘蛛与蜘蛛网的关系。因此，家长应直面留守儿童网络使用问题，意识到网络不是"洪水猛兽"，一味地限制孩子的网络使用并不是问题的解决之道，反而更容易导致儿童的叛逆心理，使他们更加依赖网络。但家长也不能无视网络依赖的危害，纵容儿童无限制上网，家长要监督留守儿童合理分配上网时间，协调好儿童的学习、生活与娱乐的关系。

其次，家长要以身作则，养成良好的网络使用习惯与家庭氛围，培养一定的网络素养。家长应注意良好的家庭氛围的建立，可以和儿童一起观看科教或新闻节目，利用网络进行学习。家长或监护人还要摒弃自己不良的网络使用方式，不长时间沉迷手机，为儿童营造一个良好的家庭环境。家长也要提升自身的网络素养，学会利用网络信息来提高自己的工作效率与生活质量。家长自身所具备的网络知识与网络技能以及正确的网络使用的态度与方法，是对留守儿童最有效的网络素养家庭教育。

最后，家长要参与到儿童的网络使用过程中，给予儿童更多的陪伴。家庭监管与陪伴的缺失是导致留守儿童网络依赖的一个重要原因。英国学者发起的一项研究表明：父母不应是监视孩子的警察，而是要扮演引导孩子在数字时代中创造的角色。① 因此，家长或监护人应参与到留守儿童的网络使用过程中，并利用自身的经验和知识引导留守儿童正确上网；当遇到留守儿童不良的网络使用习惯时，家长应予以纠正，帮助留守儿童培养合理的网络使用习惯，养成良好的网络素养。

（三）家长与留守儿童加强亲子沟通

本研究发现，留守儿童的网络活动并非单纯为了上网，有留守儿童反映"思念外地父母"。可以说，父母的外出容易造成留守儿童的心理空虚。家长与留守儿童加强亲子沟通势在必行。亲子关系是家庭中最基本、最重要的一种关系，亲子关系具有极强的情感亲密性，它直接影响儿童的身心发展，并将影响他们以后形成各层次的人际关系。良好的亲子关系是儿童身心成长的重要社会支持性因素，对他们的心理健康发展具有特别重要的意义。② 特别是对于留守儿童而言，与外地务工的亲人之间的亲子沟通显得尤为重要。因此，家长应利用网络多与留守儿童进行互动沟通。

首先，家长要注重沟通方式。在家庭教育的亲子沟通中，父母要从繁忙疲惫的劳作中挤出时间进行交流，要放下向留守儿童单向传递和灌输的"架子"，尊重留守儿童的主体地位和自尊心，重视他们的个人权利与其在家庭关系发展中的重要作用，实现家长与留守儿童之间的双向交流和情感传递。家长要从留守儿童的立场思考问题，倾听他们的心声与呼唤，以拉近彼此的距离。

其次，家长要注重沟通内容。大多数家长与留守儿童的沟通频次较少，很多家长直接与留守儿童的祖辈等监护人进行沟通，而且询问的内容大多集中在生活和学习方面。可以说，许多家长忽视了留守儿童的心理状态。因此，家长进行亲子沟通时，不要将交流内容仅限制在学习方面，应当多关注留守儿童的心理变化与细节，深入了解孩子的精神世界，

---

① Alicia Blum-Ross and Sonia Livingstone，"Families and screen time：Currentadvice and emer-ging research"，Vol. 7（2016），http：//cdn. basw. co. uk/upload/basw_64209-8. pdf.

② 陈亮、张丽锦、沈杰：《亲子关系对农村留守儿童主观幸福感的影响》，《中国特殊教育》2009 年第 3 期。

了解留守儿童的情感与态度，对他们遇到的问题进行及时疏导，降低留守儿童的网络依赖。

另外，如果条件允许，家长可以在学校假期将留守儿童接到自己的工作所在地，这样不但可以缓解亲子间的思念之情，增强彼此之间的情感交流，还可以让留守儿童感受城市的风采，开阔留守儿童的眼界与视野。

第七章　农村留守儿童网络素养综合实践活动课程开发

教育是提升农村留守儿童网络素养的必由之路。根据对留守儿童网络素养现状及影响因素的调查，学校信息技术教育对网络素养能产生显著影响。而学校也是留守儿童教育和成长的主阵地。因此，本课题组与三所农村学校联合开发《网络素养教育综合实践活动课程》，该课程考虑到农村现实社会与留守儿童生活学习现状，立足农村学校教育，与留守儿童的生活紧密相连，以期促进农村留守儿童网络素养的提升。

第一节　综合实践活动课程的内涵与开发

综合实践活动课程是我国教育改革的产物，是我国基础教育改革推出的一种崭新的课程形态。2001 年教育部发布了《基础教育课程改革纲要（试行）》，要求我国中小学开设综合实践活动课程。综合实践活动课程已经成为我国基础教育课程体系的有机组成部分。最近二十余年来，综合实践活动课程一直是我国教育界讨论的热点问题。

一　综合实践活动课程概述

2017 年教育部发布《中小学综合实践活动课程指导纲要》，对综合实践活动进行了进一步规定与说明。综合实践活动是从学生的真实生活和发展需要出发，从生活情境中发现问题，转化为活动主题，通过探究、服务、制作、体验等方式，培养学生综合素质的跨学科实践性课程。①

综合实践活动课程不用现成的教科书，而是根据教育目标和学生学习需求来确定学习问题，从而展开解决学习问题。综合实践活动能让学生走出课堂，深入生活，拥抱自然与社会，并具有实践性、开放性、自主性、生成性等特点，能突出学生学习的主体地位，开拓学生个性发展的空间，有助于学生创新精神和实践能力的发展。②

综合实践活动课程是一种特殊类型的课程，也具有自身的课程目标、内容、组织、评价四个基本要素。从课程目标看，综合实践活动课程强调回归学生生活世界，学生个性品质和个人意志培养，学生社会责任意识和实践创新能力的提高。③综合实践活动内容由社会服务活动、信息技术、劳动技术、职业体验等活动构成了综合实践活动课程的主要领域。内容的选择和组织应围绕学生与自然、学生与他人和社会、学生与文化、学生与自我的关系展开。综合实践活动课程评价反对定量分数的评价方式，主张采用多元评价方式，强调对学生个性化、过程性的评价。

从课程形式看，综合实践活动课程与学科课程是互斥关系或对应关系，综合实践活动课程强调内容的综合性与实践性，学科课程强调内容的学科性，两者属于不同的课程形态。另外，综合实践活动课程与校本课程存在交叉之处。校本课程与国家课程、地方课程对应，三者构成了课程管理主体结构的三个层次。校本课程既可以是学科性的，亦可以是综合实践活动性的。从可操作性看，综合实践课程往往是以校本课程的形式存在。

对于农村教育而言，应试教育氛围依然浓厚，农村学生更多地是被动接受知识；课程结构较为单一，语文、数学、外语等基础性课程占据

---

① 中华人民共和国中央人民政府、教育部：《中小学综合实践活动课程指导纲要》，2017年10月30日，http：//www.gov.cn/xinwen/2017-10/30/content_5235316.htm，2022年12月14日。

② 钟启泉：《综合实践活动课程的设计与实施》，《教育发展研究》2007年第2期。

③ 杜建群：《实践哲学视野下的综合实践活动课程研究》，博士学位论文，西南大学，2012年。

主要课时。而且，农村学生处于信息相对闭塞的环境中，缺乏其他信息与知识的来源，也缺乏实践机会与能力的锻炼。而综合实践活动课程能将学生的知识与现实的生活结合起来，提高学生的综合素质，培养学生的探索精神与实践能力。而且，农村地区的自然与社会资源都能作为综合实践活动课程资源加以应用，学生在课程参与过程中能加深对自己家乡的了解，发现家乡的美，增强对美丽乡村的认同感与责任感。[①]

二　综合实践活动课程的开发

综合实践活动课程是一种特殊形态的课程形式，与其他课程形态一样，具有系统性，具有四项基本要素。根据美国心理学家泰勒在所著《课程与教学的基本原则》中提出的根据课程目标编制"合理的"课程计划，课程包括四个环节，即根据事先确定的目标选择教学内容和方法，而后评估和改善教学制度，直到达到既定目标为止它主要包括制定课程目标、选择课程内容、组织课程内容与开展课程评价四个环节，也就是要回答如下问题：

（1）学校应该寻求达成什么样的教育目的？

（2）需要提供什么样的教育经验更可能达成这些目的？

（3）这些教育经验如何有效地组织起来？

（4）我们如何确定这些目的是否已经达到？[②]

根据课程开发的泰勒原理，我们认为综合实践活动课程开发包括课程目标、课程内容、组织课程内容和课程评价四种要素。

第一，课程目标是教育目的的反映，不仅有助于明确课程与教育目的的衔接关系，明确课程开发的方向，还有助于课程内容的选择和组织，可作为课程实施的依据和课程评价的准则。[③] 综合实践活动课程目标虽

---

① 孙小琳：《农村小学综合实践活动课程实施的个案研究》，硕士学位论文，山东师范大学，2015 年，第 92 页。

② ［美］拉尔夫·泰勒：《课程与教学的基本原理》，罗康、张阅译，中国轻工业出版社 2014 年版。

③ 施良方：《课程理论——课程的基础、原理与问题》，教育科学出版社 1996 年版，第 83 页。

然受到学校办学理念、办学条件和学生发展状况等方面的影响，但也同样包括知识技能、过程与方法以及态度情感价值观，在目标功能上，综合实践活动课程目标往往以具体问题驱动，并打破了单学科的知识局限，具有综合性。

综合实践活动课程目标设计包括三个关键要素：学生的学习需求、学校课程资源分析与阐述课程目标。学习需求分析主要解决"学生现在处于什么水平和应该学习什么内容"的问题；课程资源分析主要解决综合实践活动课程开发的物质基础，不仅包括对校内和校外多种因素的综合评价，还需要以开放的视野探求有关课程资源研究成果分享的平台和渠道；课程目标还应与学科课程目标相衔接，且符合全面、适当和清晰三个方面的要求。"全面"是指课程目标包含知识情意和行动三个关键要素，"适当"是指目标定位的准确性与合理性，"清晰"是指目标要具体明确。①

第二，课程内容是各门学科中特定的事实、观点、原理和问题，以及处理它们的方式②，它植根于特定的课程目标，是课程目标的反映。课程内容与课程目标相互影响，相互制约。课程目标为课程内容提供方向性指导，课程内容反映并影响着课程目标的实现。综合实践活动课程内容不固守各个学科的本身逻辑，而是更具综合性，呈现跨学科性，打破知识的内部学科界限，更注重相关知识的相互联系。而且，综合实践活动课程往往以特定现实问题为中心，并以跨学科形式将课程内容进行有机整合。

综合实践活动课程内容来源是多方面的，可以是该课程依托的学科内容，也可以是学生的社会生活经验或学习经验。学科知识往往是经过时间的检验和精选后被编入学校教育中，并具有明确的学科界限和完整的知识结构，能为课程设计与实施提供重要的知识基础。因此，教师可以方便快捷地为学生提供系统化的知识，帮助学生在短时间内有效掌握

---

① 李臣之主编：《校本课程开发》，北京师范大学出版社 2015 年版，第 101 页。

② 施良方：《课程理论——课程的基础、原理与问题》，教育科学出版社 1996 年版，第106 页。

知识，从而提高学习效率。课程内容还来自社会生活经验，学校课程不仅要传输学科知识，还应适应社会生活，并不断改造社会生活，引导学生了解社会、参与社会生活并学会关心社会、改造社会。所以，综合实践活动课程还应引导学生深入社会，积极关注身边社会现象和身边事物，学会了解社会和参与社会，建构新的社会生活经验，并培养学生"学以致用"的能力。因此，综合实践活动课程应突出学生的主体地位，发挥学生的主观能动性，满足学生的多方面需要。

第三，课程内容组织与实施。课程组织是将课程各个要素加以安排，使其彼此和谐，在课程实施过程中发挥合力，对学生的学习产生最大的累积效果。课程组织功能在于将不同课程要素集零为整，犹如一部智慧的"编织机"，把课程要素编织成课程智慧的"彩缎"①。组织课程内容要以先前的学习经验为基础，不断深入和充分拓展相关学习内容，并关注各学习内容之间相应的联系。

综合实践活动课程内容组织应以整合的方式加以组织，它以学生生活世界中的主题式问题为切入点，关注学生学习兴趣和现实社会中的问题，注重课程内容的跨学科性。学生可以加强知识之间的联系，获得对世界相对完整的认识。Drake 等人曾提出一个跨学科的课程设计模式，该模式包含如下步骤：确立主题或问题；选择内容整合模式；思考课程目的、内容、活动与资源；决定达到每一标段所需的技能；选择可以帮助学生达到标准的适当的评量工具。② 我国学者指出，综合实践活动课程可以采用螺旋式课程组织方式，螺旋式课程是指同一主题的目标、内容、方法、评价在不同学段、不同年级不断扩展、深化，这样可以解决普通综合实践活动课程低水平重复、缺乏必要深度的问题。③

另外，课程内容组织通过教学活动将课程内容转化为学生的学习内

---

① 张华：《课程与教学论》，上海教育出版社 2000 年版，第 230 页。

② Drake & Susan, *Creating Integrated Curriculum*：*Proven Ways to Increase Student Learning*, California：Corwin Press, 1998, pp. 62 – 75.

③ 潘洪建、杨金珍、蒋武超：《螺旋式综合实践活动课程开发研究》，《课程·教材·教法》2022 年第 4 期。

容。几种常用的教学方法包括讲授法、讨论法、演示法等。当前，项目式教学（Project-Based Learning，PBL）受到广泛重视，它以问题为导向、基于现实世界的以学生为中心的教育方式。在学习过程中，学生必须整合自己各个学科的知识和生活经验，并以团队方式协作完成学习任务。在这个过程中，学生能积极开展探究、沟通、创新和协作等行为，从而全方位提升自身的综合素质。

第四，课程评价。课程评价是对课程开发过程及结果进行价值判断并为决策服务的活动。学生发展是课程开发的落脚点，学生对课程内容的掌握程度是衡量课程质量的重要依据。可以说，学生的学习评价是课程评价的重心。学生学习评价方式存在不同的类型，从表达方式上可以分为定量评价和定性评价。定量评价关注"量"而走向抽象并且侧重定量描述，定性评价则关注"质"而走向具体并且侧重定性描述。随着评价观的转变，客观检测的定量评价受到越来越多的批判，各种定性评价受到追捧。表现性评价则被认为是21世纪的新型评价模式。所谓的"表现性评价"是指从质性的角度，以能够产生思维必然性的某种情境的学习者的行为与作品（表现）为线索，对概念理解的深度与知识技能的综合运用进行的评价。[1]

此外，课程开发还存在课程资源开发环节。随着时代的进步和信息激增，教科书已经不是学生学习内容的唯一来源，学习内容的来源则是广泛地散布在课堂内外、学校内外，甚至是生活、网络和社会中。把众多未经过加工的素材改造、提升为合格的课程资源是校本课程开发的重要环节。综合实践活动课程资源开发应遵循因地制宜、开放生成、突出重点与系统优化等原则。[2] 简单地说，综合实践活动课程开发要因地制宜地设计、开发与利用各种课程资源，充分发挥学校内和校外所在地的资源优势。首先课程开发者要综合衡量办学理念、课程目标、学生发展特点等要素，选择、开发最适合的课程资源。其次，课程资源不是封闭、预成的，而

---

① 钟启泉：《基于核心素养的课程发展：挑战与课题》，《全球教育展望》2016年第1期。
② 李臣之主编：《校本课程开发》，北京师范大学出版社2015年版，第90—110页。

是动态生成的，是师生在活动中不断创造、发展、开发而来的。再次，在资源开发过程中，开发者要在适用资源范围内找到重点，选择开发最合适的资源，以满足教学需求。最后，课程资源开发还应对资源的获取和使用各个环节加以统整，从而控制课程开发成本，提高资源使用效率。

第二节　农村留守儿童网络素养综合实践活动课程设计与实施

一　农村留守儿童网络素养综合实践活动课程的设计原则

本研究对农村留守儿童网络素养综合实践活动课程进行的设计与开发遵循以下三个原则。首先，要建立适当的网络素养观，也就是明确"什么是网络素养"。其次，解决留守儿童网络接触行为与网络素养存在的问题，留守儿童是网络活动的主体，要激发网络素养教育中留守儿童的积极性。最后，要打破既有的静态的预设的课程模式，建立动态的、生成的课程观，这涉及"如何培养"的问题。

（一）农村留守儿童的网络素养结构建构

如前所述，通常人们将网络素养看成一种技能或能力。但实际上，这种基于能力本位的网络素养是一种工具论的素养观。素养不仅指涉能力，还是知识、能力、态度之整合与情境间的因应互动体系。① 因此，网络素养不仅包含外显的能力，还包含内隐的思维和价值观等方面。网络素养不仅包括网络媒介应用的知识能力，还包括网络媒介蕴含的思维方式和价值取向，即"用什么""怎样用"与"应当如何用"三个层面。这要求个体掌握在网络社会生存所必要的基本生活知识和劳动技能，掌握网络活动所必需的社会规范和行为规则，树立一定的生活目标及价值观念。② 所以，农村留守儿童网络素养应在知识能力、思维方式和价值

---

① 柳夕浪：《从"素质"到"核心素养"——关于"培养什么样的人"的进一步追问》，《教育科学研究》2014 年第 3 期。

② 赵克荣：《论人的社会化与人的现代化》，《社会科学研究》2001 年第 1 期。

取向三个层面得以体现。

基于本研究调查并综合已有研究，农村留守儿童网络素养包括网络应用能力、网络协作思维和网络身份认同能力。首先，网络作为一种技术工具，需要使用者掌握一定的使用能力加以有效的利用。特别是网络资源浩如烟海，可以弥补农村教育资源与生活信息的不足。农村留守儿童应掌握分析、获取、加工网络信息的能力，以在其中获取有效资源，使之为自己的学习和生活服务。

其次，互联网不仅链接着各种信息和资源，也是人类智慧的联网。网络不仅是一种技术工具，还变革了人们的思维方式。人要想在网络时代生存下去并且生存好，就必须懂得并遵循网络时代的生存法则。[1] 因此，留守儿童应具备网络协作思维。留守儿童具备网络协作思维可以远程获取各种网络信息资源，为我所用，也可以实现与他人的远程协作，共同解决问题，从而突破资源和人际交往的时空限制。

最后，网络交往的虚拟性和跨文化性使得个体表现出多种身份交错与重组，导致个体的自我认同变得更加复杂。留守儿童自我认知能力较弱，容易在网络空间中忘记"我是谁"，甚至会产生网络行为与现实生活的自我认同混淆。因此，留守儿童还应在网络交往中树立自身的价值追求，清醒认识到运用网络"我能做什么"，为他人、社会做出应有贡献，从而培养正确的社会责任感、积极健康的人生观。

综上所述，本研究建构的农村留守儿童的网络素养结构如图 7 - 1 所示。

（二）动态的综合实践活动课程

农村留守儿童网络素养综合实践活动课程基于农村的自然、社会文化生态。与传统课程相比，综合实践活动课程没有固定的活动方式与内容大纲，是学校、教师、留守儿童、社会情境与问题解决等多种因素共同建构的一种生成性的课程。

---

① 刘丙元、张涛：《政党青年组织扁平化设计——基于网络思维的组织行为学理论》，《中国青年社会科学》2019 年第 4 期。

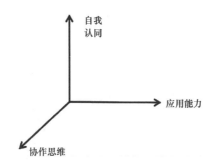

图 7-1　农村留守儿童网络素养结构

首先，农村留守儿童网络素养综合实践活动课程没有固定的目标。杜威提出"教育无目的"与"教育即成长"的观点，"教育的过程，在它自身以外没有目的，它就是它自己的目的……既然实际上除了更多的生长，没有别的东西是和生长有关，所以除了更多的教育，没有别的东西是教育所从属的"①。因此，本研究设计课程强调的生成性，重视留守儿童个体的经验与生命意义，关注留守儿童探究与发现的过程，以创造与体验为价值取向与核心品性②，而非对网络知识技能的学习。理想的项目课程恰似一次即兴旅行，参与的师生是充满探究欲和好奇心的旅行者，这旅行既无固定路线，也无直达列车③。而且，课程目标设计考虑到留守儿童生活环境、个体发展差异性，并在此基础上保持开放和生成。

其次，农村留守儿童网络素养综合实践活动课程打破了预设性的内容体系，而是基于当地乡村的自然、社会文化资源。课程内容不仅包括原生态的农作物和自然环境，还包括各种乡土文化与现时发生的各种社会交往活动。课程内容设计从社会的发展要求与留守儿童的内在发展需要等方面来把握，并依据不同的价值属性建立一个价值网络，作为课程

---

① ［美］约翰·杜威：《民主主义与教育》，王承绪译，人民教育出版社 1990 年版，第 54—55 页。
② 钱雨：《论生成课程的理论与实践》，《教育理论与实践》2012 年第 31 期。
③ 钱雨：《项目课程的内涵、特征与生成》，《全球教育展望》2022 年第 8 期。

内容组织的基本依据。① 也就是说，本课程内容的设计与开发会因地制宜，根据课程目标与留守儿童的学习需求动态地选择适合的内容。

最后，农村留守儿童网络素养综合实践活动课程评价将打破单一的基于分数的量化评价方式，采用多元的评价方式来评价留守儿童的网络素养学习，衡量他们的成长经验。最近世界范围内流行的表现性评价不仅能够检测素养，而且有利于促进素养养成，它强调通过"任务"引发学生相应的表现。② 比如，通过儿童作品、制作手册等方式反映留守儿童网络素养的学习体验与过程。

（三）树立社会建构的儿童观

留守儿童是教育的对象与主体，也是课程的建构者。本综合实践活动课程充分彰显社会建构的儿童观。留守儿童问题与其自身所处的社会生活环境紧密相连，是在自身发展和社会交互中逐渐建构和形成的。因此，课程设计与开发应与其具体生活世界相联系，并体现出其自身的独特性和创造性。与此同时，本研究调查发现留守儿童存在不合理上网行为，部分儿童的自我认同和网络文化认同存在偏差，甚至存在网络沉溺现象。

因此，综合实践活动课程打破了静态的客观的儿童观，树立社会建构的儿童观，充分联系学生的实际生活环境，又着眼于解决留守儿童用网过程中存在的问题。网络素养教育不仅要跟上时代关注网络素养教育内容的开发，还应贴近儿童生活，重视网络素养教育内容的生活性和实践性。③ 所以，本课程设计在常规网络素养培养的基础上，既将留守儿童网络素养培养镶嵌在乡村文化与个人成长中，又设置预防学生网络成瘾、合理上网等内容。

可以说，围绕一个网络素养课程，将网络素养嵌入留守儿童的生活世界，把网络技术与他们的生活、生长、学习等核心元素进行有效统合，

---

① 计彩娟：《农村幼儿园自然课程的建构》，《学前教育研究》2021 年第 12 期。
② 周文叶、毛玮洁：《表现性评价：促进素养养成》，《全球教育展望》2022 年第 5 期。
③ 赵欠南：《农村初中生网童的病理性互联网使用及其教育干预研究》，硕士学位论文，江南大学，2022 年。

实现网络素养与儿童现实生活的整合，乃至知识能力、思维方式、情感与实践的整合。

二　农村留守儿童网络素养教育综合实践活动课程开发

遵循课程开发基本原理，本研究在江苏 A 中学、山东 S 小学与河北 B 中学联合开发农村留守儿童网络素养综合实践活动课程。具体包括教育情景分析、课程目标制定、课程内容确定、课程资源开发、课程活动实施以及课程评价设计六方面的内容。

（一）教育情境分析

本研究通过学校文化、学生和教师进行课程教育情境分析。

首先，对学校文化进行分析。本研究联合的三所学校均处于农村地区，在办学方面存在共同发展困境，表现在三个方面。其一，素养教育的困惑。"素养"已经成为我国基础教育改革的风向标，但三所学校依然没有摆脱应试教育的窠臼，对素养教育倍感困惑。因此，如何提升学生素养成为学校教育面临的一大难题。其二，教学研究形同虚设。农村学校的师资力量相对短缺，甚至存在关门办学的局面，教研意识较为薄弱，教研活动质量不高，并没有发挥应有作用。其三，留守儿童数量大。农村学校普遍面临较大规模留守儿童的困扰，三个学校中的留守儿童至少占据全部学生数量的三分之一，家庭监管与自我管理的缺失成为制约留守儿童成长的一大痼疾。

比如，A 中学地处苏北农村地区，随着乡村教育转型发展，该校经历了一段生存困顿和价值迷茫。与其他农村学校一样，面临着在知识资源上是输入型，在人才产出上则是输出型的困境[1]，A 中学处于提高升学率和教育资源不足的矛盾之中，甚至承担控辍保学和某些家庭教育等社会职责。经过一段时间的探索，A 中学找准自身定位，确立"服务乡村发展，培育时代新人"的办学理念与"关爱、发展、未来"的教育价值观，挖掘当地乡土教育资源，并将信息化作为学校发展的突破口，寻求

---

① 杨朝晖：《面向未来：农村学校的困境与突围》，《中小学管理》2019 年第 2 期。

传统与现代的结合，从而走出自强发展道路。该校课程建设既强调扎根乡村，保持乡土特色，又注重面向未来，充盈现代气息，力求涵盖乡村与城市所需的知识能力与思维观念。课程实施不仅注重学生的学习成绩，还关注学生的兴趣和成长，使学生感受到教师的关怀和学校的温暖。

其次，本研究对留守儿童进行学情分析。留守儿童是课程的使用者，既是课程实施的起点，也是课程实施的归宿。综合实践活动课程的开发要充分考虑留守儿童的生活经验、知识水平与认知能力等各方面要素。如前调查结论得知，留守儿童具备一定的网络接触机会，但网络素养整体水平与网络意识较弱。而且，处于小学高年级与初中的留守儿童大致处于"形式运算阶段"。该阶段的儿童的思维已经初步达到抽象逻辑推理水平，能更好地理解隐喻和语音，从文学中获得更加丰富的意义，他们能思考事情可能是什么样的，而不单单考虑事情是什么样的，他们能够想象各种可能性，并形成和检验假设。[①] 而且，他们具备较强的学习意识和自主学习能力，对外部世界充满好奇心，能对生活经验有所体察和感悟。

最后，教师是课程实施的主导者，教师专业能力在课程开发过程中发挥着至关重要的作用。本研究在每所学校均选择一名年富力强的信息科技任课教师和一名班主任共同承担该课程开发和实施任务。每所学校课程设计开发过程中既能通晓网络素养，又能熟悉留守儿童情况。本研究与六位教师协商制定课程目标、选择课程内容和教学方法，并安排教学进度，另外，三所学校领导对本活动课程的设计开发给予了大力支持，积极调配学校资源，提供政策制度的支持，以确保课程的顺利实施和所有学生都能取得学习成效。

（二）课程目标制定

网络素养教育综合实践活动课程总目标是培养留守儿童的网络素养。本活动课程目标的设置运用水平分层方式，在留守儿童的知识与能力、

---

① ［美］黛安娜·帕帕拉、萨莉·奥尔茨、露丝·费尔德曼：《发展心理学：从生命早期到青春期》，李西营等译，人民邮电出版社 2013 年版。

过程与方法以及情感价值观三个层面设置课程目标。

第一，在知识与能力层面，留守儿童需要掌握必要的网络基础知识和能力，除了网络信息获取、分析、评价与创造等能力，还促进留守儿童习得并自觉遵守网络社会的道德与安全知识和技能。

第二，在过程与方法层面，留守儿童需要掌握网络社会的协作性思维。网络不仅是一种传播技术，还是一种新社会的组织与结构方式。留守儿童应具备协作思维，在网络交往中能够与他人进行沟通交流，建构自己的网络协作关系。

第三，在情感价值观层面，本课程致力于提高留守儿童的身份认同，并培养留守儿童自尊、自爱、自强的人格品质。同时，留守儿童的网络素养学习与当地农村发展联系起来，培养他们热爱家乡，致力于家乡发展的品质。

该课程的具体目标确定为以下五方面：

（1）了解和认识网络的基本原理和网络社会的基本特征，掌握网络应用的基本能力；

（2）遵守网络道德，维护网络安全；

（3）掌握用网络建立人际沟通与协作的思维与意识；

（4）学会利用网络创造性地解决学习、生活中的问题；

（5）构建积极的自我认同，热爱生活、热爱家乡，参与家乡发展。

另外，本课程目标设置坚持以留守儿童为中心，将满足留守儿童的成长需求作为课程的出发点，把网络看作留守儿童成长的阶梯。同时，本课程注重留守儿童本位与社会本位相协调，既强调留守儿童经验增长、主体意识形成与个性发展，又将留守儿童发展置于新农村建设之中，增强留守儿童与现实生活和家乡发展的联系和互动，使留守儿童在网络活动中获得愉悦的学习体验，以此提升他们的网络素养。

（三）课程内容确定

本综合实践活动课程内容的设计从两个方面进行考虑：一方面基于对农村留守儿童网络素养的理解，从网络对个体发展和社会化发展两个维度进行内容设计，并促进儿童网络素养的知识能力、思维方式和价值取向的生成。另一方面，根据每个年级学生的学习内容和初中信息科技课程内容的不同，该活动课程所设计的主题任务也有所不同；该课程围绕留守儿童的学习和生活选取若干主题，让儿童在多样的主题任务中不断体验、反思与领悟。本课程的具体内容分为三个模块。

1. 课程内容模块介绍

课程内容模块一侧重留守儿童"网络应用能力"的培养，教会学生运用网络信息促进个体学习，学会合理用网以及运用网络促进发展的意识。

网络应用能力在网络素养中具有基础性作用，留守儿童依然需要提升网络应用能力。在该模块中，本课程将网络应用与具体学习问题结合，将学习问题作为学习项目，推动留守儿童运用网络的问题解决。比如，网络应用与语文课"古诗词"的学习结合，既能提升留守儿童的网络应用能力，也促进留守儿童对古代诗词的学习理解。

在该模块还设置"合理用网"的相关内容，促使留守儿童认识网络的用途和网瘾的危害，并引导他们学会合理用网。通过该模块的学习，促进留守儿童对网络的基本认识，发掘个人兴趣、学会使用网络进行探究学习、合理使用网络为主要内容。该模块共计4学时，如7-1所示。

表7-1　　　　　　　　　　　　课程内容模块一

网络素养	课程主题	主要目标	学时
网络应用能力	网络寻宝	搜索学习资源，网络为我所用	1
	用网解惑	根据学习问题，学会网络解决	2
	合理用网	适度上网，拒绝网瘾	1

课程内容模块二侧重留守儿童"协作思维"与"网络道德"的培养，试图运用网络交往促进儿童个体社会化发展，包括认识网络社会、网络协作、文明上网等内容。

本模块内容采用小组协作学习方式，将网络应用与家乡发展相结合，将"家乡发展"作为问题解决能力核心问题。通过网络调研和现实走访

调查，了解留守儿童所在家乡面临的发展困境或前景，并结合实际情况
找出发展对策。比如，围绕家乡特产农产品的生产、加工、销售进行项
目学习，为家乡发展建言献策。此模块学习提升留守儿童协作思维，并
促进他们了解家乡，将自身发展融入家乡发展中。该模块共计 4 学时，
如表 7 - 2 所示。

表 7 - 2　　　　　　　　　　　　课程内容模块二

网络素养	课程主题	主要目标	学时
1. 协作思维 2. 网络道德	网络社会	走进网络社会，体会人类新空间	1
	我为家乡找问题	上网了解家乡，找出发展问题	1
	家乡建设出主意	开展网络协作，为发展献良策	1
	网络道德与安全	遵守网络道德，传播网络正能量	1

　　课程内容模块三侧重留守儿童的"身份认同"素养，以提高自我认
同、培养个性。该阶段的主要内容包括理想教育、创造网络作品，以培
养儿童的自我认同和创新的价值取向。

　　在此模块中，本课程加强对留守儿童的理想教育和创新能力培养。
借助网络为留守儿童打开观察了解世界的窗户，帮助他们树立成长目标，
提升自我的身份认同。共计 4 学时，如表 7 - 3 所示。

表 7 - 3　　　　　　　　　　　　课程内容模块三

网络素养	课程主题	主要内容	学时
1. 身份认同	我的理想	树立理想，通过网络找榜样	1
	网络看世界	运用网络，跳出农村看世界	1
	网络作品创造	展示个性，创造网络作品	2

　　在内容设置上，本课程坚持以儿童本身为取向，充分考虑了留守儿
童的需要和成长的现实问题，突破了学科知识的逻辑序列，与其他学科

进行交叉融合，面向留守儿童的现实生活和社会实践，并在留守儿童广阔的社会活动范围的交往中建构内容并实现课程价值。需要指出，本研究设计的课程运用螺旋式课程开发方式，同样的主题或内容在不同学段加以应用并深化，以适应不同学段的留守儿童发展水平，满足不同学段留守儿童的需要。

2. 案例说明

本研究在此以"合理用网"课程模块为例列举课程内容。本研究设计"合理用网"内容，帮助留守儿童提高对网络沉迷危害的认知，了解网瘾的表现、危害、本质以及原因，帮助他们克服网瘾，促进留守儿童合理用网。本研究采用螺旋式课程开发方式，虽然小学高年级和初中阶段针对同一个主题，但活动方式和内容有所区别，如表 7-4 所示。

表 7-4　　　　　　　　　　"合理用网"课程内容

小学高年级		初中	
活动内容	活动方式	活动内容	活动方式
1. 知道网络成瘾的表现、本质及危害 2. 探讨网络成瘾的自身原因、成长环境原因 3. 知道预防网络成瘾的方法	1. 讲授：教师讲授网瘾的本质、原因及危害 2. 讨论：儿童对网瘾现象与危害进行讨论 3. 班会：通过班会的形式，发出"拒绝网瘾，合理用网"的倡议	1. 网瘾现象原因及危害，从生理、心理与行为等方面探讨网络成瘾的危害 2. 判断是否有网瘾现象，并对判断结论进行说明 3. 制作"预防网瘾"宣传手册或微视频，并在班级微信公众号加以发布	1. 教师设置相关的网瘾情景，儿童产生问题，明确项目学习的主题 2. 以小组形式，围绕问题进行项目学习，开展对网瘾成因及危害的探究 3. 小组制作微视频，并在课堂结合自己的用网经历上加以宣讲

（四）课程资源开发

针对本课程所制定的课程目的和课程内容以及该校所在的地区和资源优势，该校本课程设计、开发并准备了多样化的课程资源，以保障该课程的顺利、高效地开展。在此，本节着重介绍微视频资源与文本资源的开发。

1. 微视频资源

微视频资源又俗称"微课"，它既能成为教师的教学资源，也可成为学生的自主学习资源，它表现为对某一个小知识点的讲解，微课的时长一般不超过10分钟，往往以视频动画形式出现，方便教师和学生的教学和学习，具备教育性、目的性、趣味性以及共享性等特点。[①]针对儿童学习的特点和本课程的属性，该校本课程选择、开发了大量的微课视频。

比如，在"网络安全"模块内容，该课程对网络安全素养的相关概念类知识采用微课的方式呈现。如图7-2所示。

图7-2　"网络安全"课程资源

2. 操作类视频

本课程涉及信息技术操作等方面的内容。比如，下载、安装与使用

---

① 孟祥增、刘瑞梅、王广新：《微课设计与制作的理论与实践》，《远程教育杂志》2014年第6期。

计算机软件，查找网络学习内容等活动。视频内容有助于儿童重复观看，并更准确掌握操作技能，以提高学习效果。该课程在开发操作类视频时，还整理出相应的"操作手册"，通过文本与视频的结合，让学生能更准确掌握信息技术操作技能。部分资源如图 7－3 所示。

图 7－3　信息技术操作视频截图

此外，本课程还选择或者开发了其他课程资源，包括网络教育漫画、网络应用小故事，甚至是皮影戏等相关教学资源。其中，该课程从"山东省教育云服务平台"中搜索到若干网络教育漫画，包括公益短片、网络安全主题教育漫画、网络安全小故事等。这些资源形象生动，符合儿童的认知特点，能调动儿童的学习积极性和学习兴趣，部分资源如图 7－4 所示。

需要指出，该课程还完成了校内课程资源和校外课程资源的整合。其中，校内课程资源包括文字、实物以及信息化资源。校外课程资源分为政策资源、文化资源以及人力资源三类。① 资源整合如图 7－5 所示。

---

① 徐莉：《农村初中生网络安全素养课程设计及实践研究》，硕士学位论文，江苏师范大学，2021 年。

图 7 - 4　网络教育漫画资源

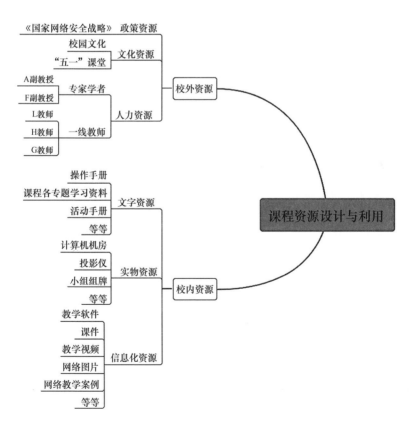

图 7 - 5　网络素养教育课程资源整合

（五）课程实施

课程实施是课程开发的中心环节。本课程是教师和学生合作开发与共同实施的课程，其实施需要师生开展积极对话以实现课程目标。而且，学生发展是课程的落脚点，学生的学习方式是影响课程进展的重要因素，而且"学生学习方式转变校本课程真正的价值并不是学习内容的补充，而是学习方式的补充，是为促进学生学习方式之转变而开展的学习活动"①。因此，根据课程目标、内容与学习任务的不同，该校本课程开展灵活多样的教学和学习活动。

1. 课程实施基本理念和方法

本课程实施坚持课程创生取向，以活动为主线、教师为主导、儿童为主体，整个过程是动态生成的，教师和儿童在特定教育情境中进行对话协商共同缔造课程经验，共同推动课程实施。教师尊重儿童的主体性，与儿童展开平等对话，特别是对一些学习困难的儿童不遗余力地进行鼓励和启发，帮助他们突破学习认知和交往的障碍，敢于面对学习问题。因此，整个课程实施过程体现着留守儿童的想象力和创造力，留守儿童在教师指导下自主建构自身网络素养。

基于课程创生取向的课程理念，教师在课程实施中发挥组织引导作用，运用知识讲解、话题讨论等多种教学方法开展教学。知识讲解可以系统地向留守儿童讲解网络素养知识，引发儿童积极思考，建立知识间的联系，促进儿童对相关知识的理解、掌握和思维发展。比如，教师对网络功能和价值的讲解，能使儿童对周边的网络应用更加深刻，促进儿童对网络的深入了解。话题讨论能促进儿童知识和思想的交流，以辨明是非，提高分析问题能力，还能鼓励儿童大胆阐述意见，从而提高儿童学习积极性和课堂的主体性。比如，教师组织儿童对网络游戏的利弊进行讨论，从而澄清网络游戏的利害关系，促进儿童合理用网。

教师还组织留守儿童开展自主探究学习、项目式学习等学习方式，并加强他们的学习反思。自主学习有助于学生按照自己学习兴趣和能力

---

① 张丰：《促进学习方式转变：校本课程的真正价值》，《上海教育科研》2013年第3期。

进行个性化学习，从而发展学生的自主学习能力和意识。在"用网解惑"环节中，学生基于教师提供的各种学习资源，开展自主探究学习，解决自己学习生活中遇到的问题。项目式学习主张学生通过小组合作解决源于真实世界中复杂、非常规且具有挑战性的问题，或完成一项源自真实世界经验且需要深度思考的任务。[①] 在项目学习中，教师创设活动情境，引导学生运用网络开展项目实践、开发作品，从而促进网络素养的生成。比如，在"家乡建设出主意""网络作品创造"等环节中，教师指导学生确定项目任务，组建学习小组，制订并实施项目研究计划。学生走出学校，走向田间地头，走近街坊邻居，并运用网络技术查询信息为家乡发展献策献力。可以说，项目式学习能使学生在网络素养发展的过程中深入真实的生活中，解决真实生活问题。

另外，学习反思能让儿童对学习状况进行自我监控和评估，识别知识和能力的掌握程度，意识到自己的心理和思维的变化。在学习过程中教师组织儿童开展多种形式的反思，以提高儿童的反思意识。比如，教师通过提问的方式让学生个体反思自己的学习过程，"你学到了哪些""哪些还没掌握""如何做会更好"等问题都会促进学生的反思，小组经验交流等活动促进儿童之间学习经验的交流借鉴，以取长补短，并及时采取有效措施改进学习方法。

2. 案例介绍

本研究以《网络安全》为例，介绍课程实施过程，遵循"创设情境，提出问题""分组合作，展开探究""小组汇报，进行交流""归纳说明，总结提升""自我评价，深入反思"的过程加以开展。本研究根据基于项目学习和网络素养的理念，提出了农村留守儿童网络素养校本课程的实施策略，如图 7-6 所示。

第一，创设情境，提出问题。良好的问题情境能引发学生的认知冲突，调动学习积极性。而且，情境的创设应从真实问题和身边实际生活出发，让学生感受到学习的乐趣，激发思维发展。在学习伊始，教师通

---

① 董艳：《项目式学习：突破研学旅行困境之剑》，《教育科学研究》2019 年第 11 期。

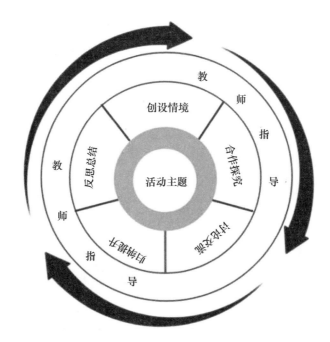

图 7-6 网络素养教育校本课程实施策略

过播放相关视频介绍一些网络安全事件及危害，还展示了习近平总书记关于网络安全的论述，让学生了解党和国家对于网络安全重视程度以及国内外网络安全现状。随后，教师提出问题引导学生思考。比如，"你觉察到我们身边有哪些网络安全的隐患吗？""网络安全会对人们的生活和社会发展产生哪些影响？""你遇到过网络安全问题吗？"

第二，分组合作，展开探究。围绕上一环节所提出的问题，教师组织学生分组合作，学生开展探究交流活动。学生与同伴展开合作探讨，共同对问题进行分析解答。在学生合作探究过程中，教师给予学生一定的帮助和指导，引导学生分析问题，帮助学生加深对问题的理解，并形成对问题的合理认识和解答。

第三，小组汇报，进行交流。每个小组选择一位代表对本小组的观点进行展示分享。教师鼓励全班同学对该小组的展示内容加以质疑提问，对某些问题进行启发，诱导学生进一步思考。同时，教师也会对学生不恰当的展示内容或回答进行补充或修正。

第四，归纳说明，总结提升。教师在学生汇报交流之后，对问题和学生展示与回答进行归纳总结，归纳出网络安全的定义内涵，并指出网络应用中可能存在的网络安全问题和注意的网络安全事项。而且，教师向学生说明网络安全责任，网络安全不仅关系到自身安全，还关涉国家安全。

第五，自我评价，深入反思。教师引导学生对学习进行总结与反思。学生的总结与反思可以采用多种形式进行，比如文字、视频以及思维导图等方式。同时，教师引导学生开展自我学习评价，学生在小组组长和教师的指导下进行小组内同伴互评活动，通过互相的评价意见，激励共同进步。

（六）课程评价

校本课程的价值主体包括学生、教师和学校，其开发目的在于促进学生成长、教师和学校的发展。该课程评价从留守儿童学习、教师专业发展和学校特色发展三个维度进行，而且以质性评价为主，评价目的不在于甄别判断，而是要以评促发展。

首先，留守儿童学习评价是校本课程评价的重点，本研究对学生学习采用表现性评价的方式。教师把留守儿童的学习过程、成果以及学习反思等载入学习档案进行综合评价，其中着重对留守儿童运用网络解决实际问题的能力、学习投入状态和学习思维活跃度的评价，而且评价不设置分数和等级，教师对每组学习汇报和成果加以点评，并将优秀的学习成果在班级宣传栏加以展示，以对全班同学起到激励作用。

本研究以某组儿童的小组作品"网络安全思维导图"（如图7-7所示）为例，对儿童学习进行评价。

该组作品主题明确，围绕"网络诈骗"组织内容，将网络诈骗和预防的四大内容模块进行了阐释，采用文字说明、卡通形象、表情包与图像等元素绘制思维导图，并运用箭头等标志物突出提醒重要内容。可以看出，该小组对网络诈骗有清晰的认知，内容组织结构良好，并针对网络诈骗相关内容进行了深入分析思考和归纳，说明该小组掌握了预防与

图7-7　"网络安全"作品

应对网络诈骗的知识。但需要指出的是，该组作品也存在一些不足，缺少网络诈骗的应对方式与需要注意的地方。总体看，该作品反映了该组学生对网络诈骗的认识和领会，是符合"优秀"等级的作品。

三　农村留守儿童网络素养综合实践活动课程的初步成效

综合实践活动课程是学校可进行自主开发的自留地，是国家课程体系的有效组成部分，能够加强学科融合，形成育人合力，丰富和完善学生素养培养体系。[①] 本研究联合三所学校开发的农村留守儿童网络素养教育课程实施以来，取得了较为理想的成效。

第一，凸显儿童的主体性。人是教育的出发点和归宿，教育应充分

[①] 张岁玲、王晶：《高中生涯规划教育校本课程开发研究》，《课程·教材·教法》2018年第5期。

调动学生主体能动性。该活动课程弱化了知识传输，设置学习活动，尊重留守儿童主体性，并唤醒了留守儿童发展的生命自觉。首先，该课程建立平等的师生关系。教师尊重留守儿童的学习选择，以关爱态度鼓励留守儿童参与学习活动，并根据留守儿童的差异运用不同的问题或方法引导留守儿童的学习。其次，该课程注重教育情境的创设。教师结合留守儿童已有的知识和经验，结合留守儿童的学习和日常生活创设自然生成的生活情境，使他们产生切身的、具体的学习感受，从而激起学习兴趣，发挥自身的潜能。在实际中我们发现，一些原本学习较为消极，甚至厌倦学习的留守儿童能在活动过程中展现出较强的主动性和积极性，而且能在学习活动和协作交往中得到各种心理满足感，不但"知其然"，还能"知其所以然"，从而成为学习的主人。最后，该活动课程提升了留守儿童的网络技能，促进了儿童的网络社会的协作思维、批判思维和创造价值观的培养。

本研究在课程结束时对留守儿童进行访谈，发现留守儿童掌握了一定的网络基础知识，能熟练运用网络进行学习资源的查找，并具备了一定的网络信息判断能力。有学生说："我们喜欢这门课，上课很快乐，还学会了搜索自己想找的信息，查资料，识别虚假消息。"同时，留守儿童的网络交流沟通能力也有所提升，学会了如何与他人进行协作交流，并且获得了家乡发展的认识，甚至能为家乡发展提出建设性意见。

第二，综合实践活动课程促进教师的专业发展。教师是该课程开发的重要力量，课程开发是教师研究的过程，也是教师专业化发展的关键途径。比如，江苏 A 中学近乎集全校之力进行该校本课程的开发，组织教师参与课程的设计、编写、实施与评价。在该活动课程开发与实施过程中，教师们领会到课程开发的要领与真谛，意识到课程不是高不可攀的，而是教师与教师之间、教师与学生之间协商与建构的产物，并有一定的偶然性因素，这也提升了教师的课程认同感。同时，教师不断地参与到学生的学习过程中，教师更加了解学生，在很大程度上成为真正意义上的因材施教者，实现了教师与学生之间的教学相长。而且，活动课程也促进了教师思维的转变，使教师意识到教研的重要性。很多教师一改原先简单的教学方式，从"备课、上课、改作业"重复三部曲转型为"反思、研究、实践"的成长三部曲，进而提升了自身的"主人翁"意识。

第三，该活动课程的开展凝练了学校特色。学校特色是学校发展的灵魂和课程建设的"土壤"。活动课程被认为是学校特色的重要载体，两者存在有着方向上的一致性和内容上的关联性。比如，在 A 中学，该活动课程基于留守儿童网络素养的培养，立足乡土，面向未来，既体现了儿童"会用网，用好网"的个体发展诉求，又彰显了学校教育的家国情怀与社会关怀。而且，通过校本课程的实施，进一步促进了 A 中学的"关爱·发展·未来"教育价值观的凝练，学校不再是教育方案循规蹈矩的执行者，而是充分利用各种资源促进学生和学校发展，提高了课程适应性，并开辟了特色化的发展道路，展现了学校发展的精神面貌。

综合实践活动课程是课程建设和改革的重要组成部分，它关乎所有人的"变革性实践"，其主旨和初衷都是为了人的生命成长。[1] 该课程开展为学生的个性化发展提供了良好平台，提升了教师的课程素养，并为学校发展带来活力。课程改革不是一蹴而就的，需要教师提升课程素养，学校获得更大的自主发展空间，还需要教育评价机制的转变。课程改革无止境，综合实践活动课程的探索永远在路上。

---

① 尹超：《生命发展课程体系的建构与实施——以北京大学附属小学为例》，《课程·教材·教法》2017 年第 5 期。

第八章 研究总结

网络极大地促进了社会变革，推动了网络社会的产生与发展。同时，网络也改变了人的交往方式和存在方式，丰富了人的社会关系的变革，为人的发展开辟了新的可能和实践形式。作为我国社会和时代变迁的产物，农村留守儿童具有特殊的社会特征，他们生活和学习等方面无不受到网络影响。一方面，网络为留守儿童发展打开了一扇窗，带来新的成长与发展机遇；另一方面，网络也给留守儿童发展带来了不确定性，甚至会产生一些负面影响。探寻留守儿童的网络应用行为以及对他们进行网络素养教育，有助于他们网络素养的提升，促进他们在网络社会中茁壮成长。

一 研究结论

由于家庭监管和亲情的缺失，留守儿童属于成长的"弱势群体"。而且网络已经渗透到留守儿童的生活中，甚至成为他们密不可分的"生活伴侣"，但也极易引发留守儿童网络沉溺和行为失范等不良现象。本研究从留守儿童的网络应用入手，对他们的网络行为和网络素养进行调查分析，进而探索留守儿童网络素养的学校教育路径。本研究的研究内容可以归纳为以下三点。

首先，本研究对网络素养及其相关概念家族进行探讨，探讨它们之间的关系，并从多学科视角对网络素养进行解读。另外，本研究认为媒介素养、信息素养、数字素养与网络素养的产生均具有不同的时代文化背景和其特有的内涵。从某种意义上，媒介素养、信息素养、数字素养与网络素养构成了概念的"家族相似性"。网络媒介在社会各个领域得到广泛应用，并可以从多角度对其进行解释。因此，网络素养具有多学科研究属性。本研究在哲学、传播学与教育学三个层面对网络素养本质进行探讨。

哲学层面探讨的是"为什么"需要网络素养。技术的本质是人的本质力量的外化，是"一本打开了的关于人的本质力量的书，是感性地摆在我们面前的人的心理学"①。同样，网络能体现人的主体性力量，促进人的主体性的发展，而且在人与世界的关系重构中，促进人的价值的回归和人的创造性的发挥。某种意义上，网络能为留守儿童成长提供必要的信息和资源，也能从某种程度上对留守儿童成长起到"补偿"作用。可以说，网络对留守儿童成长具有重要价值和意义。但是，留守儿童需要掌握合理的网络技术应用能力和必要的网络素养，推动自我发展，以适应网络社会的发展。

传播学层面探讨网络素养"是什么"的问题。传播学视野中，网络素养被认为是人们合理地获取、分析、评价、创造网络信息的能力。人们通过合理利用网络媒介，对网络信息加以批判、解读，从而合理运用网络信息。这种能力观的网络素养解读具有一定合理性，但也将网络素养简化为一种能力，而忽视了人们的网络媒体应用过程中历史的和文化的偶然性。

教育学层面讨论"如何"获得网络素养。教育学领域对网络素养的理解更为广泛，不仅包含网络使用技能，还包含网络意识和网络价值观。教育学视野中的网络素养内涵超越了网络素养的"能力本位"观，并涉及人在网络空间甚至在网络社会"如何生存"的问题。

其次，本研究对留守儿童的网络接触及网络素养进行量化调查与质性研究。通过留守儿童与非留守相对比方法进行调查研究，并在比较中凸显留守儿童的网络接触与网络素养的现状与影响因素。同时，本研究

---

① ［德］马克思：《1844 年经济学—哲学手稿》，中共中央马克思恩格斯列宁斯大林著作编译局译，人民出版社 1979 年版，第 80 页。

选取柳庄作为研究场所，对留守儿童的网络接触行为开展质性研究，描述留守儿童网络应用的具体情境，并对其社会生态系统进行考察描述。

最后，本研究探索农村留守儿童网络素养教育策略，在社会支持理论下建构网络素养教育体系，将学校、家庭与政府作为相关者进行具体策略的探讨。在微观操作层面，本研究选择与三所农村学校合作开展网络素养教育研究，从课程论的视角开发留守儿童网络素养教育的综合实践活动课程，对留守儿童实施网络素养教育。

通过开展以上研究内容，本研究得出以下结论。

（一）留守儿童的网络接触行为和网络素养总体水平不高

本研究对留守儿童的网络接触行为和网络素养进行量化调查研究。在此，本研究基于留守儿童与非留守儿童相对比的方式，凸显留守儿童的网络行为和网络素养现状。研究发现，农村留守与非留守儿童的网络行为程度和网络素养的整体水平都较低，他们的平均网龄不足 3 年，网络接触程度也不高。具体来说，留守儿童的网龄在 3 年左右。调查对象的平均年龄为 12 岁，可以推断留守儿童 9 岁左右接触网络。留守儿童的上网频率处于 1 次/周到多次/周之间，每周上网时间在 3 小时以内。通过对比发现，留守儿童群体的网龄与上网时长均显著低于非留守儿童的网龄与上网时长，两者的上网频率不存在显著差异。

对非留守儿童和留守儿童两个儿童群体进行对比，留守儿童的素养整体水平显得更为薄弱。本研究从网络信息获取能力、分析能力、评价能力与创造能力对留守儿童网络素养进行调查研究，留守儿童的网络素养能力处于一般到良好水平之间，水平均显著低于非留守儿童的网络素养水平。而且，本研究根据留守类型对网络素养进行差异分析，三种类型的留守儿童网络素养均低于非留守儿童。

（二）留守儿童的网络接触行为和网络素养影响因素复杂

本研究对留守儿童的网络接触行为和网络素养影响因素进行调查，其影响因素虽然复杂，但有迹可循。总体看，留守儿童网络接触更依赖"自然性"因素，年龄、网络应用的感知流行与社交权衡需求、娱乐权衡需求对其网龄、上网频率与时间存在显著正向影响，也就是说，网络对留守儿童具有极强的吸引力，从而对网络接触产生较强影响。

而网络素养则受其"主观性"因素影响，主观心理对网络素养的影响程度最大。具体说，年龄、网络应用的感知流行、社交、信息、学习与娱乐四方面的权衡需求与学校信息技术教育则能对四种网络素养能产生显著影响，而性别、家庭经济条件、家长文化水平以及网络接触（网龄、上网频率与时间）不对网络素养形成显著影响。

（三）留守儿童的自我认同与网络文化认同水平较低

本研究在柳庄对留守儿童网络素养进行质性研究，描述留守儿童的网络活动场景及其社会生态系统。研究发现留守儿童存在手机依赖现象，他们经常晚间躺在床上玩游戏，网络游戏、短视频等娱乐内容是他们主要的上网内容。留守儿童在自我认同与网络文化认同方面出现偏差，并没有处理好虚拟与现实的关系，在情感、依赖、关联三个维度上的网络文化认同均处于程度较低水平，并未有效地、真正地体验、融入到网络文化中。本研究从家庭、学校与乡村文化三个维度考察留守儿童网络应用的生态系统，发现农村留守儿童的网络使用呈现娱乐化特点，不恰当的家庭教育理念、学校教育的不重视与乡村文化断裂都会对留守儿童网络应用产生消极影响。

（四）学校综合实践活动课程有助于提升留守儿童的网络素养

本研究基于课程论视角联合三所学校开发综合实践活动课程，并对留守儿童开展网络素养教育。本研究认为网络素养包括网络媒介应用的知识能力，还包括网络媒介蕴含的思维方式和价值取向，即"用什么""怎样用"与"应当如何用"三个维度，具体包括"网络能力""网络道德""协作思维""自我认同"。

综合实践活动课程坚持以儿童为中心，将满足留守儿童的成长需求作为课程的出发点，把网络看作儿童成长的阶梯。本课程开发包括教育情景分析、课程目标制定、课程内容确定、课程资源开发、课程活动实施以及课程评价六个环节。教育情境分析从学校文化、学生和教师状况进行分析，奠定了课程开发的基础。在课程目标设置上，本研究通过设置丰富的网络学习活动，积极引导留守儿童学会利用网络开展创造性学习活动，为学习、生活和家乡发展提供有力支持。在课程内容设置上，本课程坚持以儿童本身为取向，充分考虑了留守儿童的需要和成长的现实问题，突破了学科知识的逻辑序列，面向留守儿童的现实生活和社会实践。课程内容共设置三个课程模块，10 个课程主题，共计 12 学时。

该课程还设计、开发与收集了大量的课程资源，包括课程视频资源和文本资源等。这些资源能保障课程的顺利开展。在课程实施上，本课程实施坚持课程创生取向与"以儿童为中心"，发挥教师的主导作用，推动师生在对话协商的过程中共同缔造课程经验，推动课程实施。教师组织留守儿童开展自主探究学习、项目式学习等学习方式，并加强他们的学习反思。该课程评价从留守儿童学习的过程和结果等方面入手，其目的不在于甄别判断，而是要以评促发展。通过活动课程的实施与开发，本课程调动了儿童的学习积极性，提升了他们的网络能力，并初步提升了他们在网络社会发展中的思维和创造性价值取向。

二　研究不足与展望

（一）研究不足

第一，本研究在宏观层面上对农村留守儿童的网络接触行为与网络素养进行量化研究，揭示了留守儿童网络接触行为与网络素养的现状及影响因素。同时，选取小样本典型案例对留守儿童网络素养进行质性研究，从微观层面上对留守儿童网络应用行为进行深描。但由于留守儿童规模大、情况复杂，留守儿童的网络行为和影响因素也显得极为复杂，本研究调查涉及范围仍然显得较窄，对现状调查和影响因素的研究还有待深入。

第二，本研究从课程论角度设计开发了留守儿童网络素养的综合实践活动课程，并开展个案教育实践。由于个案研究本身的局限性，其代表性也会受到质疑，而且本活动课程只是在三个学校开展，也未覆盖到全面的留守儿童年龄段。因此，本研究在广度上对留守儿童网络教育的探索还有待拓宽。另外，由于活动课程实践时间较短，课程的设计与实施需要进一步细化，在留守儿童网络素养教育的深度也需要进一步的探索。

（二）研究展望

1. 网络素养需要从多学科角度审思

目前学界对网络素养的调查研究是建立在"能力本位"基础上的，侧重网络技能的调查。但实际上网络能力只是网络素养的"显性"因素，网络素养还包含网络意识、网络价值观等隐性因素。本研究认为，网络素养是通向网络社会的阶梯，是人的网络文明生存的尺度。网络素养不仅是网络信息应用能力，还是人在网络社会生存能力的体现。我们对其理解应走出"技术工具论"的视角，从人、网络技术及网络社会因素的关系视角进行考察。网络素养不仅是网络技术及网络信息的应用与处理能力，还包括人在网络社会中生存的思维方式和价值取向。

更进一步说，网络素养需要引入多学科视角，从不同学科视角、不同研究范式全面地把握网络素养。特别是对于农村留守儿童而言，对他们网络素养的培养显得更为重要，因此，如何全面把握网络素养成为亟待解决的问题。本研究已经开始关注多科学视野下的网络素养内涵，还将继续从多学科范式下进行留守儿童网络素养的测量、说明或判断，从而对网络素养进行全面解读。

2. 全方位深入开展网络素养教育

留守儿童的网络素养教育需要学校教育、家庭教育与社会关爱等方面共同影响。在信息化教育背景下，除了信息科技教育或者综合课程，网络素养教育可以整合到学校教育的各个学科之中，学科教师有意识地将网络素养融入到学科教学中，达到润物无声的教育效果，学生因而能在学科学习中完成网络素养的提升。因此，网络素养与学科教育的整合可以成为留守儿童网络素养教育的一个有效途径。

与此同时，留守儿童网络素养教育需要深入社会，依靠社会教育。社会教育不仅是学校教育的补充，它对个体的成长的影响更为持久，社会教育影响将会伴随人的一生。我们应在社会教育的视角下关注留守儿童网络媒介的使用，并依靠社会教育的塑造功能，积极引导留守儿童合理的网络行为，培养他们良好的网络素养，并促进他们健全的网络社会的人格、情感与交往的发展。进一步说，全社会应关注留守儿童成长，并充分利用网络媒介的优势对留守儿童开展网络素养教育，发挥"以网教网"的作用，从而起到事半功倍的效果，使网络成为儿童发展的有力阶梯。

三 结束语

农村留守儿童是我国城乡二元经济的产物，大量农村青壮年为了更好的生活和家庭生计，背井离乡，涌入城市，得到较为丰厚经济收入的背后，却将大批儿童"遗弃"在农村。这些孩子远离城市的繁华，静守那片乡土，城市或许只停留在他们的想象中。但是他们命运不能如此被安排，我们应积极关切留守儿童的成长和发展。

两年多来，研究者走访了多个农村地区，近距离接触了数百名留守儿童，目睹了他们的生活和学习经历。在学校里，他们充满童真的笑容始终印在研究者脑海中，或许他们与其他农村孩子一样天真烂漫，但是，当我们深入到他们家庭时，我们发现，留守儿童不仅面临亲情的缺失和监管的不足，而且每个天真面容的背后几乎都深藏着一段伤感的故事，甚至是家庭悲剧。这些孩子对未来、对城市、对美好的生活也充满着无限的期待与遐想，但囿于自身的客观条件，又不得不安于现状，听任命运的摆布。

同时，农村留守儿童又面临着日益加大的数字鸿沟。由于各地区发展的社会经济、文化与教育发展的不平衡，区域鸿沟、城乡鸿沟以及数字鸿沟不断扩大。数字鸿沟表现为一种结构性差距，而它与其他传统结构性因素结合，加剧以及固化了农村留守儿童不平等的处境。

网络对于留守儿童而言，确实是许多人眼中的"洪水猛兽"，特别是一部智能手机的确能把一个孩子废掉。网络所能导致的留守儿童网络沉迷、学业荒废、身心受损以及行为失范等现象层出不穷。留守儿童的网络应用需要加强引导、强化管理。但是一味地反对留守儿童使用网络，封堵他们的上网途径，这种做法既不合理，也不现实。网络承载着海量的信息，是人们获取信息的有效方式，也能满足人们的现实需求不足，为人们提供强大的补偿功能。可以说，借助网络的力量，能在某种程度上弥合横亘在城乡之间的"数字鸿沟"。同样，网络能为留守儿童提供丰富的学习资源和学习机会，并为他们打开一扇观察世界的窗口。

诚然，留守儿童还应"知网""懂网"以及"会用网"，真正把网络变成促进自身学习和发展的利器，而不是仅满足感官刺激与快乐的娱乐场所。因此，提高留守儿童网络素养便成为亟待解决的问题。需要指出，作为我国社会转型进程中形成的一个特殊群体，留守儿童网络素养教育需要家庭、学校和全社会共同承担起责任。

首先，家庭是儿童成长的第一学校，家长是儿童的第一任教师。在辛勤劳作之余，家长还应加强自我教育，提高育儿意识和能力，将孩子成长看作家庭重要环节。关心孩子成长，关注孩子网络行为和素养的提高，与儿童一起在网络世界中成长。其次，学校是留守儿童教育和成长的主阵地，承担着网络素养教育的主要任务。网络素养虽然是非正式课程体系内容，但学校可以通过校本课程、整合课程、综合实践活动等形式加以开展，将网络素养融入到课程教学中，潜移默化地提升留守儿童的网络素养，引导儿童合理利用网络促进学习和成长。最后，整个社会需要共同关爱留守儿童成长。政府、乡镇、互联网企业都应关注留守儿童网络素养教育，坚守社会公正底线，积极调动社会资源，为儿童成长创造积极的、充满正能量的社会环境和网络环境，从而保障留守儿童成长。

提升留守儿童的网络素养，还须将"保护"与"赋能"两者相结合。首先，留守儿童毕竟缺乏网络信息的分辨能力和自制能力，极易产生网络沉迷现象。因此，我们培养留守儿童的网络道德安全能力和批判精神，保护儿童不受不良网络信息的侵害。其次，我们应适当赋予儿童上网机会和权利，赋予他们在网络活动中进行学习和成长的权利，从而提升留守儿童的网络素养，提高他们在网络社会的生存能力。

"幼吾幼，以及人之幼"。千百万农村留守儿童同样是祖国的未来和希望。他们的成长关乎社会稳定和国家发展。不忽视每一个儿童，不让每一个儿童掉队，让所有的留守儿童学会在网络社会生存，在信息时代茁壮成长，拥抱美好明天，是我们的共同心声。

参考文献

一　中文

（一）著作

蔡帼芬、张开、刘笑盈：《媒介素养》，中国传媒大学出版社 2005 年版。

段京肃、杜骏飞：《媒介素养导论》，福建人民出版社 2007 年版。

方增泉、祁雪晶：《中国青少年网络素养绿皮书 2020》，人民日报出版社 2021 年版。

风笑天：《社会学导论》，华中科技大学出版社 2008 年版。

风笑天：《现代社会调查方法》，华中科技大学出版社 2005 年版。

郭庆光：《传播学教程》，中国人民大学出版社 2011 年版。

李宝敏：《"互联网＋"时代青少年网络素养发展》，华东师范大学出版社 2018 年版。

李臣之主编：《校本课程开发》，北京师范大学出版社 2015 年版。

李淑艳：《网络环境下大学生媒介素养研究》，江西科学技术出版社 2017 年版。

李舒东：《新媒介素养教育》，高等教育出版社 2015 年版。

陆中恺：《网络公民的媒介素养教育》，浙江工商大学出版社 2017 年版。

伦洪山、张建德、劳泰伟：《网络素养》，电子工业出版社 2017 年版。

潘建荣、高芬华：《媒介素养教育的社会观察与学校建构》，上海教育出版社 2017 年版。

庞亮：《危机传播视野下的媒介素养教育》，中国传媒大学出版社 2015 年版。

彭兰：《网络传播概论》，中国人民大学出版社 2012 年版。

汪双顶：《网络素养》，电子工业出版社 2018 年版。

王帆：《教育技术学视野中的媒介素养教育研究》，中国社会科学出版社 2011 年版。

王浩宇、刘勇：《玩转媒介——青少年媒介素养教育》，吉林文史出版社 2019 年版。

吴玉兰、罗以澄：《青少年网络素养读本（第 2 辑）——以德治网与依法治网》，宁波出版社 2021 年版。

杨庆峰：《技术现象学初探》，生活·读书·新知三联书店 2006 年版。

于杨：《90 后的数字化成长——中国高中生手机媒介素养教育研究》，中国传媒大学出版社 2017 年版。

袁军：《媒介素养教育论》，中国传媒大学出版社 2010 年版。

张海波：《苹果世代"00 后"儿童的媒介化生存及其媒介素养教育研究》，南方日报出版社 2013 年版。

张海波、何薇：《学校中的媒介素养教育》，广东教育出版社 2016 年版。

张开：《媒介素养概论》，中国传媒大学出版社 2006 年版。

张开、张艳秋、臧海群：《媒介素养教育与包容性社会发展》，中国传媒大学出版社 2014 年版。

张玲、秦学智、张洁：《媒介素养教育课程论》，中国广播电视出版社 2013 年版。

赵可云：《新媒体干预农村留守儿童学习社会化研究》，中国社会科学出版社 2020 年版。

郑军：《网络传播者的社会责任与媒介素养》，河北教育出版社 2012 年版。

郑素侠：《农村留守儿童的媒介使用与媒介素养教育》，社会科学文献出版社 2017 年版。

中国社会科学院国情调查与大数据研究中心：《青少年网络素养教育读本》，社会科学文献出版社 2018 年版。

周俊：《问卷数据分析——破解 SPSS 软件的六类分析思路》，电子工业出版社 2020 年版。

周灵：《融合式媒介素养教育研究》，中国广播影视出版社 2018 年版。

周素珍：《英国媒介素养教育研究》，广西人民出版社 2014 年版。

［德］海德格尔：《存在与时间》，陈嘉映、王庆节译，生活·读书·新知三联书店 1987 年版。

［法］皮埃尔·布迪厄、［美］华康德：《实践与反思——反思社会学导引》，李猛、李康译，中央编译出版社 1998 年版。

［美］阿尔文·托夫勒：《第三次浪潮》，朱志焱等译，新华出版社 1996 年版。

［美］埃弗雷特·M.罗杰斯：《创新的扩散》，辛欣译，中央编译出版社 2002 年版。

［美］亨利·詹金斯：《融合文化：新媒体和旧媒体的冲突地带》，杜永明译，商务印书馆 2012 年版。

［美］卡尔：《浅薄互联网如何毒化了我们的大脑》，刘纯毅译，中信出版社 2010 年版。

［美］柯克·约翰逊：《电视与乡村社会变迁》，展明辉、张金玺译，中国人民大学出版社 2005 年版。

［美］拉尔夫·泰勒：《课程与教学的基本原理》，罗康、张阅译，中国轻工业出版社 2014 年版。

［美］莱茵戈德：《网络素养——数字公民、集体智慧和联网的力量》，张子凌、老卡译，电子工业出版社 2013 年版。

［美］林文刚：《媒介环境学》，何道宽译，中国大百科全书出版社 2019 年版。

［美］曼纽尔·卡斯特：《网络社会的崛起》，夏铸九、王志弘等译，社会科学文献出版社 2001 年版。

［美］尼尔·波斯曼：《技术垄断——文化向技术投降》，何道宽译，中信出版社 2019 年版。

［美］尼尔·波兹曼：《童年的消逝》，吴燕莛译，中信出版社 2015 年版。

［美］尼尔·波兹曼：《娱乐至死》，章艳译，中信出版社 2015 年版。

［美］尼古拉斯·卡尔：《浅薄——你是互联网的奴隶还是主宰者》，刘纯毅译，中信出版社 2015 年版。

［美］威尔伯·施拉姆、威廉·波特：《传播学概论》，何道宽译，中国人民大学出版社 2010 年版。

［英］安东尼·吉登斯：《现代性与自我认同——晚期现代中的自我与社会》，夏璐译，中国人民大学出版社 2016 年版。

［英］大卫·帕金翰：《童年之死：在电子媒体时代成长的儿童》，张建中译，华夏出版社 2005 年版。

（二）论文

安涛、侯琦：《农村留守儿童网络素养：基于对照的实证研究》，《现代传播》（中国传媒大学学报）2021 年第 8 期。

大卫·帕金翰、宋小卫：《英国的媒介素养教育：超越保护主义》，《新闻与传播研究》2000 年第 2 期。

董小宇、杨湘豫：《新媒介时代儿童媒介素养的认知重建与提升路径》，《传媒》2020 年第 21 期。

李宝敏：《儿童网络素养现状调查分析与教育建议——以上海市六所学校的抽样调查为例》，《全球教育展望》2013 年第 6 期。

李宝敏：《儿童网络素养研究的缘由、意蕴与实践路径》，《全球教育展望》2010 年第 10 期。

李宝敏：《基于探究的网络素养教育：为何、是何与如何》，《教育发展研究》2014 第 2 期。

李宝敏、黄庆玲：《让探究成为儿童的网络生活方式——儿童网络探究的价值、类型与方法路径》，《全球教育展望》2015 年第 12 期。

李宝敏、李佳：《儿童网络交往的类型特征与意义阐释》，《全球教育展望》2012 年第 1 期。

李宝敏、李佳：《美国网络素养教育现状考察与启示——来自 Lee Elementary School 的案例》，《全球教育展望》2012 年第 10 期。

李宝敏、张良：《从儿童对网络素养的现实需求看网络素养核心能力构建：基于儿童学习成长视角》，《全球教育展望》2014 年第 11 期。

李德刚、何玉：《新媒介素养：参与式文化背景下媒介素养教育的转向》，《中国广播电视学刊》2007 年第 12 期。

李树培：《儿童媒介素养教育：实践、问题与路径》，《中国电化教育》2015 年第 4 期。

李树培：《儿童媒介素养教育：缘由、实质与误区》，《教育发展研究》2013 年第 4 期。

李树培：《儿童媒介素养教育之问题再辨析》，《教育发展研究》2013 年第 24 期。

李颖异、王倩：《关系视阈下流动儿童媒介素养构建》，《当代青年研究》2017 年第 6 期。

卢峰：《媒介素养之塔：新媒体技术影响下的媒介素养构成》，《国际新闻界》2015 年第 4 期。

卢峰：《媒介素养之塔：新媒体技术影响下的媒介素养构成》，《国际新闻界》2015 年第 4 期。

罗雁飞：《媒介素养研究核心议题：基于 CSSCI 期刊关键词网络分析》，《中国出版》2021 年第 2 期。

曲慧、喻国明：《受众世代的裂变：未来受众的生成与建构——媒介观范式革命视野下的探讨》，《福建师范大学学报》（哲学社会科学版）2019 年第 4 期。

石建伟、谢翌：《新媒体背景下儿童的道德环境：媒介环境学派的视角》，《教育理论与实践》2017 年第 34 期。

宋全成：《论自媒体的特征、挑战及其综合管制问题》，《南京社会科学》2015 年第 3 期。

宋小卫：《西方学者论媒介素养教育》，《国际新闻界》2000 年第 4 期。

宋英辉、刘铃悦：《〈未成年人保护法〉修订的基本思路和重点内容》，《中国青年社会科学》2020 年第 6 期。

孙卫国、祝智庭：《媒体素养教育：现代教育新理念——国内外媒体素养教育概览》，《电化教育研究》2006 年第 2 期。

孙伟平、赵宝军：《信息社会的核心价值理念与信息社会的建构》，《哲学研究》2016 年第 9 期。

谭深：《中国农村留守儿童研究述评》，《中国社会科学》2011 年第 1 期。

王帆、张舒予：《从教育视角解析媒介素养与信息素养》，《电化教育研究》2007 年第 3 期。

王莲华：《新媒体时代大学生媒介素养问题思考》，《上海师范大学学报》（哲学社会科学版）2012 年第 3 期。

王倩、李颖异：《冲突与和解：关系视阈下流动儿童媒介素养构建研究》，《现代传播》（中国传媒大学学报）2018 年第 1 期。

王天恩：《重新理解"发展"的信息文明"钥匙"》，《中国社会科学》2018 年第 6 期。

王伟军、刘辉、王玮、董柔纯：《中小学生网络素养及其评价指标体系研究》，《华中师范大学学报》（人文社会科学版）2021 年第 1 期。

王伟军、王玮、郝新秀、刘辉：《网络时代的核心素养：从信息素养到网络素养》，《图书与情报》2020 年第 4 期。

王佑镁、杨晓兰、胡玮、王娟：《从数字素养到数字能力：概念流变、构成要素与整合模型》，《远程教育杂志》2013 年第 3 期。

韦路、张明新：《第三道数字鸿沟：互联网上的知识沟》，《新闻与传播研究》2006 年第 4 期。

余秀才：《全媒体时代的新媒介素养教育》，《现代传播》（中国传媒大学学报）2012 年第 2 期。

喻国明、马慧：《互联网时代的新权力范式："关系赋权"—"连接一切"场景下的社会关系的重组与权力格局的变迁》，《国际新闻界》2016 年第 10 期。

张蕊：《交互涵化效应下土味短视频对城镇化留守儿童的影响》，《现代传播》（中国传媒大学学报）2019 年第 5 期。

张晓冰：《未成年人个人信息保护的差异分析》，《中国青年社会科学》2019 年第 4 期。

赵可云、崔晓鸾、杨鑫、黄雪娇、陈奕桦：《大众媒介对农村留守儿童学习社会化影响的实证研究》，《现代远距离教育》2018 年第 3 期。

赵可云、亓建芸、黄雪娇、杨鑫、赵雪梅：《基于结构方程模型的农村留守儿童学习社会化影响因素研究》，《中国电化教育》2018 年第 8 期。

郑素侠：《农村留守儿童的媒介素养教育：参与式行动的视角》，《现代传播》（中国传媒大学学报）2013 年第 4 期。

周葆华、陆晔：《从媒介使用到媒介参与：中国公众媒介素养的基本现状》，《新闻大学》2008 年第 4 期。

周灵、卢锋：《互联网时代媒介素养教育的范式重构》，《中国电化教育》2021 年第 7 期。

周宗奎、孙晓军、刘亚、周东明：《农村留守儿童心理发展与教育问题》，《北京师范大学学报》（社会科学版）2005 年第 1 期。

崔晓鸾：《农村留守儿童媒介素养发展的学校影响因素研究》，硕士学位论文，曲阜师范大学，2018 年。

冯瑶：《提升农村留守儿童网络媒介素养的小组工作研究》，硕士学位论文，江西财经大学，2021 年。

胡瑞涟：《亨利·詹金斯新媒介素养理论研究》，硕士学位论文，广西师范大学，2019 年。

李文靖：《新媒介素养视角下县城儿童媒介接触行为研究》，硕士学位论文，郑州大学，2019 年。

李雨晴：《数字媒介视域下少年儿童媒介素养培育研究》，硕士学位论文，河南大学，2018 年。

领荣：《面向社会化发展的农村留守儿童网络素养校本课程设计与实施》，硕士学位论文，江苏师范大学，2020 年。

马晓楠：《农村留守儿童媒介素养现状调查研究》，硕士学位论文，曲阜师范大学，2017 年。

毛春：《尼尔·波兹曼教育思想研究》，博士学位论文，西南大学，2015 年。

童茜：《农村小学生智能手机使用及其素养研究》，硕士学位论文，沈阳师范大学，2021年。

王澍晗：《城乡儿童新媒体使用及影响因素研究》，硕士学位论文，华中农业大学，2020年。

徐莉：《农村初中生网络安全素养课程设计及实践研究》，硕士学位论文，江苏师范大学，2021年。

徐瑶：《农村初中生网络行为现状及影响研究》，硕士学位论文，东北师范大学，2020年。

杨彩英：《留守儿童媒介素养影响因素及有关调节效应的实证研究》，硕士学位论文，华中师范大学，2019年。

杨紫惠：《基于"使用→满足"的幼儿数字媒体霸屏现象研究》，硕士学位论文，吉林师范大学，2020年。

叶美娟：《岷县留守儿童媒介接触与行为影响研究》，硕士学位论文，陕西师范大学，2019年。

连娴：《苏中农村初中学生媒介素养的调查研究》，硕士学位论文，扬州大学，2020年。

张娣：《童年的"消逝"与"绽放"》，博士学位论文，山东大学，2017年。

赵磊磊：《农村留守儿童学校适应及其社会支持研究》，博士学位论文，华东师范大学，2019年。

二　英文

Agnes Kukulska-Hulme, Carina Bossu, Tim Coughlan, Rebecca Ferguson, Elizabeth FitzGerald, Mark Gaved, Christorhea Herodotou, Bart Rienties, Julia Sargent, Eileen Scanlon, Jinlan Tang, Qi Wang, Denise Whitelock and Shuai Zhang, *Innovating Pedagogy 2021：Open University Innovation Report 9*, Milton Keynes：The Open University, 2021.

Alfred Thomas Bauer and Ebrahim Mohseni Ahooei, "Rearticulating Internet Literacy", *Cyberspace Studies*, No. 2.

Association of College and Research Libraries, *Information Literacy Competency Standards for Higher Education*, 2000.

C. R. McClure, "Network Literacy: A Role for Libraries?" *Information Technology and Libraries*, Vol. 13, No. 2, 1994.

Hatlevik, O. E., & Christophersen, K. A., "Digital Competence at the Beginning of Upper Secondary School: Identifying Factors Explaining Digital Inclusion", *Computers & Education*, Vol. 63, February 2013.

John Potter and Julian McDougall, *Digital Media, Culture and Education: Theorising Third Space Literacies*, London: Palgrave Macmillan, 2015.

Jonathan J. H. Zhu and Zhou He, "Perceived characteristic, perceived needs, and perceived popularity: Adoption and Use of Internet in China", *Journal of Communication Research*, Vol. 29, No. 4, 2002.

J. Michael Spector, Dirk Ifenthaler, Pedro Isaías and Kinshuk, *Learning and Instruction in the Digital Age*, New York: Springer, 2010.

Kevin Carey, "The siege of academe", Washington Monthly (Augest 2012), www. washingtonmonthly. com/magazine/septemberoctober _ 2012/features/ _ its_ three_ oclock_ in039373. php?

Louis Leung, "The Influences of Information Literacy, Internet Addiction and Parenting Styles on Internet Risks", *Journal of New Media and Society*, Vol. 14, No. 1, 2012.

M. E. Len-Ríos, H. E. Hughes, L. G. McKee, et al., "Early Adolescents as Publics: A National survey of Teenswith Social Media Accounts, Their Media Use Preferences, Parental Mediation, and Perceived Internet Literacy", *Public Relations Review*, Vol. 42, No. 1, 2016.

M. Laeeq Khan, "Social Media Engagement: What Motivates User Participation and Consumption on You Tube?" *Computers in Human Behavior*, Vol. 66, January 2017.

Shu-Chu Sarrina Li, "Lifestyle Orientations and the Adoption of Internet-related Technologies in Taiwan", *Telecommunications Policy*, Vol. 37, No. 8,

September 2013.

Snoia Livingstone, Ellen Helsper, "Balancing Opportunities and Risks in Teenagers' Use of the Internet: the Role of online Skills and Internet Self-efficacy", *Journal of New Media and Society*, No. 2, 2010.

Snoia Livingstone, "Engaging with Media: A Matter of Literacy?" *Journal of Communication, Culture and Critique*, No. 1, 2008.

Snoia Livingstone, Keely Franklin, "Families with Young Children and Screen Time", *Journal of Health Visiting*, No. 9, 2018.

Snoia Livingstone, "Audiences in an Age of Datafication: Critical Questions for Media Research", *Television and New Media*, No. 10, 2018.

Sonia Livingstone, Alicia Blum-Ross, "Parents' Role in Supporting, Brokering or Impeding Their Children's Connected Learning and Media Literacy", *Journal of Cultural Science Journal*, No. 1, 2019.

YE Shaoyun, Tosimori Atushi, Horita Tatsuya, "Causal Relationships Between Media/Social media Use and Internet Literacy among College Students: Addressing the Effectsof Social Skills and Gender Differences", *Educational Technology Research*, Vol. 40, No. 1, 2017.

附　录

附录一　农村儿童网络应用及
网络素养调查问卷

亲爱的同学：

你好！感谢你能够抽出时间对本问卷进行作答，本问卷的主题是想对你的网络应用情况进行一些基本的了解，问题没有对错之分，你只需依据你的实际情况作答即可。本问卷采取不记名方式，不会对你的学习和生活产生影响，我们也保证会严格保护你的隐私，不会泄露给任何人，包括你的家长和教师。再次感谢你的配合，谢谢！

填写提示：

1. 选择题（含少量多选题，若是多选会有说明）请在题后的"（　）"里填写相应选项的字母，若需补充，请在"＿＿＿"上做说明。

2. 请注意问题后面括号中所附的提示语或说明。

1. 你的性别（　　　）

A. 男　　　　　　　　　B. 女

2. 你的年龄是＿＿＿＿＿岁；

3. 你的年级是（　　　）

A. 三年级　　　　　　B. 四年级　　　　　　C. 五年级

D. 六年级　　　　　　E. 七年级　　　　　　F. 八年级

G. 九年级

4. 你父母外出工作情况是（　　　）

A. 父母都外出工作　　　　B. 仅父亲外出工作

C. 仅母亲外出工作　　　　D. 父母都没有外出工作

5. 你父母的最高学历是（　　　）

A. 小学　　　　　　　　　B. 初中

C. 高中或中专　　　　　　D. 大学及以上

6. 你的家庭是否拥有小汽车

A. 有　　　　　　　　　　B. 没有

7. 你上网（用手机、电脑、pad 等上网学习、玩游戏、看视频等活动）多久了（　　　）（从最开始的时间算起）

A. 1 年以内　　　　　B. 1—2 年　　　　　C. 2—3 年

D. 3—4 年　　　　　　E. 4 年以上

8. 你主要使用什么设备上网（　　　）（单选，选择以下列举的设备，如果存在没有列举的，请填在横线上）

A. 台式电脑　　　　　B. 笔记本电脑　　　C. 手机

D. 数字电视　　　　　E. 平板电脑（Pad）　F. 其他＿＿＿＿

9. 你每周的上网频率（　　　）

A. 少于一周一次　　　B. 约一周一次　　　C. 一周多次

D. 一天一次　　　　　E. 一天多次

10. 你每周的上网时间大约（　　　）

A. 1 小时以内　　　　B. 1—2 小时　　　　C. 2—3 小时

D. 3—4 小时　　　　　E. 4 小时以上

11. 学校开设的信息技术课对你的信息技能掌握有何帮助（　　　）

A. 没有帮助　　　　　B. 帮助较小　　　　C. 帮助一般

D. 帮助较大　　　　　E. 帮助很大

12. 在语文数学等学科课程中信息技术课堂应用对你的网络使用能提供有效帮助吗（　　　）

A. 没有帮助　　　　　B. 帮助较小　　　　C. 帮助一般

D. 帮助较大　　　　　E. 帮助很大

13. 请阅读下列各题的叙述，并依据自身情况选择最符合的选项，逐题作答，也不要遗漏任何一题。在表格对应的选项打勾"√"

	网络应用的感知流行	几乎没有	不太多	一般	比较多	非常多
1	你的父母等家庭成员在手机、电脑等上网程度如何					
2	你的同学在用手机、电脑等上网程度如何					
3	你周围的人在用手机、电脑等上网程度如何					
	网络应用的需求重要性	不重要	不太重要	一般	比较重要	很重要
1	我用网络来浏览各种报道、新闻、消息					
2	我用网络来进行学习资料的查询					
3	我用网络来玩网络游戏或看网络视频					
4	我用网络来与朋友进行聊天					
	网络应用的满足程度	不满足	不太满足	一般	比较满足	很满足
1	我用网络来浏览各种报道、新闻、消息					
2	我用网络来进行学习资料的查询					
3	我用网络来玩网络游戏或看网络视频					
4	我用网络来与朋友进行聊天					
	网络行为	完全不符合	不太符合	不确定	符合	完全符合
1	我能利用网络寻找感兴趣的知识					

	网络行为	完全不符合	不太符合	不确定	符合	完全符合
2	我能利用网络搜索相关问题的答案					
3	我能下载并保存文字、图片等信息					
4	我能理解网络信息本身要表达的意思					
5	我能把握网络信息所关联的事物					
6	我能体会网络信息的意图或目的					
7	我能评价网络信息的可靠性					
8	我能客观评价网上信息的价值					
9	我评论或转发信息时会探究其真伪					
10	我能利用网络表达自己的情感、观点					
11	我能利用网络参与话题讨论					
12	我能发布原创视频、音频等网络内容					

附录二　主要访谈提纲

一　家庭情况基本调查

1. 爸爸妈妈在外地工作吗？他们多久才回家一次？

2. 你想爸爸妈妈吗？

二　留守儿童的网络行为

1. 你平时上网吗？都用什么上网工具？比如台式机、笔记本、pad 或者手机？

2. 你用上网工具上网的时候，都是在什么时间、什么地点？

3. 你上网都干什么？学习、玩游戏、看新闻、聊天或者其他？

4. 你每天或者每周花多长时间上网？

5. 你上网的时候会存在困难吗？比如，找不到网络资料，不知道怎么解决上网遇到的问题？

三　家长、学校等外界的影响

1. 家长对你的上网行为有哪些态度？支持，反对还是不管你？

2. 家长会为你上网提供帮助吗？家长对你上网有哪些管理行为？

3. 学校开设信息技术课了吗？老师怎么教你们上这门课的？

4. 在学校能有机会玩信息技术吗？有信息技术活动或竞赛吗？

5. 跟同学朋友们一块玩吗？你们一块讨论怎么上网吗？

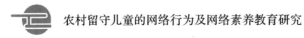

四　网络对自我的影响与理想

1. 上网对你学习、生活等方面有影响吗?

2. 你有什么人生理想，长大以后打算干什么?

后　　记

这本专著是国家社科基金项目的结项成果，蹉跎数年，即将付梓。作为一个以学术为志业的高校教师，望着辛勤耕耘的成果得以付梓，心中自然倍感欣慰，但却也藏着一份苦涩。

我一直从事教育技术哲学的学习与研究，或许是囿于技术哲学的思考，也或许是自己眼高手低的毛病，起初并未对该课题予以重视。但随着课题研究的深入开展，我遇到了一些始料未及的困难，经过一翻恶补之后，发现该研究领域别有洞天，也逐渐熟悉了传播学的理论知识和话语方式。有别于教育学的经验之谈、哲学的抽象思考与应然解释，传播学对媒体传播现象和问题的客观描述更具实证精神，凸显了对社会的现实关怀和科学研究的冷峻之美。这对我今后的学习和研究起到了借鉴作用。借用一句电影台词，该课题研究"既锻炼了队伍，也扩大了影响"。

同时，由于工作原因，我奔波于南京徐州两地，这也成为一双"非典型性"留守儿童的父亲。每当返回徐州，上幼儿园的女儿总是问："你啥时候回来？"我面对着那稚嫩小脸和期待眼神，心中总会泛起一阵酸楚。而网络交流也是我跟孩子们交流的重要方式，他们学会了用微信聊天，也会手机拍照、拍视频，还会用手机找到自己喜欢的动画片。身为人父，我总想为孩子们成长创造更好的条件，但也失去了重要陪伴。所谓可怜天下父母心，留守儿童父母概莫如此。孩子们的期盼是我前行的动力。

该著作的完成要感谢一路同行的朋友们的关心与帮助。曲阜师范大学赵可云教授，衡水市教育科学研究所武俊学所长，扬州大学陈刚教授、石晋阳教授等同门在调查研究与书稿写作等方面给与我大力支持和指导，同行的启发、指导与鼓励是我学习与研究中的重要推手。还要感谢我所指导的多位硕士研究生（侯琦、梁志远等，在此不一一列举）的参与，他们在数据收集、分析与文稿校对等方面做了大量工作。感谢国家社科基金匿名评审专家的审稿意见，这些辛辣批评如当头棒喝，点出了研究存在的问题和改进方向，开启了一扇重新审视本研究的窗户。

著书立说乃学人的不懈追求。但平心而论，本著作仍是一本仓促应急之作，迫于各种外在压力，匆匆起笔，急遽收笔，诸多问题仍待开展更加深入的研究。斯作虽梓，惟恐损学术之誉，请诸位同仁批评。

安　涛

2024 年 3 月